「やさしさ」の免罪符

暴走する被害者意識と「社会正義」

林智裕

徳間書店

はじめに

《「友だちでした。何も言えない」クマに襲われたとみられる遺体北大生と判明…水産学部長「志半ばの若い命が失われたことに深い悲しみ」》（＊1）

２０２３年秋、北海道函館市内の大学生がクマに襲われ死亡した。被害者の学生は、２０２４年春から北海道大学大学院の国際食資源学院に進むことも決まっていたという。

この年は、日本全国で連日のようにクマによる人的被害が多発した。

10月17日には、秋田県大館《おおだて》市できのこ採りをしていた80歳の女性と会社の敷地内を歩いていた40代の男性が、クマに襲われて頭や背中などに怪我をし、同じ日には、富山県富山市で70代女性が自宅にいたところをクマに襲われ、命を落とした。翌18日には、福井県勝山市で農作業をしていた男性がクマに襲われ頭に怪我を負い、その翌日の19日には、秋田県北秋田市の市街地で、16歳の高校1年生の女子生徒と80代の女性３人が相次いでクマに襲われた。このうち83歳の女性は顔をひっかかれて負った傷からの出血が多く、腕や腰にも骨折をする大怪我を負った（＊2）。

クマによる被害人数は、環境省が統計を取り始めた平成20年度調査以来で過去最悪となり、全国統計では２０２３年２月の暫定値時点で２０２２年度（75人）の２・９倍以上の２１８人、死亡例は２０２２年度の３倍となる６人に及んでいる（＊3）。

相次ぐクマ被害に対し、各地ではハンターたちが命懸けで立ち向かった。

その一方――。

「お前も死んでしまえ！」「責任者の名前を言え！」「バカにしてるのか!!」

クマ被害が相次いだ地域の自治体や県庁には連日、このような抗議が殺到した。

電話先で延々と泣き続けたり、その自治体産のものは「絶対に買わない」などの悪態をつくケースも見られたという。

これらはクマによる犠牲を防げなかったことへの怒りか？　違う。全て「クマを駆除したこと」に対するものだ。

《愚かすぎます
わたしは熊のが大事です
人間なんかロクな生き物じゃないよ
そんなに熊が怖いか？
熊を簡単に殺す奴らに
憎しみが湧きます》（＊4）

《お前も現地に住んでみろと言う人たちがいますが、そもそも長い歴史の中で熊の居住地に人間が

入り込み彼らの住処《すみか》を荒らしたのです。おもいあがるなよ人間！と思います》（＊5）
《本当に人間はどこまで身勝手で傲慢《ごうまん》なんだ…　人間の子供を守りたいがために熊の子供は殺されて当然だと言う。自分がそこに住み続けたいから熊を殺すと言う。熊は人間中心主義により一度切りの命を奪われる　#動物はモノじゃない　#動物虐待を許さない》（＊6）
《現場に駆け付けましたが力及びませんでした…　長時間取り囲まれ、山に帰るに帰れず飲まず食わず。人がいなくなったと思って動きだしたらエサでつられ箱罠に。ただ出入口を開放して人が消えれば山に帰ったものを。》（＊7）

SNS（X）を見ても、こうした「抗議」の声が数多く見られる。

秋田県によると、これらの抗議は、東京や九州などクマの被害が極めて少なかったり、クマが生息していない地域からの発信が目立ったという。電話は連日鳴りっぱなし、一件一件の電話が1時間以上に及ぶことも珍しくない。

自然保護課の担当者は「一方的に話し続けるので、切るタイミングがないこともある。たとえ電話を切っても、同じ人からすぐ電話がかかってくる場合もある」と通常業務への悪影響を訴えた。

秋田県の佐竹敬久《のりひさ》知事は記者会見で、「これに付き合っていると仕事ができません。業務妨害です。その方々は話もわからないです」と述べ、すぐに電話を切るべきだとの認識を示している。

《「責任者の名前を言え！」　クマ3頭駆除に秋田県や町に抗議殺到　長時間電話で職員に疲れ》

（AERA dot. ＊8）
《「だから秋田県は嫌われる！」クマ被害続いても駆除に抗議電話　専門家「言葉の暴力受ける必要なし」》（AERA dot. ＊9）
《「クマ、駆除しないで」秋田・美郷町《みさとちょう》に抗議電話３００本　けが人、今年すでに30人…》（産経新聞　＊10）
《クマ駆除の秋田県に「お前も死んでしまえ」など抗議電話殺到…佐竹知事「業務妨害です」》（読売新聞　＊11）

こうした現象は、北海道で乳牛66頭などを襲ったヒグマ（個体のコードネーム：ＯＳＯ18）が8月に駆除された際にも見られており、決して一過性のものではない（＊12）。

――「やさしく」正当化される「やさしい」「やさしさ」――

報道によれば、抗議電話の主張は「クマがかわいそう」と駆除に反対する内容がほとんどだったという。抗議側の動機は、悪意どころか本人たちにとっての「強い善意」と「優しさ」が多くを占めているのだろう。

彼ら彼女らには「『かわいい』あるいは『罪のない』野生のクマという『弱者』の命を奪おうとする『横暴な』『強者』である人間」のような思い込みが前提にあり、クマ（＝弱者、被害者）を護《まも》る「優しさ」を掲げて行動すれば、あるいは自身が人一倍「優しい」、「正しい」側に立つ人間で在れると信じられているのかもしれない。

しかし、現実として地域や人々に多大な被害をもたらしているクマを、一方的に「弱者」や「被害者」であるかのように見立て、リスクがない遠方から「生き物を殺すな」との原理原則、理想論を振り回し、赤の他人に上から目線で説教あるいは命令する「やさしさ」は結局、誰のためか。抗議者の中には行政のみならず、クマに襲われた被害者の家にまで「自業自得だ」などと電話をかける者までいたという（＊13）。

彼ら彼女らの「やさしい」物語（ナラティブ）は本当に「正しい」のか。

言うまでもなく、身勝手な幻想に基づく抗議者らの「優しい」物語は、当事者側の身も蓋《ふた》もない現実に立った瞬間、いとも「易《やさ》しく」崩壊する。

ところが、ほとんどの抗議者は当事者の現実を全く尊重しない。関心を持とうともしない。むしろ自分達の幻想にそぐわない現実の方を上書きし、既成事実化させようとさえする。当然、不都合な現実を突きつけてくる当事者など彼ら彼女らにとって不快なノイズでしかない。彼ら彼女らの「やさしさ」は、現実の脅威にさらされる当事者にとっては、さらなる被害をもたらす凶器、あるいは狂気に違いない。

蔓延する「やさしい」社会正義

クマ被害を巡り可視化された「やさしい」狂気は、少なからぬ人にとって信じ難い、有り得ない、自身とは全く無縁な出来事のように捉《とら》えられるかもしれない。

ただし、これがもし「クマと人間」という、比較的わかり易い対比が可能なテーマではなく、同じ人間同士の複雑に入り組んだ社会問題、しかも、自身や家族の人生と日常に大きく影響するテーマであった場合はどうか。

「身勝手な幻想やナラティブを抱いて問題に干渉してくる一方、それにそぐわない現実と当事者の声には聞く耳を持とうとしない『やさしさ』」は、今や多くの社会問題、特に「社会正義」を掲げた議論の多くに入り込んでいる。むしろ、それらの根幹を成していると言っても過言ではない。ときに「幻想上のクマを護るために、現実の人々を殺す」に等しい暴論さえ、尤《もっと》もらしく正当化してしまう「やさしさ」への狂信、事実上の「免罪符」こそが、あらゆる社会問題をより解決困難へと複雑化・長期化させてきたのではないか。

さまざまな主義主張とナラティブ、一見して「優しさ」を装った「易しさ」が恣意《しい》的あるいは本人さえ無自覚なまま正当化されて飛び交う中、どれだけの人が自信を持って「当事者」や「弱者」、現実、そして問題解決に向けた道理を「正しく」取捨できるだろうか——。

それらへの問いかけが、本書に通底するテーマである。

林　智裕

脚注（※以下、各章脚注リンク先は２０２４年３月11日現在）

＊1 https://talk.jp/boards/newsplus/1699244875
＊2 https://www3.nhk.or.jp/lnews/akita/20231019/6010019356.html
＊3 https://www.env.go.jp/nature/choju/effort/effort12/injury-qe.pdf
https://www3.nhk.or.jp/news/html/20231022/k10014233521000.html
＊4 https://twitter.com/G2vtW7SSMpxqUVP/status/1711095480615358466
＊5 https://twitter.com/Indy_sakura/status/1710043492276216185
＊6 https://twitter.com/Uninosukei/status/1714109576822604153
＊7 https://twitter.com/kumamoriBranch/status/1709937677892788521
＊8 https://dot.asahi.com/articles/-/203166?page=1
＊9 https://dot.asahi.com/articles/-/203388?page=1
＊10 https://www.sankei.com/article/20231005-EDN2FOKXDZK53GNOTSQGE54O4I/
＊11 https://www.yomiuri.co.jp/national/20231027-OYT1T50373/
＊12 https://www.sankei.com/article/20230831-TE4SNGB66JKIFLP654PLVFSVOM/
＊13 https://dot.asahi.com/articles/-/205988?page=1

目次

はじめに　1

第1章　被害者文化という侵略者　17

「社会正義」に何が起こっているのか　18
簡単に入れ替わる「弱者」と「強者」　22
「絶対的弱者性」は免罪符になるのか　24
「社会運動」は何を達成すれば終わるのか　26
ファクトやエビデンスよりも感情が正当化される　28
台頭する「被害者文化（Victimhood Culture）」　31
善と悪、敵と味方の二元論で語る危うさ　36
「被害者文化」に蝕まれる「社会正義」　39
「社会正義」とマルクス主義のイデオロギー　43
「被害者文化」は「尊厳の文化」を破壊する侵略者　46
「被害者文化」に抗う：1.「共感」の解放　49

「被害者文化」に抗う：２．囚われた「人質」の解放　56
「被害者文化」に抗う：３．「弱者性」「被害者性」の無力化　59
「被害者文化」に侵食される世界と日本　62
「被害者文化」による侵食は巨大な「情報災害」　66

第2章　処理水海洋放出と情報災害

71
東電原発事故で浮き彫りになった「共感格差」と政治的偏向　72
マスメディアはどんな「物語」を喧伝したのか　74
被災地の声を踏みにじった「社会正義」　77
「フクシマ」神話とオリエンタリズム　84
なぜ「汚染水」呼ばわりでの印象操作は続くのか　86
東京新聞に問う「なぜＩＡＥＡ査察に触れないのか」　89
権力監視は「事実を伝える」ことより優先されるべきか　91
「風評加害」という概念　94
「風評加害」概念はいつ、どこから生まれたのか　98

「風評加害」への告発に対する抵抗と妨害　99
風評加害をデマと決めつけるのは言論弾圧なのか？　100
デマ拡散の責任を求めることは言論封殺なのか　104
中・露・北と足並みを揃えるのが「世界平和アピール」なのか　110
誰が科学と社会の橋渡しを担うのか　113
「欠如モデル批判」という反動のレトリック　116

コラム：『風評加害』という概念はいかに誕生し発展してきたのか　124

第3章　海外からの加害行為

131
国連広報センターが処理水へのフェイクを拡散　132
無言で投稿を消して逃亡。謝罪も訂正も一切なし　135
国連の権威があろうと、削除で終わらせるべきではない　137
事実や科学よりも優先された「立場」　139
北朝鮮に踊らされた韓国社会　142

韓国は海洋放出での健康影響を否定していた　145
東京五輪に向けられた非常識な偏見と捏造情報　148
なぜ市会議員が単独で韓国野党議員団をエスコートしたか　151
伊達市及び市議会に「偏見差別の拡散」を糾す　154
現実と科学から〝置き去り〟にされた者たち　160
ファクトチェックを困難にさせた海外での風評拡散　163
炎上した「ファクトチェック」　169
一体誰が、あとに続きたいなどと思えるのか？　172
「被曝の世界チャンピオン！」ドイツ公共放送の悪辣　174
第4章　風評加害との対峙　183
講演会チラシ『「食べて応援」は自殺行為』をめぐって　184
深刻な内部被曝をもたらす食材が流通したのか？　185
「日本の基準値は安全とは言えない」のか　190
「日本の基準値が諸外国に比べて非常に甘い」のか？　193

「測定されていない放射性物質がリスクをもたらす」のか？　196
これが「党の考えの体現」なのか？　198
相次いだ立憲民主党への批判　200
チラシに書いたが「発言はしていない」？　205
終始黙殺を貫いた立憲民主党　212
「党を代表した」責任と代償はどこに　214
「汚染」呼ばわりに加担し続ける国会議員達と止めさせない政党　218
「党の見解」と処分の基準はどこにあるのか　220
「根拠を示せ」と朝日新聞記者からの挑発　226
朝日新聞記者からの反論　229
つまり、これが本音なのか？　232
地方紙が根拠なき流言と民間療法を勧める　235
「福島の真実」を騙る流言　237
「被曝で鼻血」を訴えつつ、病院にも行かない人々　241

コラム：情報災害がもたらした絶望 254

第5章 「やさしさ」は福島のためか 259

「当事者」の声は問いかける 260
海洋放出で炙り出された「立場」と「本音」 262
散々「汚染」を喧伝しておきながら「汚染魚」ではない?? 266
公教育の場で平然と広がる「嘘と偏見」 269
当事者が風評加害を告発して何が不都合なのか 272
風評被害が「もやっと」するなら風評加害と言え 275
当事者を不安から解放したくないのか 277
「声を聞くべき弱者」と「対応されるべき被害」の選別 279
災禍の中で宗教が果たすべき役割とは 281
非科学的な「汚染」の喧伝に反論する 287
あなたの思う福島は、どんな福島ですか？ 292
福島と英国との関係 294

福島は魅力に溢れた土地である 296

第6章 はずれた予言がもたらすもの 307

「宗教の代替」と化した「社会正義運動」 308
「社会正義」教と「超個人主義」 310
予言がはずれるとき 313
自主避難の決め手になったデマ 315
「人権賞」が与えられた理由は正当か 318
処理水放出後も続いた「予言」 323
先鋭化していく歪んだ正義感 326
ターゲットを変えて繰り返される「予言」 330
「予言」にどう対峙するか 333
メディアの暴走を誰が止めるのか 336
「情報災害」を減らしていくために 339

終章　能登半島地震と情報災害　357

今、再び繰り返される「情報災害」　358
能登地震での印象操作を糾す　362
初動遅れを既成事実化する面々　367
忘れるな！「デマは人を殺す」　372
政府と外務省による誤情報への反撃　376
田中角栄の言葉と社会への希望　380

おわりに　388

謝辞　398

◎参考資料　406

文中、敬称略

第1章
被害者文化という侵略者

「社会正義」に何が起こっているのか

《「社会正義運動」が――何よりも「アイデンティティ・ポリティクス」あるいは「ポリティカル・コレクトネス（政治的正しさ）」という形で――社会にもたらす影響は、いやでも目に付くようになってきた。毎日の様に、性差別的、人種差別的、ホモフォビア（同性愛嫌悪）的と解釈される発言や行動で、クビにされたり「キャンセル」されたり、あるいはソーシャルメディアで炎上したりする人が出てくる。ときにはその糾弾が正当なもので、その差別主義者――みんな自分とはまったくちがうと思っている人物――が、その醜悪な思想について「当然の報い」を受けていることに安心できる。だがそうした非難が変な深読みに基づくもので、屁理屈の糾弾になっている場合がますます増えている。》

米国で出版され、ウォールストリートジャーナル・ベストセラーやフィナンシャルタイムズ紙年間ベストブックなどを獲得した『「社会正義」はいつも正しい　人種、ジェンダー、アイデンティティにまつわる捏造のすべて』（ヘレン・プラックローズ、ジェームズ・リンゼイ・著　山形浩生、森本正史・訳　早川書房・2022年）には、こう記されている。

先進国を中心にポリティカル・コレクトネスが声高に叫ばれて久しい中、それに反する言動は、社会から強く非難されるようになった。政治的に「誤った」人物や企業、作品といった対象は、ＳＮＳなどを中心にたびたび炎上し、ボイコットや不買運動によって謝罪や撤去に追い込まれたり、社会的な地位や仕事を失うなど次々と「キャンセル」された。

断罪の流れは過去の行為にまで遡《さかのぼ》り、ときに歴史的人物にも及ぶ。たとえば２０１８年には、『大草原の小さな家』などで知られる米国を代表する児童文学作家、ローラ・インガルス・ワイルダーが、「作品の中に反先住民、反黒人の感情が含まれている」ことを理由に、冠の児童文学賞から名前を外された（＊1）。

２０１３年からＳＮＳのハッシュタグなどで発生し、２０２０年には米国で黒人のジョージ・フロイドが白人警察官に殺害されたことを発端に全米的なデモにまで広まった「キャンセル」活動「ＢＬＭ」（Black Lives Matter　構造的な人種差別や、特に黒人への不当な暴力に対して戦うことを目的とした運動）でも、「奴隷制度を支えた」ことを理由に、南北戦争で南軍司令官だったロバート・Ｅ・リー将軍など数々の銅像が撤去された。

「死人に口なし」の銅像撤去はさらにターゲットが拡大され、ジョージ・ワシントン初代米国大統領、ユリシス・Ｓ・グラント大統領、セオドア・ルーズベルト大統領のほか、運動が波及した英国では、植民地時代の政治家ウィンストン・チャーチル、植民地首相と称されたセシル・ローズ、「非暴力不服従」で知られるインド独立の父、マハトマ・ガンジーの像までもが標的にされたという（＊2）。

BLMのデモ参加者による無関係な商業施設などへの暴動、略奪、破壊も発生した。

無論、人種差別は強く否定されるべきものだ。それを訴える手段の一つとして、「キャンセル・カルチャー（コールアウト・カルチャー）」には一定の合理性も正当性もある。特に、長年にわたり強大な権力や影響力を持った存在から問題の存在と尊厳を徹底的に無視され、不条理を一方的に耐えることを余儀なくされ続けてきた弱者にとっては、問題や自分たちの存在を社会に知らしめ、対話や交渉の機会を得ることに繋《つな》がった一面は、恐らくあるだろう。「キャンセル・カルチャー」は強者からの抑圧に対抗し得る力となり、弱者に紛れもない「優しさ」をもたらしたに違いない。

一方で、こうした「キャンセル」「コールアウト」には、現代社会の秩序の根幹とも言える法治や民主主義を揺るがすとの懸念も寄せられている。各人の主観を基に行われる抗議が野放図に繰り返されれば、中には誤解や事実誤認を基にした、独善的な暴力と私刑までもが正当化されるリスクもあるからだ。

現に、ＢＬＭ運動では、デモ参加者によって無関係な商業施設に火が放たれたり、商品を略奪されるなどの事件も頻発した。ＢＬＭの暴動、略奪、破壊により、保険会社の支払いは２０２０年５月中旬から末にかけての約半月だけで10億ドルにのぼったという（＊３）。

暴動が頻発した翌月となる6月には、ＢＬＭ運動のニューヨーク地区責任者であるホーク・ニューサムがＦＯＸニュースに出演し、運動のエスカレートが引き起こした暴動について言及した。ホークは「自分は暴動を容認も非難もしない」と言いつつ、「この国（米国）が我々の要求に応えないなら、我々は現在のシステムを焼き払って置き換えるつもりだ」「比喩的な表現か、文字どおりの意味かは、解釈に任せる」とコメントした。その上で、「この数週間に起こった変化は、暴徒化したデモ隊の破壊行為がきっかけだった」「この国（米国）は暴力の上に築かれている」「相手の国に攻め込んで、指導者を好みの人物に差し替えるのがこの国（米国）のやり方だ。だから我々のことを暴力的だと非難するアメリカ人は誰であれ、ひどい偽善者だ」と続けた。実質的には、自分たちの暴力を正当化したとも言えるだろう（＊４）。

簡単に入れ替わる「弱者」と「強者」

ならば、彼らの「正当な」暴力に巻き込まれた側の立場はどうなるのか。
放火や破壊、略奪を受けた当事者の視点に立てば、ＢＬＭは「弱者」であるどころか、自分たちの生活と尊厳を理不尽に踏み躙《にじ》った「不当な強者」に他ならないだろう。２０２０年10月、熱心なトランプ大統領（当時）支持者の女性は、ＮＨＫワシントン支局の記者に対し、「ＢＬＭというのは『Burn・Loot・Murder（放火・略奪・殺人）』の略ですよ」と語った。「デモのほとんどは平和的で、あなたが言う〝ＢＬＭ〟は少数の例外では？」と問い直した記者に対し、女性は「生涯をかけて積み上げてきた店を放火された被害者に、少数の例外だからしかたがないと言えますか？」と答えたという（＊5）。

「弱者」として救済を訴えたはずのＢＬＭが、一方ではその活動の結果として別の弱者を新たに生み出した。この現象は、ＢＬＭがある一面においては事実上の「強者」となったからに他ならない。「キャンセル・カルチャー」が社会に大きな影響をもたらす巨大な力となった現代社会において、「弱者」「強者」の立場や関係は、このように状況次第で容易に逆転し得る、相対的なものとなった。

こうした現象を、ジャーナリストの佐々木俊尚は著書『この国を蝕《むしば》む「神話」解体』（徳間書店・2023年）で日本国内でのいくつかの事例を挙げて、「『総弱者社会』の到来」と呼んだ。

佐々木は「『総弱者社会』では、誰が弱者になってもおかしくない」とし、「誰が弱者か」を固定的に決め付けてしまうことで生じる問題と、弱者や強者などの立場が常に逆転し得る社会で、その都度「何が公正か」をバランス良く判断していくことの重要性を説く。その上で、旧態依然とした「マイノリティの目線」に縛られ、「絶対的な弱者」観に拘泥《こうでい》して別の弱者を見落とす視野狭窄《きょうさく》、「『弱者』という幻想」が、特にマスメディアや一部の社会運動で未《いま》だに引き継がれ続けていると強く批判する。社会の時流と現状を的確に分析・言語化した主張と言えよう。

ここで同氏の立論を引き継ぎ、さらに考察を繋げたい。「マスメディアや一部の社会運動が未だ『絶対的な弱者』観と視野狭窄に陥《おちい》っている」状況が存在する。そのような事象や傾向があるからには当然、必ず何らかの原因も存在するはずだ。それは何か。

もちろん「単に社会の変化を読めないだけの時代遅れ」「業界や団体などのコミュニティで代々引き継がれてきた仕事上のノウハウ、伝統的価値観やしがらみ」といった事情も一因かも知れない。

ただし、同時に全く別の原因も疑わなければならない。「時代錯誤な『絶対的な弱者』観を意図的に護持・正当化し続けている」可能性だ。そのままのほうが利益を得られる、都合が良い、そのようなケースも当然考えられるだろう。ならば「絶対的な弱者」観を護持することで得られるであろう利益とは、いかなるものが考えられるか。

「絶対的弱者性」は免罪符になるのか

この問いは、前著『「正しさ」の商人　情報災害を広める風評加害者は誰か』（徳間書店・2022年）の冒頭に記したテーゼとも強く関連する。前著では、こう記した。

《かつて歴史を動かしてきたのは武器だったが、現代社会では民意が社会を動かしている。先進国を中心に「ポリティカル・コレクトネス（政治的正しさ）」が叫ばれて久しいように、民意に支持された「正しさ（Correctness）」こそが、社会を大きく変える最強の武器になったと言えるだろう。

その一方で、民意は「正義（Justice）」「不安」「怒り」に容易に流されやすい。そのため、こうした「正義（Justice）」による「正しさ（Correctness）」の上書きや社会における地位や正当性を巡っての激しい主導権争いが、社会の至る所で見られるようになった。（中略）

こうした、民意から支持される「正しさ（Correctness）」を巡っての激しい主導権争いと玉石混《こん》淆《こう》の「正義」「不安」「怒り」の氾濫は、社会に大きな弊害をもたらしている――。》

社会がこのように「より正しいのはどちらか」に類した道徳性を常に争い続ける状況の中では、より「正しい（Correct）」と共感され認められた「正義（Justice）」こそが政治的な強さであり、権威・権力・影響力に直結する。「弱者」あるいは「『弱者の味方』を掲げた『やさしさ』」は、「政治的正しさ」即《すなわ》ち大義名分、まさに前述した意味での強力な武器となり易い。同時に、「護られるべき弱者」の御旗を掲げての活動は、「政治的に誤った」攻撃から身を護る（場合によっては正当な批判すらも「政治的に誤っている」かのように弾《はじ》き返す）強力な防具にもなり得る。

つまり、「弱者性」が強いほど、社会における発言力や影響力は増す一方、それらに比例して当然向けられる異論反論といった障壁は、「弱者を踏み躙る軽蔑されるべき存在」として、「政治的正しさ（ポリティカル・コレクトネス）」を掲げる社会と民意が集団で糾弾・排除してくれる。

その結果、言葉の上では酷《ひど》く矛盾するが、今や「『弱者である立場』、より正確には『救われるべき弱者である』と広く民意からの共感があり、あるいは官民問わず強力な権威・権力からあらかじめ認められた立場』こそが、少なくとも政治的立場上においては圧倒的な「強者性」を内在するようにもなった。そのため、社会に何らかの主義主張を発信したり、変革をもたらそうとする活動において、それらの活動から利益を得ようとする場合、「弱者」という属性を自ら得たり、味方あるいは影響下に囲い続けることが極めて有利に働く。この状況は、「弱者性」が、いわば「免罪符」のように作用していると言えるだろう。つまり、「絶対的な弱者性」を維持し続けることには、大きなベネフィット（利益）がある。

「社会運動」は何を達成すれば終わるのか

これまで述べてきたように、「救われるべき弱者」として広く共感され認められるほど、政治的には「強者にも成り得る」可能性が高まっている。ならば当然、SNSの発達などで「共感」を爆発的に集め易くなった社会では、「弱者」が力を得る機会も相対的に増えている実態が予想される。シンプルな理屈上では、「弱者」が力を得て弱者でなくなれば、その救済を訴えた「社会正義」と運動も役割を終えるはずだ。ところが、社会では相変わらず弱者救済を掲げた「社会正義」と運動が次々と生まれ、一向に減る気配はないようにも見える。

それら「弱者救済」の終着点はどこか。いつまで続き、いかなる条件を達成すれば終わるのか。

ここで仮説として考えるべきは、「実は問題が解決したところで、社会正義と運動は簡単には終わらないのではないか」ということだ。

佐々木が前掲書で問題提起したように、実態としての「弱者」「強者」は、状況次第で容易に入れ替わる一方、社会に一度広まった認識、「『弱者』という幻想」は、(逆に「強者」というステレオタイプのイメージも) 容易には入れ替わらない。2019年に世界で300万部を超える大ベストセラーとなった書籍『FACTFULNESS』(ハンス・ロスリング、オーラ・ロスリング、アンナ・ロスリング・ロンランド・著　上杉周作、関美和・訳　日経BP) も明らかにした通り、現実と人々の認識の間には、大きな時差やギャップが生じやすい。

同書が示した世界の基本的な事実にまつわる13問のクイズでは、大半の人が3分の1以下の正答率であり、ランダムに答えるチンパンジーよりも正解できない。しかも、専門家、学歴が高い人、社会的な地位がある人ほど正解率が低い、との結果が示されている。その理由を、同書は「本能が引き起こす思い込みにとらわれてしまっているからだ」と指摘する。

そのような状況下で、たとえば自他ともに「弱者」と認められ、補助や優遇を受けてきた存在が、実態的には多くの状況下で強者になったと仮定しよう。不遇からの逆転で手にした千載一遇の幸運と恩恵を、それをもたらしてくれた強力な武器であり防具でもある属性を、社会に浸透した共感を、自ら安心して簡単に手放せるだろうか。

黙ってこれまで通りに、ある一面においての弱者性を絶対的なものであるかのように訴え続ければ、さらなる補助や優遇、政治的な影響力、富や名声を継続的に引き出せる可能性が高いにもかかわらずだ。

さらに、多くの状況下での実質的な強者ともなれば、周囲には本来的な支援者とは異質な、単に力にあやかりたい、利用するため御輿《みこし》に担ごうとする不純な「支援者」も数多く群がりはじめる。「支援者」らが「弱者」に近づく不純な目的とは、補助や優遇に付帯する「おこぼれ」狙いの金銭や商業的な利益であったり、虎の威《い》を借る狐のごとく、自分たちの活動やイデオロギーの正当性にお墨付きを求めることであったりもする。あるいは自身が「優しい人」「正しい側」でありたいとの自己肯定感や、他者からそう見做《みな》されたい承認欲求の場合もある。
「弱者」が敢えて、彼ら彼女らの不純な期待に応える形で利用されて共依存関係を築いたり、自らの社会的影響力を行使することで「支援者」に多大な恩恵を与えたり、縁故ある仲間や組織を別の新たな「弱者」として社会に認めさせれば、「認められた弱者」やそれに付帯した社会正義と社会運動の地位や影響力、利権構造はますます盤石なものとなる。

ファクトやエビデンスよりも感情が正当化される

不都合かつ不愉快な異論反論には、「政治的に正しくない」「弱者を攻撃する差別である」かのように「キャンセル」することもできる。利権に群がる「支援者」たちが、対象を集団で攻撃して護ってくれる。たとえその「不都合かつ不愉快な」対象が、「社会から顧《かえり》みられていないだけで、本質的には別の弱者」であってもだ。

仮に弱者同士の利害が衝突した場合、どちらがより社会から「弱者性」を広く認知されているか、一般人から共感を得られやすいか、「支援者」に利益を提供できるか、端的には「ファクトとエビデンス」（事実と証拠）、合理性といった本質よりも、集めた共感や「お気持ち」と社会的影響力や利害関係で勝敗は決まる。

そのため、実態としてより多くの状況下で、本質的には弱者と呼べる立場でありながら「強者」

であるかのようなステレオタイプイメージを持たれている場合、あるいは動物保護活動でも顕著にみられる「『可愛らしい』動物に比べ『醜い』『キモイ』生き物の保護には支援が集まりにくい」のと同様に、広く愛される要素が乏しい存在の場合、「支援者」として味方についても十分な旨味《うまみ》（ベネフィット）が得られないと判断され易い場合、勝負にもならない。

かくして多くの「支援者」に囲まれ、一蓮托生の利権共同体と化した社会運動は、ますます肥大化し、歯止めも効きにくくなる。利権を維持するため、前述した不純な「支援者」からは問題解決を妨害する力まで働きはじめる。

たとえば、独自の「概念」「用語」「当事者」などを次々と新たに「発見」しては、問題をより複雑化させたり、「傷付けた」「怒っている」「許されない」に類した言葉で、当事者の心情を勝手に代弁したりする。さらには、ファクトやエビデンスを差し置いてまで、そうした感情論を強引に正当化したり、具体的な定量さえ示さずに、対話や説明の不足、「誠意」「配慮」の不足、手続きの不備などを無限に訴え続けるなどが典型的だ。

そうなれば、いよいよ「弱者」「強者」が状況次第で入れ替わる実態など、絶対に認めるわけにはいかなくなる――。

特に何らかの「弱者性」を免罪符のように強く掲げた社会運動の場合、本末転倒的に「終わらない」「終わらせない」ことにこそ、インセンティブが生じ得るケースも有り得るのではないか。

あらかじめ前置きしたように、これは「あくまでも仮説」であって、実在する何らかの実例を具体的に示したものではない（もっとも、迂闊《うかつ》に身近な例を名指して詳細に挙げれば、たちまち「キャンセル」が飛んでくるに違いない）。

しかし、これも「あくまでも仮に」ではあるが、一部の社会運動やマスメディア、あるいは政治家、文化人やアカデミシャンなどが、「弱者」やその「支援者」「代弁者」として、こうした利権共同体からの恩恵を受けてきた可能性については、十全に留意する必要がある。その場合、「弱者」「強者」といった立場の相対性、実態的な入れ替わりなどがあっても徹底的に無視して認めず、「あらゆる状況下で通用する絶対的な弱者性」を決して手放そうとしないだろう。「エビデンスや合理性よりも共感や社会的影響力、利害関係を重視する」という合理的な理由が十分過ぎるほど生じる場合などは、なおさらである。

これまで述べてきたように、「『社会正義』はいつも正しい」がゆえに、社会正義を掲げた運動に疑問を呈したり批判する言論には、高い障壁とリスクが存在する。そうした制約がある中、「たとえ問題が緩和や解決しようとも、『社会正義』は止まらない」ことが可視化された実例を、身近なところから一つだけ挙げておこう。

１９８０年代に始まった、アルミ缶のプルタブ回収運動がある。当時は、缶を開けるときに外されたプルタブのポイ捨てが、大きな社会問題となっていた。これを回収するインセンティブを作るため、大量に集めることで車椅子がもらえる制度も作られた。

しかし知っての通り、プルタブを外さないと中身が飲めない缶ジュースなど、現在ほとんど作られていない。具体的には34年以上前の1990年からと言われている（＊6）。

ところが、近年でもプルタブ回収運動は続いてきた。プルタブを集めるために、手作業でわざわざ缶から外す作業までしているという。

リサイクル事業に参加する特定非営利活動法人のブログには、2019年秋に《1分で4個外すとすれば毎日3時間弱の作業を行うことになります。車いすの価格が3万円としても、一人が毎月稼ぎ出す金額は60時間働いて250円です。時給4円です。何か他の生産活動をして車いすを買った方が200倍合理的です》と記されている（＊7）。

極端な不合理や役目を終えたことが誰の目にも明らかな運動でさえ、一度「社会正義」を掲げて動けば、見直しも是正もされないまま何十年も止まらなかった現実がある。他の「社会正義」とそれに伴う運動でも、類似した構図が罷《まか》り通っている可能性は高いのではないか。

台頭する「被害者文化（Victimhood Culture）」

◎「絶対的な弱者性」を維持し続けることには、大きなベネフィット（利益）がある

◎弱者救済の「社会正義」を掲げた「運動」はたとえ弱者が力を得ても、むしろ力を得たからこそ、

役割を終わるどころか逆に増え続ける

これらの仮説を強く裏付ける先行研究もある。米国の社会学者ブラッドベリー・キャンベルとジェイソン・マニングによる2014年の論文とそれを発展させた2018年の共著『The rise of victimhood culture: Microaggressions, safe spaces, and the new culture wars』(Springer International Publishing・2018)は、近年の社会における道徳文化の変遷、具体的には従来の「名誉の文化(Culture of honor)」「尊厳の文化(dignity Culture)」に代わり、新たな「被害者文化(Victimhood Culture)」が台頭していることを指摘した。この研究が見出した知見が、これまで述べてきた状況と密接に関わっている。

ここで言う道徳文化とはいかなるものか。最初に、それらの知見について簡単に触れておく。

「名誉の文化」とは、米国南部で北部に比べて殺人率が高い状況の一因を心理学者リチャード・E・ニスベットとドヴ・コーエンが分析した共著『名誉と暴力 アメリカ南部の文化と心理』(北大路書房・2009年)で詳しく分析された概念である。

ニスベットらは、米国南部に暮らす人々の侮辱に対する認知的・感情的反応や生理的反応、行動的な反応などを他の地域と比較した調査を行った。その結果、「米国南部の人々の多くは、一般的に暴力を好んでいるわけではなく、北部人よりも暴力を広く承認するわけではない。ただし、侮辱、自分や家そして家族の防衛、子どもの社会化に関わる状況でのみ暴力を奨励しやすい」傾向にあることを明らかにした上で、このような価値観と文化を「名誉の文化」と呼んだ。

「名誉の文化」が支配的なコミュニティ下において、人々は平素から自身の地位や権威、発言力などを裏付ける名誉を自助自力で積み重ねることに熱心である（さもなければ、周囲から軽んじられ、「真っ当な人間」として扱われないため）。仮に自身あるいは所属するコミュニティの名誉が侮辱されたり恥をかかされた、端的に言えば「ナメられた」場合、力を誇示しての反撃や報復といった自力救済によって名誉回復を試みる。

たとえば、中世ヨーロッパの貴族や米国開拓時代における決闘文化、比較的身近なところでは一昔前の不良グループ同士の抗争や仲間内における秩序などをイメージすれば理解しやすいかも知れない。

「他者から力ある者として一目置かれるか否か」を重視する道徳観は、東アジアにおける「面子《メンツ》」の概念にも似た一面を持つが、ここで言う「名誉」とは、治安や人々の精神に法の支配が十分に及んでいない社会環境下で、積極的に力を誇示して勝ち取る、あるいは奪うものであるのに対し、「面子」は秩序的な社会組織と階級制度下で、いかに争いを避けて調和を保つかが重要となり、前提となる社会構造と置かれている軸足が異なる（＊8）。

これに対して「尊厳の文化」は、「他者からの評価に依《よ》らず、全ての人に初めから尊厳が内在的に備わっている」ことが前提とされる。社会からは相互の尊重と寛容が求められ、自力暴力による救済を是としない。トラブルへの対処にも交渉と穏便さが重んじられ、仮に決裂した場合も法治などの社会制度的なシステムが仲介する。

前述した「名誉の文化」においては社会的、場合によっては生命としての生死まで左右しかねない侮辱さえ、「尊厳の文化」では「たとえ他者が何を思おうと、どんな言葉をぶつけようと、それらは本質的には無力である。直接的な破壊をもたらす暴力とは違い、対象の本来的な価値や尊厳を何ら破壊することはできない」と無視することができる。

そうした道徳文化の共有こそが、西側主要国を中心とした現代社会において特に重要とされてきた、「法の支配」や「言論の自由」「科学・証拠主義」などの担保にも繋がっている。世界を見れば、地域やコミュニティにより大きなグラデーションはあるものの、現代社会で広く浸透した道徳的文化、価値観と言っていいだろう。

これらに代わって新たに出現した「被害者文化」とは何か。

キャンベルとマニングは「名誉」「尊厳」の代わりに「被害者であること」が価値を持つと指摘した。その大きな特徴として、以下の3つを挙げている。

◎個人や集団が、侮辱に高い感受性を示すこと
◎第三者へ不満を言うことで、対立を処理する傾向があること
◎助けを受けるにふさわしい犠牲者のイメージを作り上げようとすること

「被害者文化」は、個人の「繊細な」感情と直感が持つ価値を過度に正当化し、それらへの無条件かつ献身的な配慮と服従を他者へ求めるエゴイスティック（利己的）でナルシシスティック（自己愛的）な傾向がある。「名誉の文化」と同様に「侮辱」すなわち「不当不名誉な扱い」に対して高い感受性と攻撃性を示すが、力を誇示する「名誉の文化」とは真逆に、繊細さや脆弱《ぜいじゃく》さを前面に出して「傷付けられた」被害者性を強調する。

また、何が「侮辱」「不当」「被害」に該当するかは、個人の「繊細な」感情と直感を尊重するあまり、「被害者」とそれに近しい側の主観やインスピレーションから判断されがちである。同様の理由から、判断の正当性を客観的に担保証明すること、及びその重要性には必ずしも関心を持たない。「そんなもの」より自分個人の「繊細な」感情と直感のほうが、よほど優れた価値があり、他者から尊重されるべきと信じているからだ。

自分たちの「繊細な」感情こそが最も重要な関心事であるため、個人的な「快・不快」と公共の「善悪」がそのまま同一視されやすい。その結果、単なる個人的な嫌悪や不快の対象に過ぎない言説や存在を「加害者」扱いしたり、些細《ささい》なきっかけやその日の気分次第で、新たな問題をいとも簡単に「発見」あるいは「開発」し、助けを受けるにふさわしい「被害者」「犠牲者」を次々と創作することさえ可能になる。

当然、それらに対応して「解決」を担うべき「社会正義」も比例して増えていく。詳しくは後述するが、たとえば2007年に米国の心理学者デラルド・ウィン・スーによって再定義された「マイクロアグレッション」の概念などは極めて象徴的と言える（＊9）。

善と悪、敵と味方の二元論で語る危うさ

「被害者文化」は、「名誉の文化」同様に「加害者」に対する強力な報復を望む。それが達成されない限り、「社会から軽んじられ真っ当な扱いを受けない」かのような強い不満と恨みを抱く。その一方で、「問題」の解決は直接的な自助自力に依らず、極めて他力本願かつ他責的である。社会など他者の力に依存して、「罪深き加害者」への強力な制裁を求め、「問題」を放置してきた社会側にも「共犯者」としての罪と責任を問い、改善義務を負うことを要求する。

つまり「被害者文化」に通底するのは、端的に言えば「お客様根性」とダブルスタンダード（二重規範）である。徹底して自分に「やさしく」、他人には厳しい。いわば『「尊厳の文化』社会」という寛容な保護者に依存しながら罵倒で返す、「世間知らずな子ども」のように振る舞う。

人一倍「やさしく」多感な彼ら彼女らは、目に入る様々な不幸に心を痛めるが、原因を安易な善悪や敵味方、被害者と加害者などの二元論に単純化して捉えがちだ。しかも、そうした二項対立では、自分たちが必ず「正しい側」「被害者」であり、「不正義」や「被害」には必ず是正と補償がなされ、自分たちの「傷付けられた」心情も「無償で」「やさしく」ケアされて当然と確信している。

ゆえに、人一倍「やさしい」自分たちが報われるどころか非難される状況など想像できない。ま

して「悪人」「加害者」としての責任を求められるなど耐えられない。そのため、衆目の前で自分たちのクリティカルな過《あやま》ちと非を、根本的には絶対に認めることができない。

明確な証拠や事実を突きつけられると、主に以下4つの典型パターンのいずれか、あるいは複数を駆使して追及と自身の責任から全力で逃げようとする。

◎1. 謝罪にならない他責的な言い逃れ

「私は騙《だま》されただけ」「本意や表現が伝わらなかった」「心配して念のために警鐘を鳴らしただけ」「結果として大事《おおごと》に至らなかったのだから、罪を問うのはおかしい」「誤解させた側が悪い」「そこまでやれと言ったつもりじゃなかった」「キャンセルを求めたが、決断したのは相手の勝手」に類した言葉で自身を一方的に免罪し、他者へと責任転嫁する。

◎2. 詭弁を用いた批判や論点のすり替え

「そういうお前こそどうなんだ（whataboutism）」「元はと言えば○○が悪いせいだ」「態度が悪い」「配慮が足りない」などの詭弁《きべん》や独善的持論で、批判や論点を自分に都合が良い方向へと一方的にすり替え、批判者側にこそ深刻な問題があるかのような責任転嫁を図る。侮蔑、嘲笑、あるいは真逆に真摯さを装った慇懃無礼《いんぎんぶれい》で自身の知的・道徳的優位性の虚勢を張りマウンティングする。

◎3. 批判や証拠を徹底的に無視し、ダブルスタンダード的な他者批判を繰り返す

文字通り不都合な事実や批判には、一切の無視を決め込んで反応せず、ほとぼりが冷めるのを待つ。その間、何事もなかったかのように変わらぬ言動を繰り返したり、何ら責任を取らないまま他の「問題」に移行して、「非難追及される立場」をリセットしようとする。その際、自分たちの非は一切棚に上げたダブルスタンダード（二重規範）的な「問題提起」や、他者への強烈な糾弾を繰り返す。それによって、自身が「説明責任を求められる側」ではなく、常に「説明責任を要求する側」、すなわち「正しい側」の立場であるかのように、周囲により強く印象付けようとする。

◎4．単なる事実の提示や反論さえ「加害」と訴え、「被害者性」「弱者性」で開き直る

客観的事実の提示や正当な批判・反論に過ぎないもの、あるいは言論や表現の自由の範疇《はんちゅう》と言える発信に対し、悪質なヘイトや嫌がらせ、差別、名誉毀損《きそん》などの「深刻な加害」であるかのように訴える。「マイノリティが攻撃された」「科学の棍棒《こんぼう》で殴られた」「言論弾圧された」「納得できない当事者もいる」「素朴な不安に寄り添え」「エビデンスがないと駄目ですか?」など、いかに自分たちが不当に弾圧を受け搾取されている「被害者」「弱者」であるかをアピールし、「支援者」の共感を集めることで、立場の再逆転と反撃を試みる。場合によっては司法に訴えたり、それをほのめかして恫喝《どうかつ》するケースもある。

これらはSNSなどで、しばしば「謝ったら死ぬ病気」などと揶揄《やゆ》されてきた。ただし、これらの挙動が「被害者文化」に根差していることを理解すれば、決して大袈裟な表現ではない。何故なら逆説的に、「被害者文化」は謝った相手を「殺す」からだ。

彼ら彼女らは、仮に相手側に「深刻な落ち度」「間違い」を「発見」しようものなら、それがたとえ些細なミスや悪意なき所作であろうと、場合によっては証拠すらなくとも徹底的に糾弾して、「名誉の文化」を彷彿《ほうふつ》とさせる暴力的な応報を容認し正当化する。「尊厳の文化」が本来的には和解交渉と仲介のために用意した司法さえ、敵対者への嫌がらせなどの武器として用いることも珍しくない。前述した二項対立的なゼロサム思考を持つため、量の概念や加減というものを知らず、相手が自ら非を認めようものなら、ますます「全力で叩いてよい存在」と確信して全てを奪いにかかる。

「被害者文化」に蝕まれる「社会正義」

「傷付けられることに過敏で攻撃的」「客観性やエビデンスよりも、感情と直感を重視する」「二項対立的で加減を知らないゼロサム思考」――。

このような「被害者文化」が強い影響力を持つ状況が生じることで、社会に何が起こるのか。その影響下では、「名誉の文化」のような「決闘」「抗争」が頻繁に起こりやすくなる。「侮辱」は大きなリスクになる一方で、何が「侮辱」になるかは「お気持ち」次第で決まるため、言論の自由は萎縮する。客観ではなく主観や情動が優勢となることで、「尊厳の文化」で重んじられてきたエビデンスや法治の影響力は相対的に弱まり、魔女狩りを彷彿とさせる冤罪《えんざい》でっち上げと私刑、表現規制の頻発や言論弾圧が正当化されかねないリスクが高まる。

米国の弁護士でジャーナリストのグレッグ・ルキアノフとニューヨーク大学教授のジョナサン・ハイトによる共著『傷つきやすいアメリカの大学生たち　大学と若者をダメにする「善意」と「誤った信念」の正体』（西川由紀子・訳　草思社・2022年）では、「被害者文化」について解説すると共に、実際に米国の大学で巻き起こった「キャンセル」の実態を記す。そこには先入観と独善を基に、他者への「レイシスト」などのレッテル貼りと、流血の暴力が用いられた講演中止要求、教授に対する「不快」を理由としての罵倒、さらには心から寄り添おうとした職員の言葉に勝手な「悪意」を見出し、辞職にまで追い詰める大規模デモが起こった実例などが生々しく綴《つづ》られている。

なお本書の原題は『The Coddling of the American Mind How Good Intentions and Bad Ideas Are Setting Up a Generation for Failure』であり、次世代を失敗に導く「甘やかし」と断じている。

ここで冒頭に引用した、「社会正義運動」に見られる状況を再び提示しよう。

《「社会正義運動」が――何よりも「アイデンティティ・ポリティクス」あるいは「ポリティカル・コレクトネス（政治的正しさ）」という形で――社会にもたらす影響は、いやでも目に付くようになってきた。毎日のように、性差別的、人種差別的、ホモフォビア（同性愛嫌悪）的と解釈される発言や行動で、クビにされたり「キャンセル」されたり、あるいはソーシャルメディアで炎上したりする人が出てくる。時にはその糾弾が正当なもので、その差別主義者――みんな自分とはま

ったくちがうと思っている人物――が、その醜悪な思想について「当然の報《むく》い」を受けていることに安心できる。だがそうした非難が変な深読みに基づくもので、屁理屈の糾弾になっている場合がますます増えている。》

何故こうした現象が起こっているのか。答えはすでに見えてきたはずだ。「加害」に過敏に反応し、「被害」を次々と訴えて「加害者」への極めて攻撃的な報復を望む。だが、そうした非難が変な深読みに基づくもので、屁理屈の糾弾になっている場合がますます増えている――この状況は、少なくない「社会正義」を掲げた運動が「被害者文化」に呑まれ、蝕まれてしまっていることを強く示唆する。

無論、これもすでに強調したように、社会正義運動と「キャンセル・カルチャー」には本来的には一定の正当性も合理性もある。ここでさらに強調しなければならないのは、「全ての社会正義運動が『被害者文化』のもとで行われているわけではない」ということだ。

ただし、同時に強調されるべきは、社会運動はその動機と情動に訴えかける正義感から「被害者文化」に容易に呑まれてしまうリスクが極めて高いという点だ。

「被害者文化」は、社会正義運動をこの上なく「やさしく」、あまりにも「甘く」酔わせようとする。「当事者への寄り添い」「現状への怒り」を重視するあまりに、「繊細な」感情に対して特権的な価値や利益を認めたり、ファクトとエビデンス（事実と証拠）をないがしろにする。そして、不安や怒りなどの情緒や直感的な思い込みを正当化したり、社会を善と悪、敵と味方に分けて、交渉や妥協の余地を用意しないゼロサム思考の「被害者文化」に堕してしまう。そうなったところで、その社会正義運動は当初の志は消え、救われるべき「被害者」「救われるべき弱者」という存在は抜け殻だけが残されることになる。一転して、「法の支配と平等」「言論の自由」「科学や証拠主義」といった「尊厳の文化」が担保し築き上げてきた秩序と価値観、それらへの信頼は破壊されてしまうことだろう。その運動体は、終わりなき「加害者」、「理不尽な強者」へと容易に変容する。

社会正義運動は、決して「被害者文化」に蝕まれてはならない。徹底した「尊厳の文化」のもとで、それが担保する社会の法治と非暴力を守り、不正や依怙贔屓《えこひいき》なくフェアに遂行されなければならないものだ。客観的なファクトとエビデンスに忠実かつ誠実に、過ちがあれば素直に認めて軌道を修正し、異論や反論とも互いの「尊厳」を尊重しながら交渉して、妥協点を探るべきだ。

さかのぼれば、キング牧師にせよ、マハトマ・ガンジーにせよ、戦争や革命といった社会の転覆によらず成功を収めた歴史的な社会正義運動のいずれもが、共通して「非暴力」や「対話」の重要性を強く繰り返し訴えてきた。当時はそれが言語化されていなくても、彼らは「被害者文化」に類した主義が持つ危険性と、行き着く先にある破滅を肌で理解していたに違いない。一方で近年、ガンジー像が「社会正義運動」の手によって撤去されたという皮肉は、様々な意味であまりにも象徴的だったとも言えるだろう。

今や「被害者文化」は、爆発的に自己増殖を続けながら、世界中でますます広まりを見せている。

「社会正義」とマルクス主義のイデオロギー

ガンジー像さえ撤去されてしまった今、「社会正義」は被害者文化に蝕まれてはならないという訴えと警告だけでは、残念ながら現実の前に何ら無力である。

これまで示した理由と背景から、「被害者文化」の台頭にこのまま主導権を与え続ければ、先人たちの多大な犠牲と歴史の積み重ねによって築かれてきた、現代社会の平和的・民主主義的・法治主義的な秩序と安定は崩されてしまう。そして、本来の「社会正義」が最も強く訴えていたはずの自由と平等、多様性と寛容の精神といった理想も、徹底的に破壊される。その先に待っているのは、法治より人治、科学よりも迷信、証拠より感情が優勢になる、明らかに「退化」した社会だ。

これまですべての人に約束されていたはずの「尊厳」は反故《ほご》にされ、その代替となる「共感」を奪い合う弱肉強食の戦いが待つことになるだろう。朝令暮改の「お気持ち」一つで、不正や依怙贔屓が横行し、それらで成り上がった権威・権力が独裁的な影響力を持つようになる。結果、実態として封建制度によく似た新たな身分や差別が生まれてくるに違いない。

技術や医療、ワクチンなどの科学や進歩は、自然崇拝的な「やさしさ」への狂信、あるいは保身的な権威によって否定され、真実を報道するということにおいて、「何が正しく何が間違いか」「何を伝えて何を伝えないか」は権力の都合一つで簡単に捻じ曲げられることになるだろう。「魔女狩り」や公開処刑と何ら変わらぬ「キャンセル」が頻繁に起こり、言論や表現に高いリスクが伴うようになるのは自明だ。

「被害者文化」が導く未来には、何ら目新しいものなどない。暗黒時代の再来として、破綻もしくは暴走したマルクス主義（共産主義）国家の出来の悪いリメイクが完成するに違いない。革命の黎明期や建国初期こそ、権威や権力の否定や人々の平和と平等などの崇高な理念を掲げていたはずのマルクス主義革命（共産革命）の結末に何が待っていたか。ソヴィエト連邦のスターリン、カンボジアのポル・ポト、中国の毛沢東、北朝鮮の金日成しかり、その多くが強権的な独裁恐怖政治となった。その周辺国を威圧し侵略するなど平和を乱し、挙句に自他の国民の人権を日常的に弾圧・蹂躙《じゅうりん》し、ときに粛清や虐殺をするに至った現実を、我々はよく知っているはずだ。

「被害者文化」に蝕まれてしまった一部「社会正義運動」の振る舞いは、失敗したマルクス主義（共産主義）革命の理念や志向とよく似ている。たとえば、前述したルキアノフとハイトも、状況を主に権力の観点から分析し、力を持っている集団が「悪」、抑圧されている集団を「善」と見做す志向に対して、ジョナサン・サックスが示した「病的二元論」の言葉を引用したうえで、「マルクス主義者たちが社会的・政治的分析に用いるアプローチそのもの」と指摘した（『Not in God's Name: Confronting Religious Violence』（Jonathan Sacks 2017　＊10）。

その原因として、そもそもマルクス主義者（共産主義者）らが「社会正義」に「被害者文化」というイデオロギーを持ち込んで理念と活動を侵食し、人々から寄せられた共感や善意、支持者らを乗っ取り、カモフラージュ的に利用しているとの指摘もある。

米国の著述家で、テンプル大学ロースクール博士号も取得している弁護士のマーク・R・レヴィンは、いくつかの人々や社会運動が掲げている「進歩主義者」「民主社会主義者」「社会活動家」「地域社会活動家」あるいは「経済的正義」「環境正義」「人種的平等」「ジェンダーの平等」などの言葉や題目はカモフラージュ的で、本質はマルクス主義（共産主義）運動にあると訴える（『アメリカを蝕む共産主義の正体』山田美明・訳 徳間書店・２０２３年）。

さらに、「ＢＬＭという組織は、マルクス主義と批判的人種理論の融合から生まれた」とまで断言し、根拠の一つとしてＢＬＭの創設者三人のうちの一人であるパトリッセ・カラーズが２０１５年にビデオ取材に答えた動画を挙げている。

実際の動画を見ると、こういった発言が確認できた。

《That we actually do have an ideological frame. Myself and Alicia in particular are trained organisers, we are trained Marxists, we are super versed on, sort of, ideological theories. ＝私たちにはイデオロギー的な枠組みがある。特に私とアリシア（※ＢＬＭの創設者の一人）は、訓練された組織のまとめ役であり、訓練されたマルクス主義者であり、ある種のイデオロギー理論に精通している》（＊11）

米国のバー司法長官も２０２０年9月16日、ＢＬＭ運動に対し、「抗議者は黒人の命に関心があるわけではない。道具として関心があるのだ」と発言し、「抗議者はより幅広い政治的主張を達成するために、命を落とした黒人を道具として利用し得る」と同様の趣旨を述べている（＊12）。

「被害者文化」は「尊厳の文化」を破壊する侵略者

さらに、英国人ジャーナリストで政治・社会評論家のダグラス・マレーも社会正義運動に「マルクス主義的な基盤がある」と指摘する。マレーは著書『大衆の狂気』（山田美明・訳　徳間書店・2022年）の中で、アルゼンチン出身の政治理論家エルネスト・ラクラウと政治学者シャンタル・ムフが1985年に発表し、世界中の学者から定期的に、具体的にはこれまで1万6000回以上も引用されてきたという著書『民主主義の革命――ヘゲモニーとポスト・マルクス主義』（西永亮&千葉眞・訳　筑摩書房・2012年）の冒頭に書かれた重要なメッセージを提示する。

ソヴィエト連邦崩壊（1991年）の数年前に書かれた同著の原書は、《社会主義が新たな問題の出現という挑戦を受けている》ことを潔く認めている。そのうえで、《資本主義の矛盾に集中していた階級闘争の概念を修正する必要がある》との反省を述べ、《「都市、生態系、反権威、反体制、フェミニズム、反人種差別、民族、地域、性的マイノリティなど、きわめて多岐にわたる闘争」は、新たなエネルギーを必要とする社会主義運動に、目的と意欲をもたらす。（中略）重要なのは、これらの運動すべてを、社会主義闘争の傘下にまとめることである》と訴えていた。

ラクラウとムフの主張に対し、マレーは《明らかに、新たな「被搾取」階級を見つけようとしているか、つくりだそうとしている》動き——すなわち、共産・社会主義陣営が息を吹き返すための新たな闘争手段として、「社会正義運動」を主導し乗っ取ろうとする、まさに「被害者文化」を戦略的に用いた侵食的アプローチの萌芽を見出した。

マレーはさらに、2018年に米国心理学会が出した、少年や成人男性における「伝統的な男らしさ」にかんする問題への対処指針である以下の一文を挙げている。

《男性が享受している特権を知り、男権的権力を維持する思想や行動が及ぼす有害な影響を知れば、男性の性差別的態度が緩和され、社会的公正運動への参加にもつながることが証明されている》

そして、こう断じるのだ。

《そのとおりだろう。自分のジェンダーが生まれながらのものではなく「見せかけ」に過ぎないことを知った少年が成長すれば、社会的公正運動においてより重要な役割を担うようになるに違いない。それこそが、ラクラウやムフをはじめとする急進派世代が常に追い求めている目標なのである》

自分たちの活動に都合の良い思想や価値観を、教育をはじめとする社会のいたるところにあらかじめ浸透させて、「社会正義運動」への参加を誘導しておけば、いわば「思い通りに動いてくれる道具となるよう『養成』した上で搾取する」かのような構図となる。これまで提示したことを整合させれば、このような戦略の目的は、「社会主義闘争に新たなエネルギーをもたらすこと」なのだろう。

レヴィンやマレー、バー長官らの指摘が示唆するように、もしマルクス主義（共産主義）イデオロギーが確信的かつ戦略的に「被害者文化」を「社会正義」に持ち込んで蝕んでいるとすれば、先に掲げた、「『絶対的な弱者性』を維持し続けることには、大きなベネフィット（利益）がある」ということと、「弱者救済の『社会正義』を掲げた『運動』はたとえ弱者が力を得ても、むしろ力を得たからこそ、役割を終わるどころか逆に増え続ける」という仮説の信憑性《しんぴょうせい》が一層裏付けられることになる。そして、それへの対抗はより困難なものとなってしまうだろう。

情報史学者で評論家でもある江崎道朗麗澤大学客員教授は、著書『コミンテルンの謀略と日本の敗戦』（ＰＨＰ研究所・２０１７年）の中で、

《一方では綺麗事を唱え、一方では戦争を煽り、戦争を起こさせ、それを終わらぬようにする。金持ちへの嫉《そね》みや不信を煽り立てることで「自由」の基盤となる議会や自由主義経済を否定し、全体主義的な統制への道を切り拓く。社会を分断し、混乱させ、人々の不信感と憎悪を高める。このようなコミンテルン的手法は、あまりに悪魔的といえる》

と述べている。「社会正義運動」にも類似した構図があるのではないか。

いずれにせよ、背景に彼らが指摘するような革命のイデオロギーがあろうとなかろうと、「被害者文化」が「尊厳の文化」を破壊する侵略者のような存在であることに変わりはない。望むか望まざるかにかかわらず、「応戦」しなければ社会は蹂躙され、前述したような「退化」が待つのみだ。「被害者文化」の台頭に抗《あらが》うにはどうすればいいか。そのヒントは、「被害者文化」の特権的な力の源泉を無力化させることにある。以下、必要な3つの指針と具体的な戦略・戦術を提示する。

「被害者文化」に抗う：1．「共感」の解放

まず対策全般に必須となるのは、「共感」という資源を独占された状態から解放する戦略だ。

現代社会の政治的活動において、「共感」は大きな力を持つ。特に他力本願を基本とする「被害者文化」にとっては、要求や報復を代執行してもらいやすくなる「強者性」、言い換えれば「政治的影響力」に直結するため、最重要と位置づけられる「資源」である。

一方で、この資源は人々の「お気持ち」「やさしさ」そのものでもある。そのため、公平な分配がされ難い状況がしばしば発生する。こうした状況の説明として、米国には「Black Dog Syndrome（大きな黒い犬症候群）」という言葉もある。これは動物保護施設において、不人気の容姿の動物は多くの貰い手から敬遠されて、最終的に殺処分に至るケースが多いと提唱した説である（＊13）。

「黒い大きな犬は、実際に不人気で貰い手が少ないのか否か」については、未だ議論の余地はあるが、少なくとも、その説が提唱した現象は、人間社会で確実に起こっている。

日本の個人ブログ『データをいろいろ見てみる』では、これを「共感格差」と呼び、具体的な事例を示した。その一つとして、米国主要メディアが2010~2015年にかけて、ツイッター(現・X)上でどのようなマイノリティグループの苦境に言及したかを統計調査した。対象となったメディアは以下の10社である(*14)。

・ワシントン・ポスト:1738万(※以下、数字はフォロワー数)
・ニューヨークタイムズ:4905万
・フォックス・ニュース:2012万
・ハフィントンポスト:1146万
・ウォールストリートジャーナル:1904万
・USAトゥデイ:444・2万
・ABCニュース:1684万
・CBSニュース:823万
・NBCニュース:872万
・CNN:5536万

調査の結果、「労働者階級・ブルーカラー・ラストベルト」への言及ツイート（ポスト）数が60件であるのに対し、「白人」が77件（1・28倍）、「同性愛・LGBT」が9664件（161倍）、「黒人」3436件（57倍）、「移民」1792件（29倍）と、極端に大きな差があることが明らかになった。一方で、「苦境」についての言及は77件しかなかった「白人」も、「白人特権について」では1124件と大きく言及された。

これだけ極端な差が出た理由を、「メディアから言及されたマイノリティほど、より深刻な苦境にある」と見做すべきだろうか。「労働者階級・ブルーカラー・ラストベルト」は、苦境を言及するに値しない「強者」なのだろうか。

その答えは、同ブログでも触れられている書籍『絶望死のアメリカ　資本主義がめざすべきもの』（アン・ケース、アンガス・ディートン・著　松本裕・訳　みすず書房・2021年）の記述が参考になる。

《調査の過程で、中年の白人アメリカ人の自殺率が急速に増えていることがわかった。…驚いたことに、中年の白人の間で増えていたのは自殺率だけではなかった。すべての死因による死亡率が増えていたのだ。…もっとも増加率の高い死因は三つに絞られた。自殺、薬物の過剰摂取、そしてアルコール性肝疾患だ。（中略）絶望死が増えているのは、ほとんどが大学の学位を持たない人々の間でだった》

このような状況が起こっているにもかかわらず、白人労働者階級の苦境は、米国主要メディア10社を合計しても5年間で60件、「同性愛・LGBT」の161分の1しか言及されなかったのが現実だ。仮に「同性愛・LGBT」の半分、それどころか10分の1でも言及され、社会から関心を持たれていたのなら、状況はわずかでも変わっただろうか——。

あらゆる資源は有限である。分配されない弱者にとっては、前述の「黒い大きな犬」がそうであったように、死に直結する場合さえある。しかし、マスメディアは平等に分配しようとはしない。付言すれば、今回示した統計はマスメディアのみが対象だが、周囲を見渡せば、たとえばハリウッドスターやアーティストなどの著名人、政治家、専門家（アカデミシャン）の政治的発信などにも、強い「共感格差」の現実が容易に観察できるだろう。

それを裏付けるように、ルキアノフとハイトは、《近年になって大学教員の政治的多様性が低下し、左翼への偏りが著しい》状況を指摘する（前掲書160ページ）。

《教授は通常左寄りが多く、特に人文科学系および社会科学系ではその傾向が強い。ただし、政治的トピックを扱う分野で、左派でない教授も十分な数いて、制度的反証が担保されるのであればこれは特段問題とならない。（中略）20世紀のほとんどの時期は、その割合を保っていた》

ところが、近年ではその割合が大きく崩れている。米国の大学教授（全分野）を対象とした政治思想を、それぞれ「極左または進歩主義」「中道」「極右または保守派」にカテゴライズした調査によれば、1989年前後ではそれぞれの割合が順に、41～42％、約40％、18～19％という、おおよそ2：1程度の割合であったのに対し、2011年にはそれぞれ62～63％、25～26％、12～13％前後と5：1の割合にまで変化している。さらに、中道の割合が大きく減少した点も注目されるべきだ。

この格差は「社会正義」に関する分野ではさらに顕著で、たとえば教育心理学では、1930～90年代半ばまでは2：1ないしは4：1の割合だったが、2016年には17：1にまで極端に拡大した。その他の人文科学系および社会科学系の主要分野でも、ほぼ10：1以上に偏っているという。ルキアノフとハイトは前掲書で、こう問題視している。

《「教員たちの政治的多様性が失われると、政治色の強い内容を扱う分野では特に、学術研究の質および正確さが損なわれるおそれがある。（中略）ある分野で政治的多様性が欠けると、研究者たちはえてして、自分達が共有する物語が多くの場合に裏付けられるような論題や研究方法に集まり、裏付けられない論題や研究方法には目を背けがちだ」「彼らから学ぶ学生たちも、左翼的な見解から引き出された著書や研究結果に多く触れることになるため、平均して『左寄り』の真実に行き着きやすくなる」「学界コミュニティがかなり高いレベルの政治思想の均質性および連帯感を獲得すると、（中略）大学の標準的な目的と対極にある特性を帯びるという危険性がある。（中略）政治的に確立された考えを強いやすく、自分達の重要なイデオロギー的信念に挑んでくるものへの耐性は

低下しやすい。（中略）外部からの脅威を感じると特に、魔女狩りを起こしやすい」》

社会問題を報じるマスメディア、そしてそれらを研究する専門家たちの関心や研究対象には、極端な「共感格差」が存在する。こうした現状を理解し、変えていくことが重要になる。具体的には、未だ社会問題におけるアジェンダ設定や人々への印象付けに大きな影響力を持つマスメディアの極端な偏向を許さず、その恣意性とアンフェアを事実やデータを基に暴き、多くの人が繰り返し批判し続けることだ。

明らかな間違いや悪質な印象操作があった場合、それらのメディアに一切の忖度《そんたく》をしない記録化（証拠収集）とファクトチェックが必要になる（本来的には、それを専門的に行うと共に、間違いや誤解の訂正を社会に強く広報周知させられる第三者機関も必要になる。さもなければ、マスメディアが一度広めた誤解や偏見は「言ったもの勝ち」のまま放置されてしまう）。

また、アカデミズムに対しては、極端なイデオロギー偏向に加え、それによる利益相反（conflict of interest：ＣＯＩ＝外部との利益関係等によって、公的研究で必要とされる公正かつ適正な判断が損なわれる、または損なわれるのではないかと第三者から懸念が表明されかねない事態）も強く批判されるべきである。

たとえば「問題」や「課題」を指摘する一方で、解決に寄与するどころか自ら解決困難に導き、その解決困難をもって、さらに「問題」「課題」を指摘して研究実績とするような、日本でしばしば「マッチポンプ」と称される行為に類した研究不正などは、断じて許容されてはならない。

無論、これらは社会正義運動が共感を集めること自体を否定するわけではない。しかし、自由市場にもその健全性と信頼性、公平性を担保するために、独占禁止法やインサイダー取引禁止のルールが存在するように、「社会正義」という「市場」においても、「共感」という限られた資源の極端な集中と独占、及び利害関係者の立場を利用してのアンフェアな情報提供や利益供与を是正する必要がある。社会リソースのより公正な運用を促していくことで、これまで顧みられなかった、より多くの「忘れられた」弱者へと陽が当たる可能性にも繋がるはずだ。むしろ、これこそが社会正義運動が本来的に掲げていた「社会的多様性と公平性の実現」そのものに資するだろう。反対できる理由などないはずだ。

それによって、たとえ仮に一部の社会正義運動が「被害者文化」の大きな侵食を受けたとしても、社会の安全と「尊厳の文化」に致命的な悪影響を与えることは難しくなる。イデオロギー活動家にとっての旨味（ベネフィット）を減らすことで、それらによる乗っ取りや干渉そのものも排除しやすくなる。問題解決よりも利用や搾取が目的の人々は、「旨味」がなければ自然と離れていくのだから。

「被害者文化」に抗う：2．囚われた「人質」の解放

次に必要となるのは、「被害者文化」に囚《とら》われた「人質」の解放だ。

これは一度「被害者文化」に呑まれてしまった「やさしい」当事者らを、この不幸な価値観の呪縛から解放すると共に、「やさしい」誘惑で「被害者」を囲い、イデオロギーや利益を得るため利用・搾取してきた「運動」と活動家からの影響を削《そ》ぐための対策である。

「被害者文化」に触発され囚われてしまった当事者に対し、「尊厳の文化」社会で前提とされてきた以下のルールや普遍的な現実を丁寧に伝えて浸透させ、交渉と説得による社会復帰を試みるというものだ。

・社会は善と悪、敵と味方などの単純な二項対立でできてはいないこと
・「弱者」「強者」や「正義」「悪」は状況や立場次第で容易に変動すること
・あらゆる物事やリスクの判断には、ゼロサムではなく「量の概念」が欠かせないこと
・何事もトレードオフの関係、「何かを得れば何かを失う」は避けられないこと
・社会から提供される全てのものは、誰かの仕事と負担からできていること
・社会は誰もが支える側であり、「お客様」など誰もいないこと
・他者の存在は自分の人生に「快」をもたらすための付録やサービスではないこと

・全ての人や出来事に「完璧な正解」を求めたり、必要以上の「悪意」を見出さないこと
・自分たちの直感や「繊細な」情動、涙などに過度な社会的価値と合意を求めないこと
・法や科学など、社会で共有されている標準ルールや客観的事実に謙虚であること
・陰謀論やニセ科学、怒りや悲しみを煽るセンセーショナリズムに警戒すること
・自分の怒りを社会の怒りと、あるいは逆に社会の怒りを自分の怒りと錯覚しないこと
・問題を一気に解決しようとすれば、歪みや弊害もそれだけ大きくなること
・「快不快」や「好き嫌い」と現実や問題の「正誤」「善悪」とは必ずしも一致しないこと
・「自由」とは互いの不愉快な言葉や表現の存在も許容すること
・意見への批判や反論と、人格への中傷は全く別であること
・「やさしさ」だけでは人は成長できず、社会も機能しないこと
・自ら他者を理解し尊重しようとしなければ、相手からも理解し尊重されないこと
・「他人には理解できない」と「他人は理解しなければならない」は両立できないこと
・苦難を背負っていない人間など誰一人としていないこと
・あなたの「敵」にも等しく感情があり、同じ尊厳と価値を持つ人間であること

「被害者文化」は、こうした社会のルールや普遍的な現実から当事者の目を背けさせ、一般的な社会から隔離し、偏狭でエゴイスティック、ナルシシスティック（利己的かつ自己愛的）な価値観の檻《おり》に「やさしく」囲い込んで人格の成熟を阻《はば》む。「成熟していない人格」のほうが、「運動」や活動

家の立場からすれば、手駒や尖兵《せんぺい》として利用しやすく、都合が良いからだ。

たとえば、前述した米国の心理学者スーによって再定義された「マイクロアグレッション」などは典型的である。

マイクロアグレッションとは、「意図的か否かにかかわらず、日々のありふれた言葉、行動、または環境面での屈辱的な扱い（environmental indignities）で、マイノリティに向けて、彼ら彼女らを軽視し、敵対的、軽蔑的、否定的なメッセージを伝えること」と定義されているが、何が「悪意」であり「攻撃」であるかを、客観的かつ明確に証明できる手段などどこにも存在しない。

つまり、個人の快・不快や感情的な決め付けを「やさしさ」「甘やかし」で正当化し、周囲に必要以上の「悪意」を見出させる。そして不快を感じた全てを「敵」であり「攻撃」であるかのように誘導し、人間を孤立と破滅的な絶望に追い詰め、不幸をもたらしかねない考え方だ。

無論、人生には真に悪意や敵意を向けられる瞬間が誰にでもある。思わぬ誤解やすれ違いが起こることもある。理不尽や己の無力に歯を食いしばり耐えるしかない場面すらある。その全てを無条件に受け入れる必要などは、もちろんない。

しかし、相手を理解しようともせず、悪気のない些細な言動にまで自分勝手に「悪意」「間違い」を見出し、理解される努力さえせずに、自分勝手に設定した「正解」と照らし合わせて、「完璧ではない」「理解してくれない」「気持ちよくしてくれない」相手に自分勝手な不快感と「傷付き」を訴えるだけなら、言葉を持たずに泣き喚《わめ》く赤ん坊と変わらない。

どうして事態を好転させようと、自らの足で立ち、自らの言葉でコミュニケーションを取ろうとさえせずに、他責に逃げるだけの怠慢が、果たして正当化されるのだろうか。自立できない歳不相応の幼児性を「やさしく」「甘く」包括してくれるのは、教育への勇気が足りない過保護な保護者か、あるいは当事者の人生に何ら責任を持たずに「やさしく」囲い込み、喰い物にする「悪い大人」のどちらかだ。

「被害者文化」に触発されて「人質」になってしまった、あるいは今後そうなるリスクが高い人達に自立を促し解放することで、「被害者文化」を支えている共感を減らし、社会正義への侵食も防ぎやすくなる。それが、ひいては社会正義運動に本来的な理念や目的を忘れさせず、「尊厳の文化」のもとでの健全な活動と目的達成を促すこと、最終的には社会全体の成熟にも繋がっていくだろう。

―「被害者文化」に抗う：3．「弱者性」「被害者性」の無力化―

最後に提示する対策は、「被害者文化」に誘い込まれ囲われた犠牲者という以上に、「被害者文化」やそれに侵食された「社会正義」を確信的・積極的に利用しているインフルエンサーや活動家、利益相反関係にある専門家や政党・政治家、それらの熱心なシンパなど、「もはや引き返せない」「説得に応じない」中核層、いわば「悪い大人」をメインターゲットにした戦術だ。

彼ら彼女らに利用される犠牲者を少しでも減らすためには、毅然として反論し、対峙しなければならない。ロシアの侵略を迎え撃つウクライナがそうであるように、応戦しなければ全てが焼かれ奪われ尽くすまで、彼ら彼女らは侵略を止めないからだ。前述したように、「被害者文化」は加減や量の概念というものを知らない。

ただし、ここでの「応戦」は、あくまでも「尊厳の文化」の作法を逸脱してはならない。直接危害を及ぼす暴力などで対峙するなどは、もっての外だ。そのうえで、「被害者文化」最大の武器であり防具でもある「被害者性」という武装を無力化させることを目標とする。

「被害者文化」の武装を無力化するためには、「弱者」「強者」の相対性を示すことで、「絶対的弱者性」という免罪符を無力化する必要がある。つまり「尊厳の文化」の作法に則《のっと》り、「加害者」としての実態があることを誰の目にも明らかにし、社会に広く周知することで、「被害者文化」による一方的な侵略に対抗するのだ。

具体的には、彼ら彼女らが何らかの暴力に与《くみ》した場合、これを強く非難すると同時に、強烈なカウンターによって「被害者文化」が掲げる「絶対的弱者性」を突き崩すことが重要になる。相対的な「弱者」と「強者」、「善」と「悪」という立場の実態が入れ替わった瞬間を決して見逃さず、ふるわれた暴力の「加害者性」に対するアジェンダセッティングを、できる限りオーディエンスが多く衆目に触れる公開の場で、最大限に強く、多段的に行っていく。このとき、ＳＮＳなどで広く「共感」を集めるのも効果的だ。このような可視化によって、同時に「人質」として囚われる予備軍を減らすことにも繋がる。

すると彼ら彼女らは必ず、前述したこれら4つの典型的な挙動を駆使して、保身を図ろうとする。

◎謝罪にならない他責的な言い逃れ
◎詭弁を用いた批判や論点のすり替え
◎批判や証拠を徹底的に無視し、ダブルスタンダード的な他者批判を繰り返す
◎単なる事実の提示や反論さえ「加害」と訴え、「被害者性」「弱者性」で開き直る

ここでさらに重要になってくるのは、のらりくらりと逃げようとする彼ら彼女らの姿に「これで十分」と溜飲を下げたり、愛想を尽かして見限るだけで幕引きしてはならないということだ。

それどころか、ここからが本番だ。こうした卑劣な「逃げ」の詭弁性や悪辣さにさらなるアジェンダセッティングを、前述のように衆目に触れる公開の場で、最大限に行っていく。他責や論点のすり替え、無視や開き直りを許さず、アジェンダを一切ぶれさせず、説明責任を強く、何度も求め続ける必要がある。

それらから逃れようと、彼ら彼女らは前掲のような典型的挙動を繰り返す。そのたびに、さらなる強力なカウンターとアジェンダセッティングを行えばよい。「逃げ得を絶対に許さない」毅然とした姿勢で、公的な謝罪をして責任を取ろうとしない限り、それを無限に繰り返していく。たとえ時間が経とうが、定期的に何度でも何度でも蒸し返すべきだ。

つまり、「被害者文化」への依存と利用が「絶対に割に合わない」「全くの逆効果」「かえって共感や支持を減らす」という状況にまで追い込み続ける必要がある。それを多くの人々の前で可視化させるということだ。「尊厳の文化」に基づく「言論」という、相互に交渉し理解し合うための利器を用いて、徹底的に行うのである。

これをより効果的にするためには、前述した明らかな間違いや悪質な印象操作に対して一切の付度をしない記録化（証拠収集）とファクトチェック、間違いや誤解の訂正を社会に強く広報周知させる第三者機関が必要になる。

「被害者文化」に侵食される世界と日本

これまで、米国で特に２０１０年代以降から顕著になった現象とそれらに対する先行研究を基に、現代の「社会正義」を取り巻いている様々な状況とその背景、社会正義に忍び寄り、それを侵食しようとする「被害者文化」の正体と脅威を明らかにした。

すでに述べたように、「被害者文化」は自己増殖を続けながら世界中でますます広まりを見せており、当然ながら日本も全く例外ではない。本章で得られた議論を基に、次章からは同じ２０１０年代に日本国内で起きていた出来事を記していく。

日本では２０１１年3月11日に東日本大震災が発生し、その数日後には東京電力福島第一原子力発電所の事故が発生した。この大災害がもたらした社会的影響の大きさは凄まじく、発生から13年が経過した2024年になってもなお、深い爪痕を残している。本書では米国の2010年代との対比として、ちょうど機を同じく発生したこの災害に関連する「社会正義」を主な題材、比較対象として取り上げる。

東電原発事故で起こった社会問題とそれを取り巻く事象の一つひとつを並べ、検証し、パズルのピースのように繋ぎ合わせていくと、同じ2010年代に米国で並行して起こってきた多くの社会現象とよく似た背景と構図が浮かび上がってくることに、すぐに気付かされるだろう。

- **問題を温存させ、永遠に終わらない、終わらせようとしない「社会正義運動」**
- **事実の軽視と私刑が平然と横行する「キャンセル」**
- **「弱者」の恣意的な仕分け選別と共感格差**
- **「被害者」に対する洗脳的な囲い込みと、当事者性の搾取**
- **左派政党やその周辺にいる弁護士・学者等が持つ党派的イデオロギーと「社会正義運動」との密接な関係**
- **マスメディアやアカデミズム内部におけるイデオロギー偏向及び「社会正義運動」との利益相反**

本章で取り上げたこれら米国の「社会正義」を巡る構図を彷彿とさせる出来事は、日本の東電原発事故を取り巻く様々な状況でも溢れていた。

この災害では「反原発」「脱被曝」といった「社会正義」が強く掲げられ、それを訴える主張や活動も大いに盛り上がった。その一方で、彼ら彼女らは自分たちの主張を正当化するために、「放射線被曝による被害」を過大に喧伝《けんでん》した。「被曝によって鼻血が出た」「がんや奇形児の発生が増加する」「被曝の影響は遺伝する」「福島の農水産物は汚染されている」などの言説が溢れたが、それらはいずれも悪質かつ差別的なデマだった。

ところが、それらを総括したり、記録として残した研究や資料は、災害の規模と社会影響の巨大さに不釣り合いなほど極端に少ない。

その理由には、米国と同様の「共感格差」が挙げられる。

より具体的には、アカデミズムにおいて、《教員たちの政治的多様性が失われると、政治色の強い内容を扱う分野では特に、学術研究の質および正確さが損なわれるおそれがある。（中略）ある分野で政治的多様性が欠けると、研究者たちはえてして、自分達が共有する物語が多くの場合に裏付けられるような論題や研究方法に集まり、裏付けられない論題や研究方法には目を背けがちだ》（前掲『傷つきやすいアメリカの大学生たち』より）という、米国で発生した現象と同じ状況が発生している。

東電原発事故における「社会正義運動」は、米国で起こった他の「社会正義運動」と支持層や政治的イデオロギーが酷似しており、そのような「社会的に正しい」運動が起こした不祥事、「不都合な事実」は日本でも米国同様、イデオロギー偏向が著しい多くの専門家、アカデミシャンにとって「自分達が共有する物語が裏付けられない論題」であり、目を背けられ、免罪され続けてきた。

ＢＬＭとマルクス主義との関係を著書で指摘したマーク・レヴィンは、《アンティファやＢＬＭなど、（米国）国内のテロ組織がアメリカ各地で引き起こした騒乱や数十億ドル規模の損害に対して、連邦政府が犯罪捜査も起訴もしていないのは、とても容認できる話ではない》と憤《いきどお》る。ルキアノフとハイトの書籍では、《２０１７年2月にＵＣバークレーで起きた大学キャンパスでの抗議で、抗議者らが暴力を行使して講演を中止させ、多くの負傷者を出したにもかかわらず、暴力を行使した者たちの誰一人として一切罰せられなかった》と記す。

これらと同様に、東電福島第一原発の事故では、福島に対する数々の流言蜚語《ひご》や差別的発言が向けられ、多くの犠牲が生じた。その強烈なヘイトと剝き出しの悪意は、「マイクロアグレッション」などと称する「被害」などとは全く比べ物にならない程に露骨な人権侵害であった。

ところが、「人権擁護」「反差別」「弱者の味方」を掲げた多くの「社会正義運動」から、これらの人権侵害はことごとく無視され続けた。中には著名人や国政政党の政治家や関係者らが深く関与したケースも多く、それも一度や二度ではなかった。にもかかわらず、未だ加害者の誰一人として一切罰せられず、「キャンセル」もされていない。

他の（特に自民党など政権与党の）「政治家の不祥事」には真っ先に飛び付くはずのマスメディアは、不自然なほど報道することなく、スキャンダル扱いにすら全くならない。それどころか、マスメディア自身が人権侵害に加担することも日常茶飯事だった。これらの加害は、そのまま「なかったこと」のように無視され続け、専門的な研究も少なく、総括どころか、もはや記録すらほぼ散逸しかけている。

よって、福島に生まれ、育ち、今も暮らす一般人でしかない著者が、彼ら彼女ら「目を背け続けてきた」専門家などに代わり、この13年間に、東電原発事故に関連した「社会正義運動」を取り巻くマスメディア、著名人、政党や政治家、専門家（アカデミシャン）など、いかなる人物や団体がどのような挙動を示してきたか、その一端と背景を具体的事例として示して記録化した。

無論、それは何か特定の人物や団体への糾弾が目的では全くない。ひとえに次世代の人々への教訓、社会への公益性のためである。そのため、後世からの参照と検証にも十分に応えられるよう、可能な限り「イデオロギー」に拠らず、事実を事実として記す「ファクト」の書にしようと最大限に努めた。本書は、そういった性質のものだ。

時に読み続けるのが苦痛に思えるほど、酷く理不尽な現実を目にするかも知れないが、どうか最後までお付き合い頂ければ幸甚である。

―「被害者文化」による侵食は巨大な「情報災害」―

なお、この第1章であえて日本で起こった「社会正義」の具体的な事例にほぼ触れず、そのほとんどを米国中心とした海外事例と、それらに対する先行研究に費やした理由は主に2つある。

一つは、日本で発生した出来事が、断じて日本社会特有の「コップの中の嵐」などではなく、すでに述べたように世界的な潮流と密接に関連している状況であると明示すること。

もう一つは、日本の読者それぞれにとって、何らかの先入観や立場、利害関係、党派性が生じやすい国内での事例を避け、国内ゆえのノイズから切り離された海外での事象と、それらから得られた知見を最初に分析・解説することで、複雑かつ難解な問題の構図と背景に対する解像度をあらかじめ上げることだ。

これによって、次章以降に記す日本国内の、一見して理解し難いハイコンテクストな現象や問題に対し、その発生要因と背景、「社会正義」が抱えている構図、及びそれらを打開するための具体的な対抗策を、本章で述べた米国の事例や知見と対比しながら、より本質的に理解・イメージがしやすくなったはずだ。

また、このような構成にしたことで、仮に本書が海外でも読まれるような機会に恵まれたならば、次章以降に記す2010年代の日本で起こった様々な社会問題と「社会正義」の実例、及びそれらから得られた様々な経験と知見を、逆引き的に参照とすることによって、諸外国それぞれが抱えている社会問題をより客観的かつ明確にイメージ・可視化させ、解決に資することにも繋がるのではないか。

特に「世界の中心」的な立場の米国では、自国以外の例であるうえに、文化的に近いとされる欧州ですらない東洋の島国で起こった「辺境の」社会問題に触れる機会など非常に少ない。そこから得られた事実と知見、共通点から、逆算的に自分たちの社会が抱えた問題の本質を分析・客観化させるフィードバックは、新鮮な体験となるに違いない。

これまで述べてきたように、「被害者文化」による侵食は、その脅威や被害実態の可視化と言語化は極めて難しいことだ。特に「尊厳の文化」で成り立つ現代社会にとって、天災などの物理的災害を凌駕《りょうが》するほど破滅的な影響をもたらす、巨大な「情報災害」（誤った情報により助かったはずの存在に犠牲と被害をもたらす災害）と定義される。詳細は拙著『「正しさ」の商人　情報災害を広める風評加害者は誰か』の「第1章　情報災害とは何か」をご一読いただきたい）の一種と言える。世界中に広がり猛威をふるう「被害者文化」、及びそれらがもたらす「情報災害」に対抗する手段の一つとして、本書が福島や日本のみならず、世界中の次世代にとって有用な資料として末永く用いられる可能性を、著者として強く願う。

脚注

＊1　https://www.bbc.com/japanese/44610932

＊2　https://www.newsweekjapan.jp/joyce/2021/03/blm-1.php

＊3　https://business.nikkei.com/atcl/seminar/19/00057/090900048/
https://diamond.jp/articles/-/312137

https://www.newsweekjapan.jp/mutsuji/2021/04/blm.php

＊4 https://www.newsweekjapan.jp/stories/world/2020/06/blm-2.php

＊5 https://www3.nhk.or.jp/news/special/international_news_navi/us-election/presidential-election/2020/blog/1013-01.html

＊6 https://www.recycledesign.or.jp/mrr/m185_0225.html

＊7 https://hopstation.sakura.ne.jp/nc3/blogs/blog_entries/view/5/11b9debc65c2897ed346d57b1d650ca1?frame_id=20

＊8 https://psych.or.jp/publication/world077/pw04/

＊9 https://www.nippon-foundation.or.jp/journal/2023/89893/education

＊10 https://rabbisacks.org/book-indexes/not-in-gods-name-confronting-religious-violence/

＊11 https://www.youtube.com/watch?app=desktop&v=HgEUbSzOTZ8&feature=emb_logo

＊12 https://www.bloomberg.co.jp/news/articles/2020-09-17/QGT7CLDWLU6K01

＊13 https://highlandcanine.com/does-black-dog-syndrome-actually-exist/

https://www.researchgate.net/publication/13570922_Determining_factors_for_successful_adoption_of_dogs_from_an_animal_shelte

https://web.archive.org/web/20100401052756/http://www.animalsandsociety.org/assets/library/78_jaawsleeper.pdf

＊14 https://shioshio3.hatenablog.com/entry/2022/09/03/191426

第2章
処理水海洋放出と情報災害

東電原発事故で浮き彫りになった「共感格差」と政治的偏向

東京電力福島第一原子力発電所事故を巡る「社会正義」に関して、何が起こっていたのか。前提を共有するため、最初にわずかながらも具体例を交えつつ簡単に解説しよう。

2011年3月に発生した東日本大震災及び東電原発事故は、その災害規模に比例した、極めて大きな社会不安を巻き起こした。

あらゆる災害は必ず2段構えでやってくる。目に見える物理的な破壊を直接もたらす天災などの災害本体に伴い、社会不安の大きさに比例した規模の「情報災害」が発生する。古今東西の歴史を見ても、災厄には社会不安、あえて古い言い回しをすれば「人心の乱れ」が付き物であり、災害本体に勝るとも劣らない深刻な被害をもたらしてきた。たとえば、日本で約100年前となる1923年に発生した関東大震災では、「外国人が井戸に毒を入れた」などというデマのために、罪なき多くの被災者が、冤罪をかぶせられたうえの私刑によって命を失った。

このような出来事が起こったのは、「当時の日本社会が特異的に野蛮であったから」ではない。「事実無根の流言蜚語が社会に広ま」り、「誤った情報が原因で人命が奪われる」悲劇——すなわち「情報災害」は、現代でも欧米を含めたあらゆる社会でいつでも起こり得る。むしろ発生リスクは、インターネットやSNSの発達に伴い、流言蜚語や陰謀論が爆発的に伝播《でんぱ》しやすくなった現代において、かつてないほど高まっていると言えよう。

突然だが、これまでの人生で「人殺し」と呼ばれた経験はあるだろうか。私には、ある。もっとも、それは東電原発事故後の福島に暮らし続けてきた一般の人々――特に、事実無根のデマやそれを用いた侮辱に対し科学的根拠を示して抗議や反論をしたり、あるいは農水産物などの食品を提供する職業の人々にとっては、全く珍しい体験ではない。「ただ福島に暮らしていた」、それだけで「人殺し」に類した強烈な誹謗《ひぼう》を、多少の差こそあれ陰に日向にぶつけられてきた。

「福島の農家はテロリストと同じ」「地産地消で被曝して死ね」「福島で凄まじい事態が発生！ 妊婦15人のうち12人が奇形児を出産しています！」「ガンが増える」「被曝の影響は遺伝する」「フクシマの人とは結婚できない」――。しかも、平素から「すべての差別に反対します」「弱者の人権を護れ」「戦争反対！ 世界に平和を」「ファシズムを倒せ！」などに類した、「社会正義」を強く掲げているマスメディア、アカデミシャン、文化人、政治家、さらには伝統宗教関係者らとそれらのシンパこそが、加害の中心勢力であった。

ところが彼ら彼女らは、社会から全くといっていいほど責任を問われなかった。まるで「何事もなかったこと」のような扱いのまま、加害の数々は記録すらほぼ散逸しかけている。比例して、原因を考査したアカデミズムによる要因への分析や研究も極めて少ない。

ただし、それは「東電原発事故による被害が言及されなかった」という意味ではない。むしろ、社会にはセンセーショナルな「被害」を訴える無数の「怪談」が相次いだ。前述した非科学的かつ差別的な、事実無根のデマのことだ。それらデタラメによって「何が本当の被害であるか」のアジェンダと事実は大きく歪められ、大多数の当事者の生の声は掻き消された。

こうした現象には、前章に記した「専門家やマスメディアらの極端な偏向と『共感格差』」が密接に関わっている。ルキアノフとハイトが共著の中で指摘した、《政治的多様性が失われると、政治色の強い内容を扱う分野では特に、学術研究の質および正確さが損なわれるおそれがある》《えてして、自分達が共有する物語が多くの場合に裏付けられるような論題や研究方法に集まり、裏付けられない論題や研究方法には目を背けがち》との分析が、まさに文字通りに実現した結果だ。

デマゴーグたちにとって都合の良い「物語」に沿うよう、「弱者」「被害」とされるべきもの、伝えられる情報が、恣意的に定義・編集・収斂《しゅうれん》・創作・既成事実化されてしまった。米国のメディアが「白人労働者の苦境」に言及しようとしなかったのと同様の事態が、福島でも発生していたのである。

マスメディアはどんな「物語」を喧伝したのか

朝日新聞出版の週刊誌『ＡＥＲＡ』は、２０１１年3月28日号の表紙にこれ見よがしに白い防護服と防護マスクを着用した男性の写真を載せ、《放射能がくる》のキャッチフレーズと共に人々の恐怖を煽った。同誌に連載を持っていた劇作家・演出家の野田秀樹は、同年4月4日号の誌面で「面白半分で人々を煽るような次元のこととは違う」と抗議し、「この回をもって終了させていただくことにした」として自ら連載を打ち切っている（＊1）。

同年7月に発売された『週刊現代』（講談社）は《残酷すぎる結末　20年後のニッポン　がん　奇形　奇病　知能低下》とのタイトルで特集を掲載し、低線量被曝によってガンや白血病の発症率の増加、新生児の先天性異常率の増加などの危険性があると主張した。さらに、被曝の遺伝的影響や被曝による子どもの知能低下、犯罪に走る確率の増加にまで言及したうえ、「福島より首都圏のほうが危険なくらいだ」と書いた。

「AERA」2011年3月28日号より

同時期発売の雑誌『クロワッサン』（マガジンハウス）でも、表紙に《放射線によって傷ついた遺伝子は、子孫に伝えられていきます》と書かれていた。当然ながら、いずれも科学的事実に基づかないデマだった（『クロワッサン』は、のちに抗議を受けて出版元が公式サイトにて訂正・謝罪した）。

東京新聞は同年6月、《子に体調異変じわり》とのタイトルで、「放射線と関係不明」としながらも、まるで被曝によって健康被害が出たかのような「ほのめかし記事」を掲載した（＊2）。

朝日新聞は同年12月2日に、連載記事「プロメテウスの罠」で《我が子の鼻血、なぜ》と題した記事を掲載した。そこには《たとえば東京都町田市の主婦、有馬理恵（39）のケース。6歳になる男の子が原発事故後、様子がおかしい。4カ月の間に鼻血が10回以上出た。30分近くも止まらず、シーツが真っ赤になった》と書かれていた。

東電原発事故由来の放射線によって、住民の間に被曝を原因として鼻血が出るような高線量被曝が発生した事実は一切なく、まして東京都町田市でこれが生じる可能性など全く考えられない（＊3）。悪質な印象操作であり、社会不安の煽動《せんどう》であった。

なお、朝日新聞がこのとき「主婦」と紹介した「有馬理恵」は俳優座という劇団の俳優で、現在は「憲法9条守れ、非核3原則の厳守、米軍基地撤去・日米軍事同盟解消、侵略戦争の反省と戦後補償の実現などが大切なテーマと考えて活動」など多くの主張で、日本共産党と足並みを揃えた「日本平和委員会」で代表理事を務めている（＊4）。同委員会はその後の２０２１年、ＡＬＰＳ処理水放出に際して「トリチウムが放出され、濃縮されて人体に与える影響は解明されていない」など非科学的な主張を拡散している（＊5）。

果たしてこれらが、公正な報道と言えただろうか。この記事の他にも数々の不安煽動を繰り返した朝日新聞の連載「プロメテウスの罠」は、業界内部からの自浄で批判されるどころか、逆に称賛された。メディアアンビシャス２０１１年度活字部門・メディア賞、２０１２年度日本新聞協会賞、

第12回（2012年度）石橋湛山記念早稲田ジャーナリズム大賞、2012年科学ジャーナリスト賞など数々の表彰を受けている。

これらは、ほんの一例に過ぎない。東電原発事故では少なくないマスメディアが非科学的なデマやほのめかしを用いて、原発事故による被害を「物語」化させた。それらによって、拡大された社会不安が、二次被害をもたらす「情報災害」を誘発させた。

結果、本来であれば全く避難不要な土地からの自主避難も相次いだ。煽られた不安と恐怖に多くの被災者が苦しみ、自殺者も出た。震災離婚などの家庭崩壊も相次いだ。たとえ離婚まで至らずとも、福島に単身残された父親が10年以上、子どもと引き離されたケースも少なくなかった。

子どもの成長にとって、10年以上という時間はあまりにも長い。地元に一人残された父親は、子ども達の成長を間近で共に歩むことができなかった。そのような事態を誘発させた言論人やマスメディアからは、今もなお、一切の謝罪すらない。責任を取ることもない。それどころか、全てを国や東京電力の責任であるかのように訴え、反原発や反政府活動の更なる論拠にした（＊6）。

被災地の声を踏みにじった「社会正義」

「社会正義運動」も同様だった。2011年9月1日及び10月18日には、大阪市にて「『命を守るデモ』実行委員会」および「原子力行政を問い直す宗教者の会」によって「葬列デモ（葬列予報）」

が行われた。このデモでは、原発の危険性や被災地からの避難（移住）、震災遺物の焼却拒否を訴えるほか、伝統宗教の現職僧侶が先導する中で、喪服に身を包んだ参加者が子ども用の棺を運んだ。この「社会正義運動」には伝統宗教関係者のみならず、アカデミシャンも関与した。

主催者らは、《見たくない現実を「葬列予報」という形で表すことによりこの厳しい現実と向き合い子ども達が被曝の危険性にさらされていることにみなさんの関心が集まり　一人でも多くの子どもの命を守れたらと願います》などと訴えたが、実際には赤の他人、しかも震災で傷ついた被災地の子ども達を勝手に「殺し」て棺に担ぎ、福島から遠く離れた大阪の「社会正義運動」に利用しただけだった。

無論、彼らの「予報」はデマだったが、誰一人として謝罪もなく責任も問われていない。阪南大学経済学部経済学科准教授の下地真樹は２０１２年11月27日、寄せられた批判に対し《あのデモをやったからこそ、本当の意味で危機感を腑《ふ》に落とせた。今の自分の活動の土台です。何も後悔はありません。》と正当化した（＊7）。別件で類似の事例として、アーティストの若野桂からは、《最近盛り上がってる反核デモですが、マイケルジャクソン「スリラー」的な「被曝患者～奇形児コスプレ」で行ってみようかと思います。１０００人くらい歩いていたら小さい子は泣いちゃうかも知れませんが》と、「被曝仮装デモ」なるものも提案されていた（＊8）。

２０１２年5月5日には、反原発グループ「TwitNoNukes」が、「原発全基一日停止祝いカウントダウンパーティー」を東京・代々木公園にて開催した。当時、唯一稼働していた北海道電力泊発電所が同日に営業運転を停止することを祝し、再稼働阻止や全原発の廃炉につなげることを訴えるものだった。この中で、ミュージシャンのランキン・タクシーは『原発ガッカリ音頭』というタイトルの曲を歌った（＊9）。

《明るい未来のエネルギーなんて
甘い言葉に踊らされ
大事なふるさとサヨウナラ
いくら泣いてもいくら泣いても後の祭り
札束の山に目がくらみ
豊かな暮らしと勘違い
差し出しちゃった差し出しちゃった
子供の笑顔
ドカンと爆発ドカンとねァ
ドンガラガッタ地震もドカンとね
原発危ない原発いらないオヤメナサイ（歌詞より一部抜粋）》

福島県内への電力供給は「東北電力」という、「東京電力」とは別の会社から供給されている。「東京電力福島第一原子力発電所」は、「東北電力」の発電所ではない。福島県内に立地していながら、発電された電力のほぼすべてが、東京を中心とした首都圏に送電されていた、東京の経済と発展を長年支え続けてきたインフラだった。

首都圏のためのインフラとして造られた原発の受益者でありながら、自分たちの暮らしを支えてきた地域や人々に対して一方的に侮辱・嘲笑し鞭打つという性質の「社会正義運動」が、被災地に暮らす人々から多くの支持を得られるはずがない。つまり、彼らの「社会正義」は被害を受けた当事者に対し、「道具としての利用価値」以上の興味を全く持っていなかったことは明白だろう。

福島県の地元メディアでは、こうした「社会正義運動」が抱えた問題が報じられていた。

《違和感を覚えた。2012（平成24）年春、東京駅でのことだ。若者2人が楽器を鳴らしながら反原発を訴え「福島返せ」と声を上げていた。（中略）「福島の方ですか」と声を掛けた。2人は福島県民ではなかった。それどころか、福島がどういう場所かもよく知らないようだった。》（＊10）

《（福島）県内では、デモを中心とした反原発運動を冷ややかに見る向きが多い。（中略）「首都圏のデモには違和感を感じている」と明かす。「声を上げるのは大事だが、どうしたら原発をなくせるか、政治や世論をどう動かすか考えるべき。自己満足に終わっているんじゃないか」》（＊11）

これについて社会学者で東京大学大学院准教授の開沼博は当時、福島民友新聞の取材に対し、「福島のためと言いながら、一方で『あんなところ住めない』とか『障害児が産まれまくっている』

とか平然と言う人が（運動の）内部にいることが、嫌悪感すら呼び起こしている面がある」「反原発の活動、言動が福島差別を助長してきた面はある。社会運動として非常にまずいことをした」と答え、運動に漂う、他人事《ひとごと》として東電原発事故を消費する態度が反感の背景にあると解説した。

海外の「社会正義」もこうした構図を助長させた。2018年3月にスイス・ジュネーブで開かれた国連人権理事会では国際NGOグリーンピースの仲介で、福島県郡山市からの自主避難者（震災当時に福島に暮らしていた西日本出身者）が「福島から避難する正当性」を訴えた（＊12）。「事故後に放射能汚染の広がりが知らされず、汚染した水を飲んで母乳を与えてしまった」という後悔を語り、「政府が放射線量の高い地域への帰還政策を推進している現状」への危機感を表明し、「脆《ぜい》弱《じゃく》な子どもたちをさらなる被曝から守ることに力を貸してほしい」と主張したという。

これは事実に基づかない、福島への誤解と偏見差別を煽《あお》るスピーチだった。当時、福島に暮らしても他地域と被曝による健康リスクに有意差がないことは、とっくに明らかになっていた。公衆の健康影響について、国連科学委員会からは2013年の報告書で、

《心理的・精神的な影響が最も重要だと考えられる。甲状腺がん、白血病ならびに乳がん発生率が、自然発生率と識別可能なレベルで今後増加することは予想されない。また、がん以外の健康影響（妊娠中の被ばくによる流産、周産期死亡率、先天的な影響、又は認知障害）についても、今後検

出可能なレベルで増加することは予想されない。》（＊13）

と報告されていた。無論、「汚染した水を飲んで母乳を与えてしまった」などという事実もない（＊14）。福島には180万人以上の人々が普通に暮らしていたにもかかわらず、それらの声と科学的事実を差し置いたのは何故か。

2019年にカトリック教会のローマ教皇が来日した際にも、似たような構図が見られた。教皇は東京で開催された東日本大震災の被災者約300人との交流会に参加し、こう語った。

《地域のつながりが再び築かれ、安全で安心した生活ができるようにならなければ、福島の事故は完全には解決されません。これが意味するのは、私の〝兄弟〟である日本の司教たちがいみじくも指摘した、原子力の継続的な使用に対する懸念です。司教たちは原発の廃止を求めました。いまの時代には、技術的な進歩を人間の進歩として受け止める『技術主義』がはびこっています。このようなときには立ち止まり、振り返ってみることが大切です》

つまり、反原発の「社会正義」を主張したのである。しかし、この時に「東日本大震災の被災者の代表」として選ばれて教皇と面会したのも、いわき市出身の高校生をはじめとする「自主避難者」だった。福島県内に暮らしている高校生は沢山いたが、教皇が福島に立ち寄り、現地に暮らす人々の声を聞くことはなかった（＊15）。

２０２３年になっても、国際人権ＮＧＯ「ヒューマンライツ・ナウ」は、過大に煽られた社会不安が引き起こした人権侵害と国連科学委員会の知見を完全に無視し、「福島から避難する権利」を主張した。こうした偏見こそが、福島に暮らす人々への深刻な偏見差別と人権侵害をもたらすにもかかわらずだ。彼らの目に福島で暮らし続けている人々の姿が映るまで、自分達が踏みにじっている人権に気づくまで、我々はあと何年待ち続ければよいのか（＊16）。

虚構の「物語」こそが「原発事故の被害」であるかのように国内外で喧伝され続けた陰で、福島に暮らし続ける人々の生の声は、まさに前述の「Big Black Dog」となってしまっていた。

２０１５年にノーベル文学賞を受賞したスベトラーナ・アレクシエービッチは２０１６年11月28日、東京外国語大学（東京都府中市）で講演した。同月26〜27日に福島第一原発の事故の被災地である福島県を視察した際に、被災者から国の責任を追及する声が少ないとして「『日本社会に抵抗という文化がない』と感じた」とスピーチしたという。福島に暮らす人々の声と現実、文化や誇りなど何一つ見えていないからこそ出てくる、底の浅い侮辱でしかない（＊17）。

「フクシマ」神話とオリエンタリズム

原発事故という不幸は、一部の人たちにとっては紛れもなく「社会正義」を掲げた政治活動、あるいは商売などにおける千載一遇の「好機」であった。我々の被害や苦難、人権は、彼らにとって踏み台でしかなかったのだろう。

その現実を象徴するものの一つが、特に原発事故後初期に多用された、カタカナ表記の「フクシマ」だ。詳しくは先行研究でもある山梨学院大学法学部政治行政学科の小菅信子教授の著書『放射能とナショナリズム』（彩流社・2014年）に記されているが、これは福島が外部から一方的に押し付けられた「被害者としての記号化であり、負の烙印（スティグマ）」であったと言える。

同時に、それは原発事故前に存在した「原発安全神話」へのアンチテーゼとして生まれた虚構であり、まるで新たな「神話」のように君臨しようとしてきた。

本来、原発の「安全神話」が崩壊した後に必要であったのは、より現実に向き合ったリスク評価と管理であり、いわば「神話の時代」を終わらせることであった。ところが、「安全神話」も含め原発に否定的であった人々の一部は、安全神話と対を為す自分達のための「神話」を新たに創造する選択をした。

先述した、原発事故後に朝日新聞で連載されたシリーズのタイトルが「プロメテウスの罠」であったこと、加えて「核の神話」とのタイトルの連載もあったこと、それが業界内で称賛され、新聞協会賞などを得たことなどは、まさに象徴的だったと言える。

「フクシマ」神話とは、福島を「自分達の日常とかけ離れた異質な存在」であるかのように規定・錯覚させることで、事故や放射能の不安を対岸の火事、他人事として切り離し、安心を得ようとする試みであった。同時に、福島とそこに暮らす人々が自分達と同じ人間、同じ生活者であることを忘れさせ、より便利に、より冷酷に、より純粋な被害者性を政治的な文脈、あるいは商売や娯楽のうえで搾取・消費しやすくする性質のものでもあった。

そこには、原子力という神の火を弄《もてあそ》び裁かれた哀れで愚かな「フクシマ」を、「やさしい」「優れた」「選ばれし」自分たちが「正しい」道へと導き、救済してやるかのような傲慢な「物語」、エドワード・サイードが喝破した「オリエンタリズム」的な差別的価値観もあった。

彼ら彼女らは、自分たちの神話を成就させるため「フクシマ」の不幸を待ち望み、不吉な「予言」を繰り返した。一方で、「予言が外れた」こと、安全性を示す知見や、平穏に暮らす現地の人々を無視あるいは否定した。自分達の身勝手な――もはや「呪い」と呼ぶべき「物語」、センセーショナルな放射線被害の発生ばかりを執拗《しつよう》に求め続けた。「フクシマ」にとっては福島や被災者がどうなろうと対岸の火事であり、「被害」がよりセンセーショナルで悲惨であるほどに、商売や娯楽、あるいは政治的イデオロギーへの利用価値が高まったからだ。このような「神話」「物語」を用いた「社会正義」の構造には、前章で述べた「被害者文化」も大いに関係している。

近年、こうした構図が特に可視化されたのが「ALPS処理水」問題と言える。

次項からは、数年にわたってこの問題を追い続けた記録を記す。集められた様々な事象や取り巻いていた言動、様々な人物と団体の「立場」を並べて俯瞰《ふかん》すれば、考察のための様々なヒントが見えてくるはずだ。

―なぜ「汚染水」呼ばわりでの印象操作は続くのか―

「問題の論点と本質、原因は何か」「社会はいかに対応するべきか」――。これらが不自然かつ非合理的に歪められ、事実の共有さえままならず、世論も誘導される。ALPS処理水の海洋放出は、その顕著な例だ。

2021年4月、菅義偉《すがよしひで》内閣が海洋放出を正式に決定した折には、反対運動が盛んになった。ただし、処理水の放出によって海洋汚染など起こさないことは当時から明らかだった。地元の主要な反対理由は「汚染」ではなく、「風評や偏見差別の拡大に対する懸念」であった(＊18)。

世論は当初、放出反対がやや優勢で拮抗していたが、科学的知識と理解が広まるにつれて逆転した。2022年12月の調査時点では、賛成が福島県在住者50・9％、岩手県・宮城県・茨城県在住者49・3％、全国46％で、反対(それぞれ32・1％、26・2％、23・8％)を大きく上回った(＊19)。放出後の調査でも「評価する」が多数となっている(＊20)。

ところが立憲民主党、共産党、社民党、れいわ新選組の関係者及び熱心な支持者には、今もなお非科学的かつ差別的な「汚染水」呼ばわりを続ける者も少なくない。地元の懸念は「風評と偏見差別の拡大」であるにもかかわらずだ。新聞報道においても、「処理済み汚染水」（朝日新聞）、「汚染処理水」（毎日新聞）、「放射能汚染水」（東京新聞）など「汚染」を強調する呼称を独自に創作し、反対派の声ばかりを報じてきた。彼らは当事者からの抗議にも無視や嘲笑で返し、科学的・客観的事実の受け容《い》れを拒み続けた。

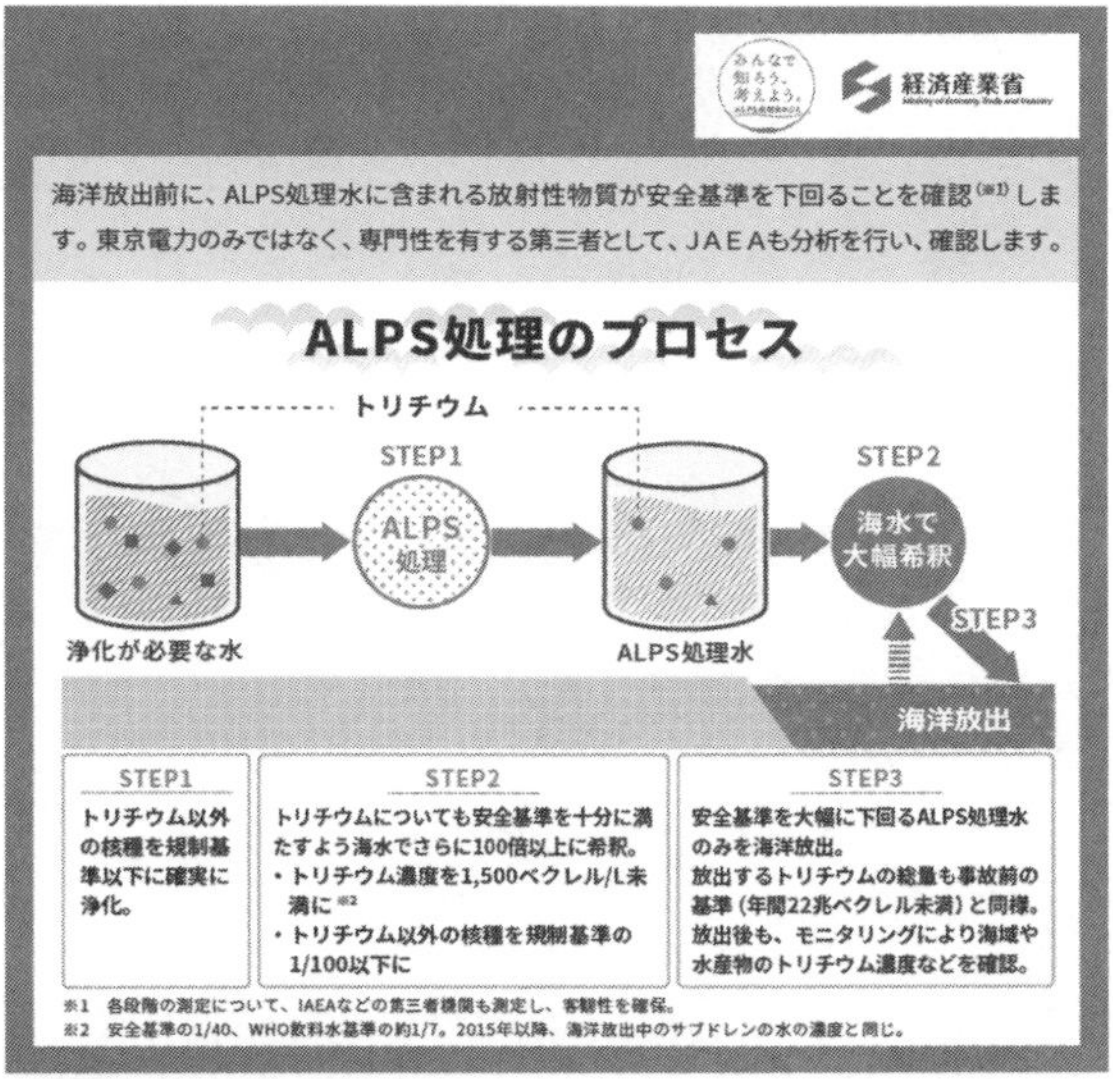

出典：経済産業省

例えば、朝日新聞は2021年4月10日のコラム「素粒子」で、《福島の処理済み汚染水を海へ。「どの原発でもやっている」と言われても。放出量が桁違いに多いし、そもそも他はメルトダウンしてないし》（＊21）と書いた。琉球新報は同13日の社説に《トリチウムの総量は莫大な量に上るはずだ。全量放出すれば海を汚染しないと断言できないだろう》（＊22）と記した。

しかし、「放出量が桁違いに多い」「トリチウムの総量は莫大」「海を汚染しないと断言できない」は、明らかに事実に反する。

私はこれら二紙に質問書を送ったが、記事の訂正も謝罪もなく無視され続けている。

さらに東京新聞は2022年10月3日、《東電、トリチウムを検知できない線量計で処理水の安全性を誇張　福島第一原発の視察ツアーで》《「印象操作」批判免れず》（＊23）などと報じた。視察ツアーでの実演は、セシウム137などガンマ線核種等の62核種が十分に低減されている事実の説明だった。希釈前段階ではトリチウムが放出基準値を超えていることも事前に説明している。

それでも東京新聞は、《ガンマ線はセシウムだと1リットル当たり数千ベクレル入っていなければ線量計は反応しない》《トリチウムのエネルギーは弱い。（中略）もっと濃度が濃くないと反応は出ないだろう》という〝専門家〟らの意見を盾に《東電の実演では、ベータ線についてもガンマ線についても、何ら検証をしたことにならない》などと主張した。

「もっと高濃度でなければ測定反応すら出ない」処理水のどこが危険なのか？　そもそも、処理水の安全性と海洋放出の妥当性は、ＩＡＥＡが査察したうえで認めている。査察には、処理水の安全性にクレイムを付けている中国及びロシア出身の研究者も参加していた。この事実に全く触れず、まるで処理水に深刻な問題があるかのように報じた東京新聞の報道は、まさに「印象操作」の最たるものだろう。

この東京新聞記事に対しては、東京電力が即日反論した他、現代ビジネス、Ｗｅｄｇｅなど複数のウェブメディアでも批判記事が掲載された。

東京新聞に問う「なぜIAEA査察に触れないのか」

ALPS処理水問題とよく似た構図の事例は、過去にもあった。東京・築地から豊洲《とよす》への市場移転問題だ。2016年9月、共産党都議団が「地下の水に環境基準値の4割にあたるヒ素が検出された」などと主張すると、毎日新聞はすかさずこれを報じた。しかし、本来であれば飲用水の環境基準値すら超えない地下水が移転の障害になるなど有り得ず、共産党の主張は言いがかりも甚《はなは》だしい。そうした難癖を報道する意味はどこにあったのか。

その後も、豊洲市場には重大な汚染や欠陥があるかのような印象操作が執拗に繰り返された。まさに「物語」と「空気」に踊らされた一般市民は、豊洲移転を悪《あ》しざまに罵《ののし》るようになっていく。やがて都議会には「百条委員会」が設置され、石原慎太郎元都知事の証人喚問も行われることになった。

物議をかもした2018年の移転から、豊洲市場も6年が経過しようとしている。今では、豊洲場外「千客万来」もオープンし、外国人観光客をはじめとする多くの集客で賑《にぎ》わいを見せている。我々が聞かされた難癖報道は一体何だったのだろうか——。

筆者は東京新聞による前掲の報道に関して、質問書を送った。質問内容は次の通りだ。

《一、処理水が危険であるかのような記事を書きましたが、処理水の安全性と海洋放出の妥当性はIAEA査察ですでに確立されております。御社は何故この事実を書かなかったのか。その理由をお答えください。

二、記事には東京電力側から即日反論が出され、SNSを中心に「印象操作をしているのは東京新聞側だ」との批判が高まっています。これに謝罪や反論する予定はありますか。

上記二点について十月七日中までにお答えください。なお、お返事の有無を含めたご対応については記事にて公開致しますのであらかじめご承知おきください》

10月7日、東京新聞側からメールによる回答が届いた。

《林智裕様

弊紙の十月三日朝刊一面「『印象操作』批判免れず」について、お尋ねいただいた件でメールいたしました。御回答は添付しておりますので、ご覧いただければ幸いです。よろしくお願いいたします。

東京新聞読者部》

メールに添付されていたWORDファイルには、

《二〇二二年十月七日　林智裕様

十月三日朝刊一面「『印象操作』批判免れず」、三面「処理水安全アピール実演」に関する質問について回答は以下の通りです。》

と前置きしたうえで、その内容は、

《掲載した記事の通りです》

これだけだった。何の説明も注釈もなく、本当にこの一言だけの返事であった。

――権力監視は「事実を伝える」ことより優先されるべきか――

国際的に共有された学術的エビデンスがあったにもかかわらず、こうした歪曲《わいきょく》報道を繰り返すメディアは、今に始まったわけではない。前作『「正しさ」の商人』発刊後の2022年5月21日、「原発事故と甲状腺がん」のタイトルで放送されたTBS「報道特集」などは、その最たる例だ。番組は終始、あたかも東電原発事故由来の被曝によって子供たちに甲状腺がんが多発したかのように誘導していた。これは明確に誤報だった（＊24）。

前述したUNSCEAR（原子放射線の影響に関する国連科学委員会）報告書の内容を再掲すると、次の2点に大きく集約される。

◎福島第一原発事故後、福島の住民に放射線被ばくによる健康影響は見られていない。将来的にも予想されない。
◎原発事故後の福島で行われている甲状腺検査（原発事故当時18歳以下だった子どもや若者を対象にした甲状腺がんスクリーニング検査）で見つかった多数のがんについては、過剰診断（検査で見つからなければ一生症状を出したり死亡につながったりしなかったがんを見つけてしまうこと）が起きている可能性がある。

「報道特集」での放送内容は、国際的なコンセンサス、科学的知見や事実に真っ向から反していた。にもかかわらず、番組にはそうした知見に反対するジャーナリスト以外の「専門家」を登場させず、ＵＮＳＣＥＡＲ報告書への言及すら一切なかった。恣意的な切り貼りと受け取られるであろうことも明らかだった。この件では多くの人がＢＰＯ（放送倫理・番組向上機構）に訴えたが、何ら動きは見られなかった。これらの訴えにどのような対応がされたのかを電話で問い合わせたところ、回答を拒否された。こちらが録音した通話音声の公開も拒否された。

このような報道姿勢が繰り返される理由は何か。
その手がかりとなる統計がある。ＷＪＳＡ（Worlds of Journalism Study Association）が発表している、世界67か国・２万７５００人以上のジャーナリストへのインタビュー調査結果だ。その中でも、アメリカ、イギリス、フランス、ドイツ、ロシア、中国、日本のジャーナリストたちが、どういった姿勢で報道に携わっているのかの回答比較を見てみたい（＊25）。

「事実をありのままに伝えることが重要」と回答した比率は、欧米各国がすべて90％以上であるのに対し、日本は65・1％に留まった。これは中国83・8％、ロシア78・7％よりも低く、7か国で最低のスコアだ。

また、「人々が意見を表明できるようにする」についても、米76・6％、独72・1％、露59・2％、中59・8％に対し、日本だけが24・3％と極端に低い結果となった。

逆に日本のジャーナリストたちが最も重視するのは、「政治リーダーを監視・精査する」（90・8％）、「時事問題の分析を提供する」（84・7％）、「人々の政治的意思決定に必要な情報を提供する」（83％）の3つとなっていた。

さらに特筆すべき点がある。米11・3％、英15・1％、仏15％、独9・8％、露18・2％、中29％に過ぎない「政治的アジェンダを設定する」が、日本だけ60・5％と突出し、「事実をありのままに伝える」（65・1％）に迫る勢いとなった。

これらの傾向から、日本のジャーナリズムはこう見做すことが可能だ。

◎日本のジャーナリズムは政治リーダーを監視・精査することを最重要視している。

◎権力の監視と時事問題の分析、人々の政治的意思決定に必要な情報提供こそがジャーナリズムと

捉え、それは事実をありのままに伝える責務以上に優先される。
◎人々が意見を表明できるようにすることへの関心は極端に低い。
◎政治的アジェンダ設定も人々に代わりジャーナリズムが主導するべきで、それは事実をありのままに伝える責務に比肩するほど重要な役割と考えている。

無論、この調査自体の信頼性や妥当性に議論の余地は残る。しかし、仮にこの傾向を原発事故の風評問題に当てはめてみれば、次のような解釈も否定できないのではないか。

「日本のジャーナリズムは政治リーダーを監視・精査することに拘泥して、恣意的なアジェンダ設定を繰り返しては世論を誘導し続けた。それらに不都合な事実は伝えず、それに伴う被害や当事者も蔑《ないがし》ろにされ、深刻な風評加害や人権侵害が問題視すらされず放置されてきた」

「風評加害」という概念

これまで記してきた状況が示唆するように、風評問題が長期化した最大の要因は「正確な情報の不足」ではない。独善的な「正しさ」に拘泥する、正確な情報と事実が邪魔になる勢力からの抵抗、「風評加害」に対する有効な対応がなされなかったためだ。

「風評加害」とは何か。たとえば、事実に反した流言蜚語を広めたり、明らかになっている知見を無視したり、すでに終わった議論を蒸し返したり、不適切な因果関係をほのめかす印象操作や不安の煽動、正確な情報の伝達妨害などを指す。それらの主な動機は3つに分類できる。

①反原発や政権批判などの政局（政治闘争）
②災害と不安に便乗した詐欺的ビジネス（悪徳商法）
③自己顕示欲や逆転願望、陰謀論等（承認欲求）

たとえば、原子力災害の被害が甚大であるほど政治的主張や政権批判などの材料として利用価値が生じる場合、煽動された社会不安やパニックに便乗して「安心」を売ることで利益を得ようとした場合、あるいは逆転願望や陰謀論、カルト的な妄信で自己肯定感を満たしたり、偏向したイデオロギーを持つ集団（会社や業界派閥など）内部でのエコーチェンバーや処世術としてのポジショントークにとっては、正確な情報の周知が不利益に直結することに着目する必要がある。

それを強く示唆するデータもある。次の表は、日中韓55紙の社説をほぼ毎日比較しているブログ「晴川雨読」が行った、新聞各紙及びX（ツイッター）の認証（本人や公的なものであると確認済）アカウントを対象に「汚染水が海洋放出される」かのような流言に、誰が加担してきたのかを調査した統計だ（Xアカウントは2019年11月19日〜2022年11月18日の3年間の調査　＊26）。

福島第一原発から汚染水が海洋放出されると過去3年間にツイートした認証アカウント

政党・新聞	アカウント数	ツイート数	いいねの数	リプライの数
日本共産党	26	103	39285	5366
社会民主党	2	28	18653	10385
立憲民主党	13	58	10407	1933
れいわ新選組	2	2	3087	248
中国共産党	5	126	1634	354
東京新聞	5	18	899	732
朝日新聞	14	43	522	301
自由民主党	2	2	96	2
毎日新聞	1	1	17	11
緑の党	2	3	15	0
琉球新報	1	1	10	1
共同通信	1	1	3	0

処理水を汚染水と呼ぶ新聞はどこ？

	2020年	2021年	2022年
汚染水 汚染物質	しんぶん赤旗 北海道新聞	しんぶん赤旗 社会新報 桐生タイムス 中外日報	しんぶん赤旗 社会新報 琉球新報 共同通信
処理済み汚染水	朝日新聞		
放射能汚染水	東京新聞		
汚染処理水 処理汚染水	中国新聞 河北新報 毎日新聞	北海道新聞 共同通信	

出典：晴川雨読

当然ながら、「汚染」呼ばわりを繰り返してきた勢力は処理水放出に反対してきた勢力と重なる。東京大学大学院工学研究科の鳥海不二夫教授による２０２３年7月の1か月間に「汚染水」「処理水」を含む投稿１０１万３４９本を分析した結果でも、放出反対派には同様の強い党派性が確認できた（＊27）。

鳥海教授が反対派の論点も同時に調べたところ、処理水放出反対派が拡散した投稿の中には風評被害に関する言及が４・６％しか見られなかった。前述したように、当事者が最も懸念していたのは風評である。彼ら彼女らの反対運動の動機が当事者と乖離《かいり》していたのは明らかであり、当事者の不利益に繋がる「汚染」呼ばわりが平然と繰り返されてきた要因もここにあると言えよう。

さらに、ＳＮＳなどでは有志が彼ら彼女らと直接対話して誤解を払拭しようとする試行が頻繁かつ日常的に見られた半面、正確な情報と科学的証拠が受け容れられたケースは皆無に等しかった。「丁寧で粘り強い説得とコミュニケーション」ほぼすべてが、本書第1章で示した「被害者文化」における4つの逃避パターン（◎謝罪にならない他責的な言い逃れ、◎詭弁を用いた批判や論点のすり替え、◎批判や証拠を徹底的に無視しダブルスタンダード的な他者批判を繰り返す、◎単なる事実の提示や反論さえ「加害」と訴え「被害者性」「弱者性」で開き直る）の徒労で終わった。

つまり、「正確な情報発信」という行政などが行ってきた従来の風評対策だけでは、彼ら彼女らによる「汚染」呼ばわりの風評加害を止める抑止力にはまったくならないということだ。

「風評加害」概念はいつ、どこから生まれたのか

詳しくは本章末に転載した論文《『風評加害』という概念はいかに誕生し発展してきたのか―何が風評を発生温存させてきたのか》に掲載したが、「風評加害」の言葉と概念は東電原発事故以前から使われていた。Xで検索すると、東日本大震災発生からわずか8日後の2011年3月19日の段階で、すでに《野菜や牛乳の放射能汚染を不必要に心配する人は、ぜひ東大病院放射線治療チームの解説を全て熟読すべし。愚かな風評加害者になるべからず》との投稿が確認できる。

3月22日には《風評加害は本当にやめてほしい》《あえて風評「加害」という言い方をすることによって、「加害者」の意識を変えられればと思います。なくそう、風評加害!》、4月には《風評被害って言葉が連発されてるけど風評加害って言葉は聞かない。風評加害者は東電や政府だけでなく、中途半端で不正確な科学知識と感情で不安感を煽ってる連中も立派に共犯だろ。自分の主張の為には無関係な農家や漁民を巻き込んでも平気な無責任な態度には不愉快さしか感じられない》など、「風評加害」という言葉がそれぞれ別の人物から独立・自発的に出現していることがわかる。11月には社会学者の加藤秀俊も《風評被害あれば「風評加害」あり》《マスコミは「風評被害」を報じているが、マスコミ自身が「風評加害者」ではないか》と論じていた形跡が残されている(*28)。

つまり「風評加害」の言葉と概念の成り立ちは、「共感格差」に敗れた当事者と、その惨状を知

る人々からの声なき声、すなわち抑圧された弱者からの告発そのものである。その訴えが再発見され広く注目されるきっかけとなったのは2021年5月に環境省が行ったシンポジウムで、社会学者の開沼博東京大学大学院准教授と小泉進次郎環境省（当時）が「風評加害」との言葉を使ったことだった。この時期にはすでに「風評加害」の概念と被害実態は、福島の風評問題に関心が高いクラスタの間で広く認知・普及されていた。

「風評加害」への告発に対する抵抗と妨害

「風評加害」の概念と当事者からの告発が周知されることで不利益が生じる勢力からは、この概念に対する誤った定義や悪印象を拡散し、無力化させようとする動きも見られてきた。たとえば、朝日新聞は2021年9月、《「風評加害者」って誰？　汚染土利用に漂う不安な空気》とのタイトルで、《福島産であることを理由に買わないと、いつか「加害者」と呼ばれてしまうのか？　いやな空気を感じた》と書いた。

「風評加害」とは、福島産であることを理由に買わないことではない。まさに朝日新聞が行ってきたような、「汚染水」「汚染土」「不安な空気」などの不正確あるいは恣意的な言葉で社会に誤解や偏見を広める行為を指す。

また、「風評加害」の言葉が「分断を助長させる」との声もある。詳しくは後述するが、加害者を擁護し、問題の責任や解決努力を被害者側に片務的に押し付ける典型的な「分散論」「被害者非難（Victim Blaming）」「反動のレトリック」の亜種あるいはそのものであり、詭弁に過ぎない。

ならば、性加害や人種差別を訴える声にも「分断を招く」と反対してきたのか。そちらが駄目で福島への風評加害が許され、告発の声を踏み躙ろうとするのは何故か。単なる二重規範やポジショントークに過ぎないのではないか（＊29）。

風評加害をデマと決めつけるのは言論弾圧なのか？

《【海洋放出】
稼働中の柏崎刈羽原発が放出したトリチウムは0・69兆Bq／年。福島原発の処理水中の総量は約1000兆Bq。30年で放出した場合33・3兆Bq／年と約50倍になる。単純に他も出しているから で良しとするのは疑問です。
なお、タンクの7割は他の核種を含む「汚染水」であり説明不足です》（＊30）

2021年4月15日、元新潟県知事で自民党の泉田裕彦衆議院議員は、SNSでこのような発信をした。

この発信は誤解と偏見につながるミスリードだ。タンクの7割は敷地内における作業員の被曝を減らすための暫定処理に留まる「処理途上水」であり、海洋放出の前に基準値以内の「ALPS処理水」にまで再処理し、さらに希釈したうえでの放出となる。

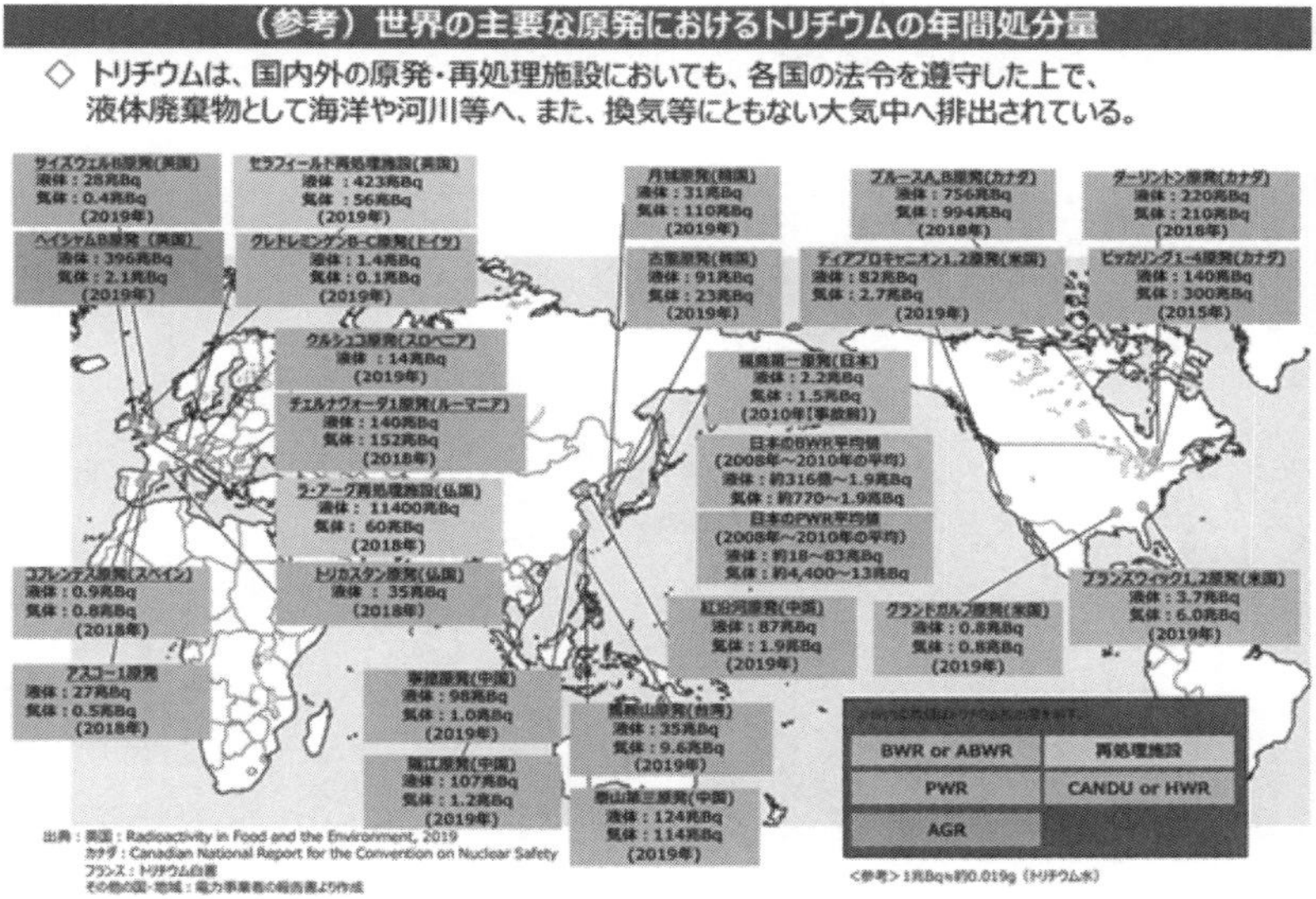

出典：経済産業省

また、トリチウムも放出量も世界と比較して多いとはまったく言えない。フランスのラ・アーグ再処理施設は２０１８年、福島に存在するトリチウム総量の１１・４倍である１京１４００兆ベクレルをたった１年間で放出しているが、何ら問題は起こっていない。

泉田議員の発信には、数多くの抗議と反論が寄せられた。そのうちの一つとして、大阪大学の菊池誠教授の発信を掲げる。

《泉田も勉強不足の風評加害者。新潟にはそんなのしかおらんのかね。放射能デマ発言をしたり風評加害者になったりした政治家は責任を取るべきですよ。政治家失格です》

「新潟にはそんなのしかおらんのかね」というのは、泉田議員と同じ新潟5区で選挙戦を繰り広げた「元新潟県知事」でもある立憲民主党の米山隆一衆議院議員を念頭に置いた発言だったのだろう。泉田議員も米山議員も、双方共に処理水の海洋放出を問題視していた。

一例として、米山議員は2021年4月16日、

《私は最終的に海洋放出以外の現実的手段がない事は否定しないのですが、仮に立場が逆で、例えば韓国の事故で韓国が同じ事をした場合に、この様な高圧的な物言いで、特に新潟を含む日本海側の人達は、相手の主張を受け入れる気持ちになれるでしょうか?汚染水/処理水の海洋放出は、10年間日本政府が日本国民と世界に対して言い続けてきた「Under control」「原発事故を収束させる」という公約を事実上反故《ほご》にするもので、ほかに手段がなく、苦渋の決断としてやむを得ないとしても、言い様というものがあると思います。この問題について、隣国や世界から寄せられる批判に対し、大上段に逆切れする現大臣や元大臣を筆頭とする「保守な方々」は、自分達は日本のプライドを守っている積りなのでしょうが、外から見た日本の品位を大きく傷つけている事に、気が付いてほしいと思います。》(*31)

と発信していた。

この発言は前日4月15日に、細野豪志元環境相が海外からの福島差別に抗うべく、

《I was the minister of the nuclear power plant accident. Please refrain from spreading rumors that "untreated dangerous water stored in #Fukushima will be discharged into the ocean without proper treatment."（**私は原発事故担当大臣でした。#Fukushima に貯蔵されている未処理の危険水が適切な処理を行わずに海洋に放出される」といったデマの流布はご遠慮ください。**）》（＊32）

と英語で発信していたことに対する批判だった。

米山議員は《汚染水／処理水の海洋放出は、10年間日本政府が日本国民と世界に対して言い続けてきた「Under control」「原発事故を収束させる」という公約を事実上反故にする》などと主張するが、処理水放出は「Under control」の下に行われ、何ら科学的に有意なリスクをもたらさない。しかも、処理水放出自体が「原発事故を収束させる」ために不可避な工程の一つに他ならない。保険のように前置きした「私は最終的に海洋放出以外の現実的手段がない事は否定しない」「ほかに手段がなく」などの発言との整合性を持たせるなら、米山議員はそれらを「百も承知」と見做すのが妥当だ。

そのうえで、細野議員による風評払拭のための発信を敢えて批判し、「公約を事実上反故にする」などと喧伝するのは、「たとえ米山議員にいかなる意図や本心があろうと」事実上、福島に対する偏見差別の払拭努力と廃炉・被災地復興を妨害する言いがかり、あるいはポジショントークとして作用する。

デマ拡散の責任を求めることは言論封殺なのか

米山議員は、菊池教授が泉田議員を批判した投稿に対しても直接コメントを寄せた。

《この程度の議論を、「風評加害」などと言って罵倒するのって、言論封殺ですよね。あらゆることについて、不正確なものも含めて賛否が出て、それを許すのが民主主義・言論の自由です。この人は、自分の気に入らない言論は、度を越した罵倒をして封殺しようとする、民主主義、言論の自由を否定する人です。》

この発言に対し、一般ユーザーが、

《またヨネちゃんが、おかしな事を言い始めた。どうしてその論理が自分にぶつけられたときに困るとか考えないのだろうか。リベラル側が「差別だ！偏見だ！」とかいって適当な社会正義で罵倒するほうがよっぽど「言論封殺」でしょ。「風評被害だ」という言葉は「根拠のない非科学的な噂のために受ける被害や経済的損失」という意味であり、「そうではない」と思うのなら科学的に反論すればいいだけ。それができないから「言論封殺」に感じちゃうんでしょ。いつも非科学的なこといって不安を煽るしか脳のないリベラルの自業自得ですネ》

と米山議員を批判した。すると米山議員は、

《私は「風評被害だ」と指摘する事を否定していません。菊池誠氏の様に、無茶とまで言えない事を言った人を「加害者だ」と中傷し、それ所か「新潟にはこんなやつしかいないのか」と合理性の欠片もない地域名を出しての中傷をしていることを批判しています。その姿は、貴方が批判している姿そのものですよ》（＊33）

と返答する。さらに米山議員は、細野議員が、

《林智裕氏は著書（※筆者註：『「正しさ」の商人』）で「（デマは）知っている人や権威者・有名人からその話を聞いたなどの理由から大勢の人々に事実として信じられていく」との分析を紹介している。原発事故やコロナの例を挙げるまでもなく情報災害の被害は甚大。やはりデマを発する者の責任は問わねばならない。》（＊34）

と発信したことに対しても、

《デマをデマと思って発する人は多くありません。多くの人はそれが事実だと思って発信します。

それが後からデマとわかったら責任をとれなどと言ったら、言論は萎縮します。又デマと事実を分けるのは簡単でなく、誰かが一方的にデマと決めつけるなら、言論弾圧に繋がります。格好良い様で危険な主張です》（＊35）

と主張した。さらに、

《リベラルの一部の発信した情報に過剰な心配があった事は否定しませんが、殆どは善意に基づくもので、それを否定しては民主主義は成立しません。（中略）党派に分けて国民の片方を一方的に断罪する姿勢は分断を招くだけだと思います。残念です。》（＊36）

とも発信した。

米山議員の一連の主張に対しても、泉田議員と同様に多くの批判が寄せられた。

◎一般ユーザー

《あれ？「風評被害」の批判って言論封殺になったのですか!? それでは、「汚染水＝処理水」や「（身体に）世代を超えて悪影響」と触れ回る国会議員も、「風評加害」と批判したら言論封殺になるのですかね。トリチウム以外の風評加害を米山議員が問題視する様子は皆無でしたね。あれらも「この程度の議論」です？》（＊37）

（※筆者註：日本共産党が選挙カーを背景に「原発汚染水海洋放出撤回を」と書かれたプラカードを掲げる写真と、逢坂誠二現・立憲民主党代表代行が2020年11月12日に発信した《重篤な原発事故被害は、世代を超えて悪影響を及ぼす可能性がある。一般の事故の悪影響は個人にとどまるが、原発事故の悪影響は、個人を超えた人類の存続そのものに及ぶ可能性もある》と発信した画像のスクリーンショットを示しながら。＊38）

◎水産学者の勝川敏雄東京海洋大学准教授

《善意だから事実に反していても肯定するというなら、反ワクも、陰謀論も拡散している人は基本的に善意なので、すべてのデマを肯定するということですね。なるほど。善意に基づくデマを否定しては民主主義が成立しないということはないと思いますよ。むしろ、世論がデマでおかしな方向に流されて、民主主義が機能不全になるというのはよく見る光景です。デマを否定して、正しい情報に基づいて国民が判断できるようにするのが政治家の仕事だと思います。》（＊39）

◎医師の上松正和

《善意でも責任ある人のデマは責められるべきです。反ワクチンやイベルメクチンなどのデマも多くは善意からですし、エセがん治療も善意で行う医師もいます。しかし議員や医師は他者の人生に影響力を持つため、それは善意ではなく不勉強であり、無用な害がある以上、その責任を問われるべき加害者です》（＊40）

米山議員は《デマは、そのデマのみを否定すればいいのであり、悪意なく結果としてデマを流してしまった人を論《あげつら》うべきではないし、必ずしもデマとは言えない主張を、軽々にデマと決めつけるべきではない、それが言論の自由だと私は思います。》（＊41）とも言う。

まるで「ヴェニスの商人」を彷彿とさせる詭弁だ。このように被害者側にばかり一方的な「理想像」「無理難題」を押し付けて問題の解決責任を片務的に求めようとするのは、同和問題における「分散論」（当事者の自由を制限したり、一方的な忍耐を強いることで解決させようとする）や被害者非難（Victim Blaming）を彷彿とさせる。

心理学や被害者学の分野でよく知られている「被害者非難（Victim Blaming）」とは、事故や犯罪、何らかの不正行為によって生じた被害に対し、その責任の一部または全部を被害者側に負わせる行為である。事実、日本でもテレビで取り上げられた交通事故や自死した著名人の遺族などには、事あるごとに激しい誹謗中傷が向かっている（＊42）。

東電原発事故でも、福島に対する風評加害者らへの反論に「消極的」どころか、偏見やデマによる被害を自業自得であるかのように見做し、その解決責任を被害者側ばかりに負わせようとする声が多発した。

これらの声は、加害者側の狼藉《ろうぜき》には沈黙したり矮小化《わいしょう》する一方で、被害者には罪悪感と「あるべき姿と態度」を一方的に強要した。被害者の「生意気な」言動を抑圧・支配しようとする独善的な「批判」が、特に第三者的な立場を称する人々から「忠告」「善意」「客観性」「是々非々」を装って容赦なくぶつけられた。被害者は沈黙すればすべてなかったことにされ、声を上げれば周囲から非難されるジレンマに陥った。

米山議員の態度も、被災地に追い討ちをかけ踏み躙ってきた「被害者非難（Victim Blaming）」に該当しかねないのではないか。

さらに、米山議員の態度はドイツの政治経済学者アルバート・O・ハーシュマンが提唱した理論、不正・抑圧を解消しようとする動きが出てくるたびに現れる、「そんなこと言わないほうがよい」と不正・抑圧を放置して現状維持を促す理屈＝「反動のレトリック」にも通じる。

「逆転テーゼ」（意図に反した結果がもたらされるとの主張）
「無益テーゼ」（結局何も変わらず無駄だとの主張）
「危険性テーゼ」（得られる成果以上に副作用が大きいので実行するべきではないとの主張）

これら3つのテーゼを恣意的に利用すれば、たとえ実際には合理性や最終的な「正確さ（Correctness）」を担保できる十分な根拠がなくとも、たとえばSNS上でのオーディエンスなどの「他人事」であったり事情をよく知らない相手に対しては特に、木を見て森を見ない場当たり的な、あるいは酷く偏《かたよ》って公正とは言えない詭弁を「正義（Justice）」だと信じさせることができる。

そもそも米山議員がいかに持論の正当性を主張しようとも、放置されたデマや風評の代償が実際に降りかかるのは「言論の自由」を謳歌《おうか》した人々ではない。最も立場が弱い被災地と、そこに暮らす無辜《むこ》の民だ。それらは、当事者を中心とした健康や人生に不可逆的損害をもたらす。仮に「善意からであれば結果責任を問われるべきではない」を是とするならば、たとえ反ワクチン主義者やロシアの侵略であろうと、彼ら彼女らの「善意」と大義名分を担保するプロパガンダを用意することも容易《たやす》い。


デマが引き起こす「情報災害」は、数々の命を奪ってきた。つまり米山議員の主張は事実上、「言論の自由は人命より重い」にも繋がりかねない。ましてデマを流布した加害者側を「善意」「言論の自由」と擁護しつつ、同じ口で被害者側からの正当な批判や反論を「罵倒」「言論封殺」などと断じるならば、「加害者擁護とデマの温存」「被害者非難（Victim Blaming）」「反動のレトリックを弄した詭弁」「被災地と被災者に冷酷」と批判されてしかるべきではないか。

結果責任を求められる政治家、まして国会議員である以上、なおさらのことだ。

中・露・北と足並みを揃えるのが「世界平和アピール」なのか

事実上の加害者擁護や風評温存の動きはマスメディアと政治家だけに留まらない。2023年4

月6日には、「世界平和アピール七人委員会」が大石芳野、小沼通二 池内了、池辺晋一郎、髙村薫、島薗進、酒井啓子という権威ある学識者たちの連名で、《汚染水の海洋放出を強行してはならない》との声明（日本語版と英語版）を発信した（＊43）。

世界平和アピール七人委員会とは1955年に平凡社社長・下中《しもなか》弥三郎の提唱によって結成された組織で、結成時の委員には下中弥三郎、植村環《たまき》、茅《かや》誠司、上代《じょうだい》たの、平塚らいてう、前田多門《たもん》、湯川秀樹など錚々《そうそう》たる人物が並んでいる。

しかし、この声明には重大な懸念がある。主な理由として以下3点が挙げられる。

1．民意と科学を蔑ろにし、当事者が懸念する風評・偏見差別を助長させる
2．当事者の健康悪化リスクを実際の放射線被曝以上に高める
3．「世界平和」に資する妥当性に欠ける

声明は《水とともに体内に入ったトリチウムからのベータ線はDNAを破損させる以上のエネルギーを持っているので、内部被ばくの被害を引き起こす可能性がある》《原発周辺地域で子どもの白血病の発生率が高いとの疫学調査結果もある》と主張するが、論拠の具体的出典すらなく、何ら有効な学術的反論の体《てい》を成していない。

その挙句に《科学的決着がついていない》と一方的に強弁し、《私たちが採るべき方策は、科学以外の判断原則に準拠して当面の行動を決めることである》などと非科学を正当化する。《事故炉の剝き出しの核燃料に触れた処理水と通常運転時の排水を、同様に考えることはできない》と宣言し、処理水を『汚染水』と呼ぶ。「汚染水は何をしようが汚染水」に類した「既知の科学的知見を一方的に拒否し、正当に評価しない」態度及び「水源に毒」の喧伝は、それぞれ「特定の性別、人種、国籍、出身地、病歴を理由に正当な評価をしない」差別、関東大震災時の「外国人が井戸に毒を入れた」という流言蜚語を彷彿とさせる。歴史を顧《かえり》みれば、類似の構図はハンセン病、公害病など無数に前例があるはずだ。

「世界平和アピール」が科学や民意を一方的に踏み躙り、当事者が最も懸念する被害を助長させるのは何故か。その目的を「住民の健康被害を防ぐための善意」と仮定したところで、世論は賛成が上回り、当事者は風評と偏見差別を最も懸念している以上、まったく言い訳にならない。むしろ非科学的な恐怖と不安の煽動は風評と偏見差別を広め、当事者のメンタルヘルスに深刻なダメージを与える。人々の判断を歪め、人生を左右する重要な選択に干渉することさえある。

さらに同声明は「世界平和アピール」活動としての妥当性・正当性があまりにも不透明だ。そもそも処理水の海洋放出を、多くの国は問題にしていない。この期に及んで処理水を「汚染水」呼ばわりして強硬に反対するのは、中国、ロシア、北朝鮮など特定の国とその影響下にある勢力だけである。中国は7月に出されたＩＡＥＡ報告書に猛反発し、日本から輸入する食品に対する極端な検査強化など事実上の禁輸措置に乗り出した。ところが、ＥＵは逆にこのタイミングで日本産食品の原発事故に伴う輸入規制の撤廃を公表している（＊44）。

中国はASEAN（東アジア諸国連合）地域フォーラムでも参加国に対し処理水への懸念の共有を呼びかけたものの、その強い要求にもかかわらず議長声明には一切盛り込まれなかった（＊45）。つまり、たとえいかなる意図や動機があろうと、世界平和アピール七人委員会の声明は事実上、世界各国が科学的に問題としていないテーマにおいて、現在進行形で侵略戦争やミサイル発射を繰り返す特定勢力の非科学的プロパガンダや情報工作と敢えて足並みを揃えた状況にある。これが「世界平和」に資する妥当なアピールと言えるだろうか。

誰が科学と社会の橋渡しを担うのか

このような状況で、誰が科学と社会の橋渡しをするのか。私は途方に暮れ、サイエンスコミュニケーターとして知られる東京大学の内田麻理香特任准教授に「東電原発事故関連の『風評加害』に対峙して問題解決してくれる専門家として、誰をどのように頼れば良いのか」「科学コミュニケーションの専門家達が何をしているのか、正直あまり見えない」とSNS上で問いかけた（＊46）。すると、《以前、処理水について書いたものがこちらになります》と同氏の記事（＊47）を紹介された。記事では処理水に関する復興庁の情報発信を《人びとが科学を受容しなかったり、科学について不信を抱いたりするのは、人びとの科学的知識の欠如が原因だから、人びとの科学的知識を増やせば問題は解消するはずだという想定（欠如モデル）》であるとしたうえで、《科学への不信ではなく、政治や企業への不信だ。（中略）安易な欠如モデル的押しつけで解決しようとするケースには、科学とは関係なく政治で解決すべき問題を抱えているパターンが多い》《科学の範疇ではない問題を、「わかりやすく科学的に説明」したところで、何も解消されるものではない》と批判する。

一方で、欠如モデル批判の先に当然あるべき「ならば具体的にどのように対応すべきか」への言及は見られなかった。内田准教授に直接伺ったところ、

《処理水の放射線量を、信頼のできる複数の機関にも測定してもらうなど透明性を高めること》（＊48）

《煽り系のコミュニケーションをとる人に何かアクションをして黙らせることは無理で、飽きさせる方向を考えます。私だったら、実践としては「耐えて何もしない」という方法をとります。表からは何もしていないように見えるでしょうが、これも実践のひとつだと考えます》（＊49）

との回答があった。

内田准教授の論理には、主に3つの大きな問題がある。

一つは、風評の原因を「人々の不信」であるかのように見做している前提だ。

風評問題が長引く主因が「科学の範疇《はんちゅう》ではない』のは確かであり、「人々の不信」も当然絡む。しかし、その本質は、前述した「政治闘争」「悪徳商法」「承認欲求」などを動機とした利害関係にこそある。不信の解消などまったく望んでいない「風評加害者」の存在は明白であり、加害者への

強力な反撃対抗なくして当事者を被害から護ることなどできない。

二つ目は、専門家でありながら被害当事者を救済する具体的提案がないことだ。内田准教授は復興庁の情報発信には批判を加えた一方、その代替案として「処理水の放射線量を第三者に測定してもらう」「煽り系のコミュニケーションに対しては耐えて何もしない」と掲げている。この問題の実態と推移、現状、被害者救済にあまりにも関心が薄いのではないか。

「加害者が飽きるまで耐えて何もしない」に至っては、被害者に泣き寝入りを強いて見棄てるだけで、何一つ救いがない。「風評加害」の暴力と偏見差別に耐えているのは、内田准教授ではない。

三つ目は、内田准教授が主張する「欠如モデル批判」理論について、この風評問題の本質を「人々の不信」であるかのように見做す前提に関して妥当性が疑われることだ。イギリスの科学技術社会論の専門家ブライアン・ウィンらが提唱した「欠如モデル批判」は、しばしばＳＴＳ（科学や技術の社会とのかかわりに焦点をあてる学際的な学問分野）・リスクコミュニケーションの専門家たちの間で好んで使われてきた（＊50）。

先述した内田准教授の復興庁批判のみならず、たとえば早稲田大学の田中幹人准教授も《福島の失敗は、混乱する現地の人たちが、科学的な知識が足りないから混乱するのだろう、というある種の決め付けのもとに知識を注ぎ込んだ点》（＊51）と主張する。しかし、この問題における妥当性や正当性は、どこまで客観的に検証されているのか。

「欠如モデル批判」という反動のレトリック

実際には、内田准教授や田中准教授の主張を否定し得るデータ（前出＊18参照）も出ている。2022年末、政府がALPS処理水についてCMなどを用いて重点的な広報を行ったところ、彼らの言う「一般人に一方的に知識を注ぎ込んだ」発信にもかかわらず、9月から12月のわずか3カ月で有意な効果が確認された。当然、大々的な広報がなければ得られなかった成果だ。

これに関しては、2011年8月の「セシウムさん騒動」の顚末も参考になる（＊52）。愛知県・東海テレビのローカルワイド番組「ぴーかんテレビ」が、岩手県産のお米プレゼント当選者用のテロップに「怪しいお米セシウムさん」「汚染されたお米セシウムさん」などと表記して放送したことだ。

岩手県の達増《たっそ》拓也知事は関東大震災を例に出して、「大震災や非常事態発生時にはとんでもないデマが飛び交う」と指摘したうえで「マスメディアはデマを沈静化し、（誤った情報による国民の混乱を）防ぐ使命があるはずだ」と矢面に立って猛抗議を行った。抗議の動きは地元JA、岩手県や東北を中心とした住民などにも波及し、東海テレビ社長の謝罪、スポンサーの降板、番組の打ち切り、対策本部・検証委員会・再生委員会の設置から検証番組の放送にまで発展した。

震災後の日本全国が混乱の中にあった時期、当事者らの猛抗議というかたちで、「一方的かつ迅速に知識を注ぎ込んだ」ことが、誤解の払拭とさらなる風評の抑止をもたらしたと言えるだろう。

これらの事例によって、福島の失敗がなぜ起こったのかがわかる。つまり、「欠如モデルを避けるべき」というある種の決め付けのもとに知識を注ぎ込むことを鈍化・抑制したために、風評の拡散と温存を助長・泥沼化させてしまったということだ。

ＳＴＳやリスクコミュニケーションの専門家に対しては、東電原発事故において社会から求められた役割を果たさなかったとの批判が少なくない。《（※筆者註：２０１４年ごろ）当時の会長さんだった中島秀人さんが自ら、ＳＴＳは原発事故の時に役に立たなかった、と言っておられました》《「ろくに行動してなかった」だけではなく、ニセ科学の流布や放射能デマを正当に批判している人達を不当に攻撃したり、自分はそうしなくても不当な攻撃をやめさせようとはしなかった》などの声まで見られている（＊53）。

田中准教授は２０２３年6月6日、《「批判は良いことだけんど、もうジャパニーズTw（※筆者註：ツイッターのこと）でのＳＴＳ批判は、「チワワに向かって『ぬこ死すべし！』と叫ぶ」ってくらい、わけわからんことになってる。ので皆さんぜひ教科書でも読んで批判してみましょう」と企画してから6年も経つ》と発信していた（＊54）。

私は田中准教授にもＵＮＳＣＥＡＲ報告書が「被曝による健康被害は考えられない」とした見解に執拗に異を唱える言説の実例を提示したうえで、解決に繋がる知見と直接的な対応を求めた。すると（＊55）、

《「私の」端的な答えとしては、STSも学術としての科学コミュ研究も、一気に問題を解決する「魔法の杖」にはなりえないと考えます》(＊56)

《前提条件等と絡み合っているのでケースバイケースとしか言いようがなく、ある程度参考にはなれど、まだまだ一般化は困難です》(＊57)

《「どのような立場の相違があり、どのように問題が絡み合っているか」「ある科学的論争はどのような道筋を辿ったのか」等を把握し、眼前の問題対処への参考にできる事例や分析は割とあると思います》(＊58)

として、欠如モデル議論の基となったブライアン・ウィン「誤解された誤解」『思想』を提示された(＊59)。

これらには残念ながら内田准教授と同様、当事者を救済するための具体的な提案がない。そればかりか、提示して対応を求めた実例への言及さえ一切ない。指摘や批判から巧妙に論点を逸らし、「教科書でも読んで」「ウィンを読め」と一方的な理解を求めるこのような対応こそ、田中准教授らが批判してきた「欠如モデル」そのものではないのか。

そもそもこちらが対応を求めた実例とは、他ならぬSTS関係者の一人である富山大学の林衛《まもる》准教授による発信だ(＊60)。

同氏は東電原発事故直後から、低線量被曝の危険性を強調する言説を繰り返してきた。本来であれば私のような一般人に押し付けず、ＳＴＳ内外の専門家から広く批判や検証などがあってしかるべきだろう。

結局、過度な「欠如モデル批判」による情報発信への抑圧は、副次的、相対的でしかない反動を恐れるあまりに問題の本質や被害者救済から目を逸らし、結果として風評払拭や理解促進に水を差し、当事者を助けるはずの情報発信を妨害・弱体化させる「反動のレトリック」に過ぎなかったのではないか。

それらが一見正当性があるかのように広まり、対策を見誤らせて解決を遅らせた。本人が自覚的であるか、善意か否かを問わず、結果として「風評拡大・温存」の口実に利用されて復興を妨害し、現場を苦しめてきた。このような構図もまた、東電原発事故に関連する風評問題が長期化した一因と言えよう。

脚注

＊1 https://www.nikkei.com/article/DGXNASDG2803R_Y1A320C1CR8000/
＊2 https://gendai.media/articles/-/59878?page=4
＊3 https://www.minpo.jp/pub/topics/jishin2011/2012/04/post_3740.html
＊4 https://haiyuza.info/r-arima/

http://j-peace.org/2011/heiwa_inkai.shtml

＊5 http://j-peace.org/2011/statement/pdf/seimei_osensui_kougi210413.pdf

＊6 https://note.com/mostsouthguitar/n/n8c319d57a989

＊7 https://togetter.com/li/413833

＊8 https://togetter.com/li/147133?page=2
https://twitter.com/mostsouthguitar/status/148851646556536265

＊9 http://fukushima.factcheck.site/life/1317

＊10 https://www.minyu-net.com/news/sinsai/michishirube/FM20160204-047556.php

＊11 https://www.minyu-net.com/osusume/daisinsai/serial/fukkou-kage/140702/news.html

＊12 https://fukuoka.catholic.jp/pdf/fukusima1810k.pdf
https://www.cataloghouse.co.jp/yomimono/voice/genpatsu/
https://www.swissinfo.ch/jpn/business/%E6%9D%B1%E6%97%A5%E6%9C%AC%E5%A4%A7%E9
%9C%87%E7%81%BD_%E7%A6%8F%E5%B3%B6%E7%AC%AC%E4%B8%80%E5%8E%9F%E7%99
%BA%E4%BA%8B%E6%95%85%E3%81%A7%E9%81%BF%E9%9B%A3%E3%81%AE%E6%AF%8D
%E8%A6%AA-%E3%82%B8%E3%83%A5%E3%83%8D%E3%83%BC%E3%83%96%E3%81%AE%E5%
9B%BD%E9%80%A3%E4%BA%BA%E6%A8%A9%E5%A7%94%E5%93%A1%E4%BC%9A%E3%81%
A7%E8%A8%B4%E3%81%88/43986146

＊13 https://www.kantei.go.jp/saigai/senmonka_g66.html

＊14 https://lucian.uchicago.edu/blogs/atomicage/2018/04/27/fukushima-genpatsu-jiko-no-hinansha/

＊15 https://www.news-postseven.com/archives/20191128_1497153.html?DETAIL

＊16 https://hrn.or.jp/wpHN/wp-content/uploads/2023/12/ea37e2e751287c758631b70d9f307f36.pdf

＊17 https://www.huffingtonpost.jp/2016/11/29/svetlana-alexievich_n_13295940.html

＊18 https://ieei.or.jp/2022/01/special201706046/

＊19 https://www.pref.fukushima.lg.jp/uploaded/attachment/563661.pdf

＊20 https://www.asahi.com/articles/ASR9T5SJHR9QUZPS003.html

＊21 https://www.asahi.com/articles/DA3S14867398.html

＊22 https://ryukyushimpo.jp/editorial/entry-1304270.html

＊23 https://gendai.media/articles/-/100659?page=1&imp=0

＊24 https://gendai.media/articles/-/95524?imp=0

＊25 https://worldsofjournalism.org/

＊26 https://seisenudoku.seesaa.net/article/493673869.html?fbclid=IwAR1qdrJmi2e7FtnJ6Rhb1entZPeA4

＊27 https://news.yahoo.co.jp/expert/articles/b06a69badc65ea0451abdaa6e184b8b1ffef7bc8

＊28 https://twitter.com/search?q=%E9%A2%A8%E8%A9%95%E5%8A%A0%E5%AE%B3%20Since%3A2011-03-11%20Until%3A2011-12-31&src=typed_query&f=live
https://twitter.com/ucchy_v3/status/490256354059386690
https://twitter.com/dj_sn/status/501998423786161832

https://twitter.com/gotodesign_jp/status/559262392649031168
*29 https://note.com/takashi_ikegami/n/nb5f6c50263f0
*30 https://twitter.com/IzumidaHirohiko/status/1382608275691036673
*31 https://twitter.com/RyuichiYoneyama/status/1383048231261642761
*32 https://twitter.com/hosono_54/status/1382665896745848834
*33 https://twitter.com/RyuichiYoneyama/status/1522210516168364033
*34 https://twitter.com/hosono_54/status/1522086841335558144
*35 https://twitter.com/RyuichiYoneyama/status/1522286555263488002
*36 https://twitter.com/RyuichiYoneyama/status/1521299993641975808
*37 https://twitter.com/tsukuru_ouu/status/1521970005885489152
*38 https://twitter.com/seiji_ohsaka/status/1326687257948950528
*39 https://twitter.com/katukawa/status/1521470648492892162
*40 https://twitter.com/uematsu1987/status/1521672945239998471
*41 https://twitter.com/RyuichiYoneyama/status/1522287169687023616
*42 https://www3.nhk.or.jp/news/special/jiken_kisha/kishanote/kishanote62/
*43 https://worldpeace7.jp/?p=1520
*44 https://www.maff.go.jp/j/press/yusyutu_kokusai/chiiki/230713_13.html
*45 https://www.sankei.com/article/20230717-OIJPPIUC2BIZXFETAKX56IGE5U/

＊46 https://twitter.com/kasoken/status/1664286133772230663

＊47 https://chuokoron.jp/science/117381.html

＊48 https://twitter.com/kasoken/status/1664389734892974080

＊49 https://twitter.com/kasoken/status/1664390764858851328

＊50 https://imidas.jp/genre/detail/K-126-0007.html

＊51 https://www3.nhk.or.jp/news/special/sci_cul/2021/03/special/special_20210325/

＊52 https://ja.wikipedia.org/wiki/%E3%82%BB%E3%82%B7%E3%82%A6%E3%83%A0%E3%81%95%E3%82%93%E9%A8%92%E5%8B%95

＊53 https://twitter.com/y_mizuno/status/1664798707772948480
https://twitter.com/genkuroki/status/1664914415278276608

＊54 https://twitter.com/J_Steman/status/1665934120210558977

＊55 https://togetter.com/li/2163816

＊56 https://twitter.com/J_Steman/status/1666825845393219585

＊57 https://twitter.com/J_Steman/status/1666826127346913283

＊58 https://twitter.com/J_Steman/status/1666825992235790337

＊59 https://twitter.com/J_Steman/status/1666826021080027136

＊60 https://twitter.com/SciCom_hayashi/status/1665605883890376704
https://togetter.com/li/335940

『風評加害』という概念はいかに誕生し発展してきたのか
――何が風評を発生温存させてきたのか――

1．研究背景・目的

2024年2月、東証プライム上場企業「オイシックス・ラ・大地」の会長がXで福島第一原発のALPS処理水を「放射能汚染水」と呼ぶなど非科学的・差別的な発信をした結果、批判の集中、株価急落を招き辞任に至った（＊1）。

2023年夏の処理水海洋放出時、地元の最大の懸念は「風評・偏見差別」だった（＊2）。行政は「正確な情報発信」を掲げるが、処理水を「汚染水」と呼び続ける勢力や、中国等での日本産品危険視は消えず、差別・偏見は無くならない。これまでの「風評対策」は有効だったのか。

「民間事故調」は、行政の対策を「風評被害の概念が曖昧」「有効性への視点足りず」、「(正確な情報発信方針は)冷静かつ根気強く対応しようというまっとうな態度のように見えるが、実際には、風評と正面から向き合うこと、差別や偏見を持ちその解消を阻害しようとする過激な者たちに立ち向かうことを恐れるリスク回避、（中略）〝事なかれ主義〟に他ならない」と断じた（＊3）。

「風評加害」という概念がSNS等で頻繁に使われてきている。これは報告書が言及した「差別や偏見を持ち問題解消を阻害しようとする過激な者たち」へのクレイム申し立ての運動と捉えられる。これまで「風評被害」は行政・研究者が好んで用い社会問題化されてきた。一方、「風評加害」は看過されてきた。被害があればその原因の「加害」が必ずある。「風評加害」概念の使用には、福島への差別の原因者と実態を白日の下に晒す効果がある。

本研究では、「風評加害」概念の来歴をたどり、いかにそれが告発されてきたのか経緯を明らかにし、風評加害行為や、その概念使用への妨害・抑圧構造を検討する。なお、ここでいう風評加害とは、事実に反した流言蜚語の拡散・科学的知見の無視や結論が出ている議論の不当な蒸し返し・不適切な因果関係のほのめかし・正確な事実の伝達妨害などによる印象操作や不安の煽動をさす。

2．調査対象と方法

「風評加害」概念を日本語圏の人々がいつ・いかに使用し始めたか、来歴を調べるため、Google Trendsを用いて2024年以前から2024年現在までの検索頻度を調べる。その上で、使用の傾向の変化があった背景をさぐるため、2024年2月時点で得られるXや報道などのデータにおいて「風評加害」が使われた具体事例を調査する。

3．分析と考察

Google Trendsで得た結果は、以下の図1－4。

（※数字はいずれも件数ではなく、最多を100とした相対値）

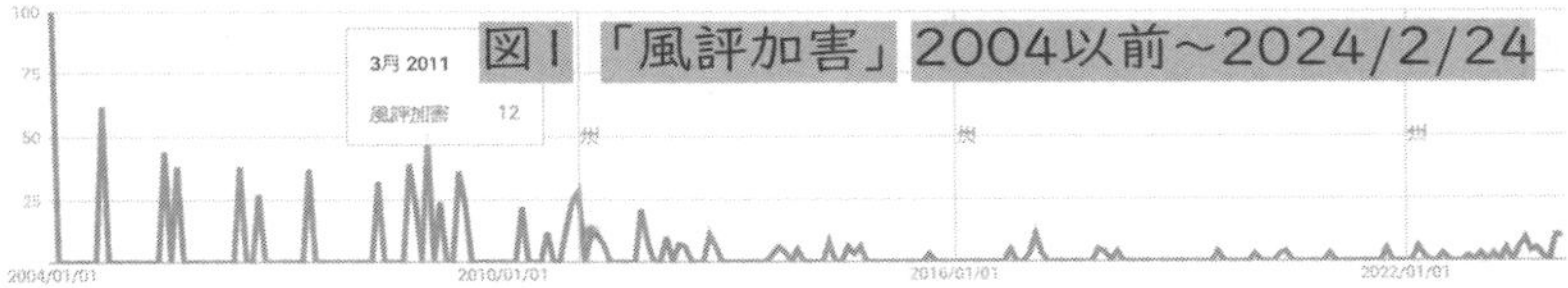
図1 「風評加害」2004以前～2024/2/24
3月 2011
風評加害 12
100
75
50
25
2004/01/01
2010/01/01
2016/01/01
2022/01/01

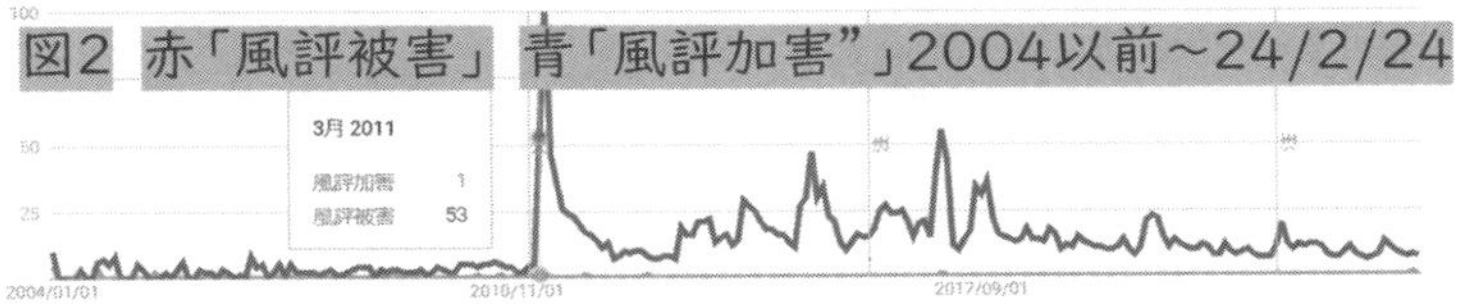
図2 赤「風評被害」 青「風評加害"」2004以前～24/2/24
3月 2011
風評加害 1
風評被害 53
100
50
25
2004/01/01
2010/11/01
2017/09/01

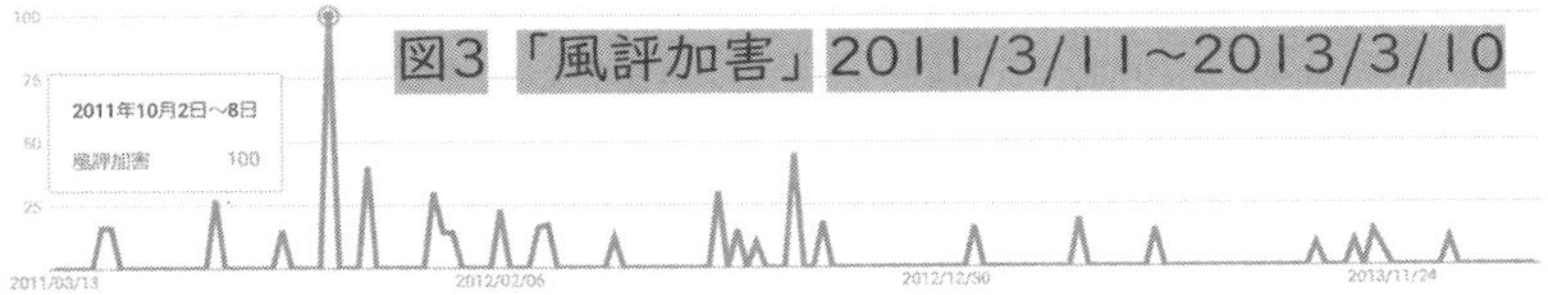
図3 「風評加害」2011/3/11～2013/3/10
2011年10月2日～8日
風評加害 100
100
75
50
25
2011/03/13
2012/02/06
2012/12/30
2013/11/24

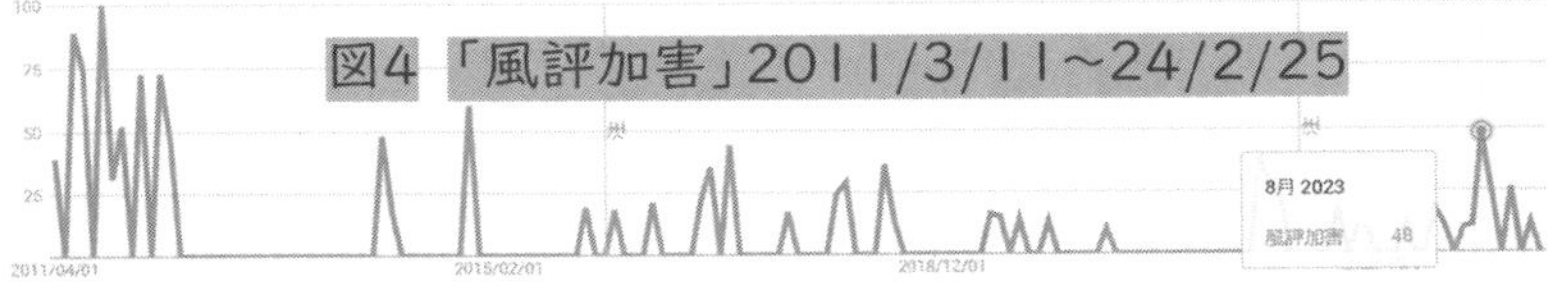
図4 「風評加害」2011/3/11～24/2/25
8月 2023
風評加害 48
100
75
50
25
2011/04/01
2015/02/01
2018/12/01

3．1　3・11以前から「風評加害」使用例は存在した

図1から明らかなように、3・11以前から「風評加害」概念はGoogle検索ワードとして使用されてきていた。同じく図2より「風評被害」も3・11以前から検索されていたが、3・11によって「風評被害」使用量が爆発的に増え、相対的に「風評加害」を圧倒するようにもなった。

3・11以前の「風評加害」使用の実例として、例えばXでは2010年の宮崎で発生した口蹄疫に関し「福井のタンカー座礁の時（中略）地元の人が『今後、福井産のモノを買ってくれるのが最大の援助』と言ったのを思い出す。今回の宮崎の件でも、この先我々が『風評加害者』にならない事が大事」（＊4）という投稿が確認できる。

3．2　3・11から半年でピーク＆その後も断続的な波

図3・4から明らかなように2011年3月以降は「風評加害」検索例は急増し同年10月に最多になった。その後も、検索数は減りつつも絶えることなく現在に至る。

Xで確認できた3・11後の最も早い使用例＝投稿は3月19日の「愚かな風評加害者になるべからず」（＊4）で、その後も多数のアカウントが断続的に投稿。また、11月には社会学者・加藤秀俊が「風評被害あれば『風評加害』あり」「マスコミは『風評被害』を報じているが、マスコミ自身が『風評加害者』ではないか」と論じた（＊5）。

3．3　抑圧言説の流布と意図せざる使用量・範囲拡大

同じく図3・4より、近年、3・11直後ほど大規模ではないものの、「風評加害」検索量が、2023年夏の処理水放出前後をピークとしつつ、特異な盛り上がりを見せている。背景には、①福島以外のテーマへの「風評加害」概念の応用、②「風評加害」概念によって自らの加害者性が暴露されてしまう者らによる妨害・抑圧の言説があった。

まず①について。Xで「風評加害」概念が、福島関連以外の多様なテーマ、例えば「ワクチン」「あきたこまちR」「草津」等にも適用され始めた。これは、以前は一部マスメディアやSNSアカウントが直接・間接的に流布しつつも、社会問題化されてこなかった差別やイデオロギーに基づく印象操作等への告発運動としての概念使用だ。

そして、この潜在的社会問題＝「風評加害」を顕在化させたのは、「風評加害」加担側＝クレイム申し立ての対象となっている者たち自身でもあった。これが②だ。

例えば、晴川（＊6）は、2019年11月以後3年で、福島第一原発から海洋放出されるのが「汚染水」だとXで最も多く発信した全国紙は朝日新聞だと指摘する。

この朝日新聞の記者・大月規義は2021年9月、「『風評加害者』って誰？汚染土利用に漂う不安な空気」と題した記事（＊7）で、「福島産であることを理由に買わないと、いつか『加害者』と呼ばれてしまうのか？いやな空気を感じた」と書いた。同じく同紙に連載を持ち「福島の代

表」として重宝されてきたNPO活動家・安東量子は2022年8月、Xに「福島の原発事故を経て残ったのが、『風評加害』という珍説だけというのは、知性にとっては恥でしかありません。」と投稿（＊8）した。さらに、2023年度朝日賞受賞者で東京大学名誉教授の島薗進は、「『構造的暴力という視点からみる原発事故』――〝風評加害〟という言葉のもつ意味」と題し、「風評加害」概念を「心配したり懸念の声を出すことを押しとどめるような動き」と糾弾する集会で「セシウムとかストロンチウムもかなりあるかもしれない。ALPS処理水の他にも汚染水を外に出していることなんで」と事実に基づかないコメントをした（＊9）。

これらは「風評加害」概念の誤定義の拡散、その使用者に対する悪しき印象操作を進め、その使用の妨害・抑圧効果を持つ。例えば、上記集会では「〔「風評加害」概念が〕原発事故の加害責任を、被害者を含む国民に転嫁する」と主張された。だが、これは事実に反する。Xで「風評加害」の責任を追求する中には福島に住む被災者も当然含まれる。追求されているのは、例示したような権力ある特定マスメディア・文化人・学者、その本人だ。

いずれの妨害・抑圧の言説も、Xでは激しく批判にさらされ「炎上」状態になった。例えば、大月の記事の投稿（＊10）には「自己紹介ですか？」「おまえだ」など1500件以上のリポストと600件以上のコメントが集まったが何の応答もせずいまに至る。安東の投稿にも同様に大量の批判が集まるとともに、自らが過去に「風評加害」概念を肯定的に使っていたのを忘れていたことも指摘され（＊11）、経緯の説明を避けるのみならず、投稿自体を削除してそれ自体が無かったかのように黙殺している。

つまり、「風評加害」概念の使用による福島への差別・偏見の社会問題化、被災者側からの被害告発、その対象者たる風評加害者が説明責任を回避し事実を隠蔽するかのような言動。これらが炎上を招き「風評加害」概念が広く知らしめられてきた。つまり、「風評加害」概念の使用の妨害・抑圧への試み自体が、その使用量とその範囲を拡大させてきた構図がそこにあった。

4．結論と意義、限界について

「風評加害」概念は3・11以前から存在し、3・11後は「差別や偏見を持ち風評問題解消を阻害しようとする過激な者たち」に対する当事者からの告発としても使われてきた。告発が力を持つに従い、誤情報拡散等「風評加害」行為への強い抑止力となる実例もあった。一方、風評を広めてきた側にとって「風評加害」の告発は脅威となり、概念を貶め無力化させようとする抵抗も激しくなった。

「性加害」や「ハラスメント加害」がそうであるように、その加害者と「共犯」者は、指摘された加害を加害と認め謙虚に向き合おうとせず、擁護しあい隠蔽し時に逆恨みと被害者非難（Victim Blaming）を通して言論弾圧や事実隠蔽を図り、加害温存のネットワークをつくろうとする傾向がある。本研究の意義は、それを「風評加害」の検討を通して解き明かした点にある。元朝日新聞パブリックエディターの地域活動家・小松理虔は、「（福島への）デマや差別をなくせという活動が活動家を刺激してデマや差別を再生産してる」（＊12）などと「風評加害」の告発・クレイム申し立てへの根拠不明の妨害・抑圧を頻繁に試みてきた。だが「反差別が逆効果」なら、性・民族・人種等への差別反対運動もまた全て否定されるべきものになる。典型的「反動のレトリック」でしかない詭弁だ。風評加害温存の病巣は根深い。

本研究では、「風評加害」概念の「誕生・発展」を俯瞰した。ここには未だ解決されない福島への差別解消に向け具体的な制度・政策を構想する上でも不可欠な事実を解き明かしたという点で、学術的・社会的意義がある。

一方、調査時期でのSNSやスマートフォンの普及率等の差、大まかな相対値の把握に限られるGoogle Trendsだけでは捉えきれない量的細部が十分に反映できていないこと、風評加害者が負うべき損害賠償等の責任に関する法制度・倫理的検討や、その概念使用の妨害・抑圧において様々な人がネット誹謗中傷されてきた事実の検証などに不足があることは本研究の限界だ。稿を改めたい。

（出典：第二回東日本大震災・原子力災害学術研究集会（２０２４年3月開催））

◎参考文献
『「正しさ」の商人―情報災害を広める風評加害者は誰か』林智裕・著（徳間書店・２０２２年）
『「やさしさ」の免罪符―暴走する被害者意識と「社会正義」』同（徳間書店・２０２４年）

脚注

＊1 https://www.nikkei.com/article/DGXZQOUC22CEI0S4A220C2000000/
https://www.itmedia.co.jp/news/articles/2402/22/news203.html
＊2 https://ieei.or.jp/2022/01/special201706046/?doing_wp_cron=1708341395.8382871150970458984375
＊3 https://apinitiative.org/2022/03/10/34932/
＊4 https://twitter.com/ucchy_v3/status/49025635405938690
＊5 産経新聞《【正論】社会学者・加藤秀俊　風評被害あれば「風評加害」あり》（東京朝刊・２０１1年11月1日）
＊6 晴川雨読《汚染水が海洋放出されるとツイートす

る認証アカウント》（２０２２年11月20日）
https://seisenudoku.seesaa.net/article/493673869.html?fbclid=IwAR1qdrJmi2e7FtnJ6Rhb1entZPeA4pqqLGf4U5uq0D3GZsjin6oRx6gTLSU

＊7 https://www.asahi.com/articles/ASP8Z7594P8ZULFA00C.html

＊8 https://0o.gs/2/3/1564221713260326912
https://twitter.com/9ntUNQa9pdU8j6A/status/1564586788240257025

＊9 https://www.ccnejapan.com/?p=14991

＊10 https://twitter.com/asahi/status/1433703333642964993

＊11 https://twitter.com/mahoro_kq/status/1564869215009378304

＊12 https://twitter.com/hekirekisha/status/975714167326781441

第3章
海外からの加害行為

国連広報センターが処理水へのフェイクを拡散

《破壊された福島原発からの汚染水排出における日本の決定に対し、国連専門家は、放射性排水による健康および環境への潜在的脅威について言及、深い遺憾の意を表明しました》

2021年4月、当時の菅義偉内閣がALPS処理水の海洋放出を正式決定した直後に、国連広報センター（@UNIC_Tokyo）から発信されたX（当時はTwitter）投稿だ（＊1）。

言うまでもなく、この主張は科学的事実に基づいておらず、差別的な言いがかりに過ぎない。定義もリスクも明確に異なる「処理水」と「汚染水」とを混同させ、「健康および環境への潜在的脅威」という不安と偏見・差別を煽動する悪質な発信だ。

しかも、この投稿で「国連専門家」とされている人々は、国連人権理事会の「特別報告者」であって、国連の正式見解ではない。しかも、彼らは科学の専門家ではなく「人権」の専門家である（＊2）。

もっとも、「人権」の専門家たちともあろう者たちが、自らの非科学的な偏見・差別と流言蜚語の煽動によって損なわれる当事者の人権に、これほど無関心であることには驚きを禁じ得ない。我々東洋の島国、しかも地方に暮らす人々の人権など、まるで目に入っていないのか。根底に「オリエンタリズム」的な差別意識があるのではないか。

２０２３年８月のＡＬＰＳ処理水海洋放出の本格化から３ヶ月以上が経った11月末になって、この国連広報センターの発信が突然「大炎上」した。きっかけは、国連広報センターが11月25日に投稿したまた別のポストで「家父長制を解体しよう」と発信して炎上した際（＊３）、芋づる式に２年前の処理水に関する差別的投稿が「発掘」されて延焼した形だ。

この投稿には、

《科学的根拠に基づかない主張である。海洋放出対象は、汚染水ではなく安全性《ママ》なＡＬＰＳ処理水である。（＊４）

ＷＨＯのトリチウムの飲料水基準は２Ｌ／日を一年間飲み続けて，０・１マイクロシーベルト／年の線量となるように計算されている。（＊５）

ＡＬＰＳ処理水を海洋放出する際は、そのさらに７分の１未満になるよう海水を加えて調整する。（＊６）

なお、２マイクロシーベルト／年の放射線被曝で遺伝子が受ける損傷の頻度は、日常の紫外線等による損傷の頻度の１００万分の１以下である。（＊７）

以上から、仮にＡＬＰＳ処理水を飲用し続けたとしても、放射線による健康影響は完全に無視できるレベルとなることがわかる。》（＊８）

という内容のコミュニティノート（デマや誤情報、誤解を招く表現などにユーザーが反論や注釈をつける機能）までもが付けられてしまった。

この失態に対し、多くのユーザーからは、

《本当にこれ国連広報センター公式？根拠も示してないし…国連だとしたらあり得ない発言だと思うけど》（＊9）

《これネタ垢じゃないのか…シルバーバッチだから本物なんだよね。本物の国連広報センターのアカウントにノートが付くって凄いね。》（＊10）

《国連広報センターもこの程度なのですね。ヘイトスピーチではないかしら》（＊11）

《ＩＡＥＡですら問題がないと言ったのに、反証する科学的根拠も示さずにこれやからなぁ》（＊12）

《2年前のポストではあるけど、事実認識に重大な誤りがあるので新たにノートを付けられた。公的機関、しかも国連の組織として恥ずかしいことこの上ない。恥ずかしいだけじゃない。デマ、風評の拡散に肩入れしたわけだから謝罪が必要。》（＊13）

《国連広報センターが非科学的偏見差別を広め、コミュニティノートまで付けられた。この恥ずかしい事態に沈黙するのか。それとも、きちんと謝罪訂正が出来るのか。自浄能力が問われている。これを謝罪訂正出来ないようなら、何を言おうともはや人々に信用されないし、されるべきでない》

など厳しい声が相次いだ。さらに、

《国連広報センターの内容を見てみたが、ジェンダーと気候変動以外やることないのか》（＊14）

《国連広報センター、半分が気候変動で半分が女性の人権で構成されてるのえぐい》（＊15）

など、国連広報センターが言及するテーマの偏向と「共感格差」に言及する声も見られた。

無言で投稿を消して逃亡。謝罪も訂正も一切なし

すると11月28日になり、国連広報センターのアカウントは炎上した投稿を無言のまま消してしまった。誤った情報を広めておきながら、謝罪も訂正も一切なかった。これにより、さらに批判が向かった（＊16）。

《11／2に国連広報センターは「デジタル・プラットフォーム上の情報の誠実性に関する行動規範」というイベントやられてたようですが、どうなってるんでしょうか？　先日、そのデジタル職を募集してましたね……。国連広報センターの所長（@KaoruNemoto）はXをされていますから、回答があると信じています》（＊17）

と期待する声も聞かれたが、残念ながら国連広報センターからも、所長の根本かおるからも、何ら反応はなかった。

根本所長のアカウントにも多くの批判が向かった。その9日前の11月19日にTBS「報道特集」をシェアしながら、

《ネットの誹謗中傷はなぜやまない　TVer TBS「報道特集」（＊18）OAを拝見、より多くの人に見て欲しい　ポストの背景に、悪意よりもむしろ自身の正義感。でも、正義感からのポストがどれだけ人を傷つけ追い込むか考えて#シェアする前に考えよう #ヘイトにNO @tbs_houtoku》（＊19）

と投稿していたことに対し、

《根本さん、今話題の国連広報センターの所長さんですよね。報道特集もいいが、自らのセンターのツイートがまさにその身勝手な正義感を振りかざして多くの人を傷つけ追い込んでいるか、自覚は無いのでしょうか》（＊20）

《「許せる差別と許せない差別がある。福島差別は許せる差別」という事ですか？「ヘイトは許さない」という人が、平気な顔して福島差別を繰り返すの本当に謎。》（＊21）

との声も向けられたが、全く反応はなかった。

国連の権威があろうと、削除で終わらせるべきではない

国連広報センターは、投稿に全く訂正をしない方針ではない。現に、同じ11月28日に別の投稿に対しては、《訂正 ○履行状況の改善を 失礼いたしました》と訂正を加えている（＊22）。

ところが、福島への誤情報を広めたことに対しては終始、無言かつ無反応を貫いたまま今に至る。なぜ福島には謝罪も訂正もできなかったのか。

確かに、国連広報センター日本語版は、「英語による発信の原文を翻訳しただけ」ではあった。しかし、事実に基づかない偏見をそのまま翻訳して広報したうえ、多くの批判を受けて無言のまま削除して終わらせるだけの対応が適切だろうか。まして、元投稿は「人権」に関わるテーマだ。むしろ、日本や福島への非科学的な誤解と偏見の解消に向け、本部に掛け合うくらいのことはできなかったのか。

同アカウントはこれまで、

《今、怒り、憎しみ、悲しみ、そして誤情報／偽情報によって真実がゆがめられています。オンライン上で目にした情報に反射的に反応する前に、一旦情報端末から身を置いて、５つの〝W〟を

#シェアする前に考えよう》（＊23）

《たった
一度で
あろうと
女性に対する #暴力に言い訳なし #NoExcuse》（＊24）

などの投稿を繰り返してきた。「#暴力に言い訳なし」との訴えは、まさか言い訳すらなく逃走するとの意味ではあるまい。

炎上はその後も続き、Xのトレンドを見ると、11月29日朝の時点でも2万6891件もポストされていた。しかし、国連広報センターが批判に向き合うことは、とうとうなかった。

ジャーナリストの加藤文宏は、国連広報センターの一連の対応について、

《権威を利用して、誤った前提に基づく、優位的立場からの支配をねらった社会運動をやっている。しかも処理水放出についてだけではないようだ。国連の権威を借りた社会運動団体と化してないか。》（＊25）

と批判した。

事実や科学よりも優先された「立場」

誤情報の拡散は、世界的に有名かつ伝統ある科学誌「サイエンス」誌にも及んだ。

同誌は今年1月、論説で処理水に対し「東京電力のデータは不十分」「限られた放射性核種しか測定していないので、そのほかに何が入っているかわからない」「飲料水の基準を下回るトリチウムであっても海水の自然レベルの数千倍であり、トリチウムが海洋生物に蓄積し、魚や人間に影響を及ぼす」などと主張した。

詳細は《科学誌『サイエンス』が非科学的な「処理水」記事を出した背景（Wedge ONLINE：唐木英明）》（＊26）で批判・検証されているが、実際には東電が公開するデータや信憑性は裏付けられている。「そのほかに何が入っているかわからない」「トリチウムが生物に蓄積し、魚や人間に影響を及ぼす」に至っては悪質なフェイクニュースだ。問題の論説を書いたデニス・ノーミル氏はサイエンス誌の上海寄稿特派員という「立場」にある。

さらに、この記事を２０２３年1月28日に信州大学の茅《ち》野《の》恒《つね》秀《ひで》准教授がＳＮＳで《Despite opposition, Japan may soon dump Fukushima wastewater into the Pacific》と拡散した。

グーグルニュースの検索でも明らかなように、茅野准教授はこれまで原子力市民委員会委員という「立場」から原発事故に関連する発信を繰り返し、様々な報道でも専門家としてコメントしてきた（＊27）。

そこで、茅野准教授に「サイエンス」記事の科学的誤りを指摘したうえで、「当然ご存知のように、ＡＬＰＳ処理水海洋放出で地元が懸念する最大の課題は『風評』です。にもかかわらず、こうした偏見差別に繋がりかねないツイートをわざわざ英語で海外に広めようとするのはどういう意図ですか？」

と発信の意図を直接問い合わせたところ、返事はなかった。驚くべきことに、茅野准教授はその日のうちに無言のままＳＮＳアカウントそのものまで削除してしまった。そこまで不都合な問いだったのだろうか。

茅野准教授は処理水の他、除染等の措置に伴って生じた土壌等の減容化（体積を減らすために行う圧縮などの処理）と再生利用をすすめる環境省の実証事業についても、強硬に反対してきた。処理水の海洋放出後は、この処理土が多くの活動家から次の「風評加害」ターゲットにされる可能性が高い。すでに昨年末には、処理水の「汚染」呼ばわりを繰り返してきた社民党や共産党の議員らが東京・新宿と埼玉・所沢で、処理土の「汚染土」呼ばわりと共に反対運動を展開している（＊28）。

茅野准教授は処理土の基準について《（政府は）年1ミリシーベルトを満たせばよいと勝手にルールを変えてしまったのです》と言うが（※筆者註：出典は朝日新聞、東京新聞）、実証実験で用意する土壌を利用しても健康被害リスクに繋がらないことは科学的に明らかな事実だ。しかも、土壊はすでに首相官邸や各省庁、自民党本部などでの先行利用実績が多数あり、何ら問題も出ていない（＊29）。

さらに、茅野准教授は《土壌の最終処分や再生利用については国の言ってるスピードでは国民の理解は得られないし、国のガイドラインを待っている状況ではもう10年、同じ状況が続く可能性もある》《そこに住み続ける住民の皆さんが一方的に被害者として問題が先送りされていく》などと主張する一方で、別の報道では《信州大の茅野恒秀准教授（環境社会学）は「国民から広く合意を取ることは難しく、実証事業も行き場がないのが実情だ」と語る》とも報じられている（＊30）。

つまり、「合意形成できないのに進めようとするのは欺瞞《ぎまん》」という論理を使う一方で、処理土には何ら健康リスクがなく安全であることへの積極的な言及がない。むしろ反対運動の集会で演説するなど、合意形成を積極的に妨害しているようにも見受けられる。

この構図は、研究者として自らの権威・影響力のある「立場」から自発的・継続的に政治的発信をしながら、その内容が自らの研究結果・主張・所属団体を利することに繋げ、それをもって研究成果や社会活動の実績とするかのように受け止められる「利益相反」の問題にもなりかねないのではないか。

北朝鮮に踊らされた韓国社会

原発事故に伴う風評の背後には、北朝鮮による情報工作があった――。

この衝撃的な事実は2023年3月23日、韓国の主要紙「朝鮮日報」が伝えた。韓国の公安当局から「北朝鮮工作員の指令に従い、在韓米軍の撤退を主張する反米集会や尹錫悦《ユン・ソンニョル》政権の退陣を求めるデモなどを行った」として国家保安法違反容疑で逮捕されていた「自主統一民衆前衛」（※筆者註：韓国内に潜伏する北朝鮮スパイ組織と疑われている）の幹部ら四人に対する取り調べで明らかになった。

韓国の検察関係者によると、北朝鮮から彼らに送られていた指令は少なくとも数十件に及び、韓国極右団体を詐称する保守勢力の分断工作、韓国国内での反政府闘争や反米活動、日米など西側諸国との外交成果及び選挙における保守系候補へのネガティブキャンペーン、SNSを通じたデマの流布や世論操作などの他、福島に関する情報工作も含まれていた。

北朝鮮は2019年、「文在寅《ムン・ジェイン》政権（当時）を圧迫し、日本政府との葛藤を取り返しのつかない状態に追い込むべく反日闘争を組織的に展開していくことを目標とし、その手段として東京電力福島第一原子力発電所のALPS処理水（以下、処理水）の問題化を画策した。

「『東海（日本海）が汚染される』『魚を妊婦が食べれば胎児に影響を与える』『奇形魚が出現する』などのデマをインターネットに大量流布させる」
「環境運動家や海洋専門家を放送討論会に出演させて日本の『汚染水』放流が韓半島に及ぼす破局的な災厄を論証させる」
「社会的反感と不安感を増幅させて（韓国内の）反日感情を煽り、韓国漁民を先頭に立たせて集団断食、断髪座り込み、漁船を動員した大規模な海上デモを激しく展開させると同時に、地方自治体長や地域区国会議員も合流させ、国際的な世論を集中させるための活動を展開する」

など具体的な手口まで指示していたという。

この時期以前より、韓国では福島差別が公然と罷《まか》り通っていた。朴槿恵《パク・クネ》政権は２０１３年に日本産水産物に対する新たな輸入規制を設け、原発事故直後以上に厳しくした。新たな汚染やリスクが見つかったわけではないにもかかわらず、規制緩和が進み始めていた世界の流れに科学的根拠もなく逆行した（＊31）。

２０１６年2月には東日本大震災からの復興や東北の魅力をＰＲするため、ソウル市内で20、21日の両日に開催予定だったイベントが急遽《きゅうきょ》中止された。開催前日の19日に、ソウルの日本大使公邸で韓国政府や観光関係者らを招いて開催されたレセプションでは、若松謙維《かねしげ》復興副大臣（当時）が被災地の復興状況や観光・物産などを紹介し、「福島の食料品はある意味で世界で一番安全だと考えている」などと強調していた。

ところが、地元の城東区庁から「公開空地で原発事故発生地の生産物を無料で配り、販売することは適切ではないと判断した」として許可されなかった（＊32）。

２０１７年2月24日には、韓国・済州《チェジュ》航空が職員や乗客からの懸念を考慮し、仁川《インチョン》空港と福島空港を結ぶチャーター便の就航計画を取り消した事件も発生した。紛《まご》うことなき福島差別だった（＊33）。

文在寅政権（同政権は日本の警察庁警備局『治安の回顧と展望（平成29年版）』によれば、「北朝鮮に宥和《ゆうわ》的な政権」と分析されていた＊34）は、これらを抑制どころかエスカレートさせた。

文在寅は大統領就任から約1ヶ月後の6月19日、釜山《プサン》市で開かれた古里《コリ》原発1号機の廃炉に向けた稼働停止を記念する式典の挨拶で、福島第一原発事故に対し、

「２０１６年3月現在、１３６８人が死亡し、被害復旧に総額２２０兆ウォン（約22兆円）という天文学的な予算がかかるそうだ。事故後、放射能の影響による死亡者やがん患者の発生数は把握すら不可能な状況だ」

と語った。

「１３６８人死亡」は、２０１６年3月6日の東京新聞による報道が基にされていた。東京新聞が震災関連死の中から独自に「原発関連死」と認定した数字であり、被曝を原因とした死者数ではない。また、「死亡数やがん患者の発生数は、把握すら不可能な状況」との発言も事実無根であり、

根拠はまったくない。

この発言に対し、日本政府は東京の韓国大使館に「正確な理解もないまま発言した内容であり、非常に遺憾」と正式ルートを通じて伝えた。

ソウル大学の朱漢奎《チェ・ハンギュ》教授は「東京新聞の記事に出てきた死者の95・5％は避難後にストレスで健康が悪化した60歳以上の人物で、67％は80歳以上の高齢者だった。福島の原発事故現場において、放射線被曝によって死亡した人は一人もいない」と語った。韓国産業通商資源部は「原発事故関連死」を「原発事故による死者」と間違って報告したことについて、「弁解の言葉もない」とコメントしている。

韓国は海洋放出での健康影響を否定していた

文在寅政権下では、北朝鮮の思惑通りの処理水への不安や恐怖、怒りの煽動もますます盛んに行われていた。日本大使館前での抗議デモや漁業者の海上デモが相次ぎ、韓国メディアも平然と福島へのフェイクニュースを繰り返した。韓国ＭＢＣ放送は、

《7ヵ月後には済州島に達する…私たちの海の汚染、あっという間に》

「7ヵ月後」には、済州に達する…
私たちの海の汚染、あっという間に「
記事入力 2019-08-14 19:46
最終修正 2019-08-14 21:24
180일
10
10
NEWS DESK
◀アンカー▶
このように、国際原子力機関など国際社会が日本の汚染水問題を心配するのは、汚染
することができ、海に流れ込む場合、日本近海はもちろんだよ。
韓国 MBC 放送からのフェイクニュース。

などと海が広く汚染されるかのような動画を配信し、ＫＴＶ国民放送（韓国国営放送）も、

《東京「放射能オリンピック」は憂慮（懸念）ではなく現実！》

などと煽ったが、これらは氷山の一角に過ぎない。

処理水のデータは公開され、安全性や海洋放出の妥当性も裏付けられていた。処理水に含まれるトリチウムも、韓国の原発は福島より遥《はる》かに大量に放出し続けてきた。韓国産業通商資源部の２０１６年度原子力発電白書資料（韓国語）の２９８～３００ページを読むと（＊35）、韓国はトリチウムを海洋排出だけで年間１９１兆ベクレル、気体でも１９６兆ベクレルを放出（２０１３年）と記されている。

一方で福島はどうか。日本の資源エネルギー庁に確認すると、事故前から放出管理値で年間22兆ベクレル以下と桁違いに少ない。

また、トリチウムの海洋放出についても、他ならぬ韓国自身が健康への影響を明確に否定している。同白書には、

《月城《ウォルソン》原子力発電所のフェンスのすぐ外側の住民が昨年受けたと想定される線量が年間0・0465mSv。（中略）国際放射線防護委員会が定める一般公衆の年間線量限度は1mSv、原発が無くても人間が自然に受ける個人線量は2・4mSv以上。住民が受ける影響はない》

と記されている。

ところが、文在寅政権はこれらの事実を無視して「汚染水放出は日本の情報公開不足により危険度の予測ができない」と主張し続けた。2019年8月には韓国外交部が東京五輪の時期も絡めながら処理水に憂慮を示し、具体的な方針表明と情報公開を日本に要請した。これを韓国主要紙の中央日報は《福島汚染水処理問題と東京五輪を結び付けた今回の表明は、安倍晋三政府の最も痛いところを狙った模様だ》と報じたが、実際に韓国側からはそれを裏付けるような動きが相次いだ。

文在寅政権は同17日、日本から輸入する廃プラスチックなど3品目のリサイクル素材について放射性物質検査の強化を発表。19日には韓国外交部がソウルの日本大使館公使を呼び、「処理水放出による環境影響を懸念する韓国の憂慮」を重ねて伝えた。21日には、日本からの輸入食品17品目に対する放射性物質検査の強化も発表している。

東京五輪に向けられた非常識な偏見と捏造情報

東京五輪に対する直接的な侮辱も目立った。文在寅政権下の与党「共に民主党」は2019年9月、まるで東日本の大半が危険であるかのように示した「放射能汚染マップ」を公表した。福島第一原子力発電所を中心に東京都、千葉県、秋田県や新潟県までも同心円で囲んだ地図には、東京五輪の会場位置と原発からの距離、各競技場の土壌から検出されたと主張する異常に高い放射性物質の数値が示されていた。

しかし、この地図の情報は捏造だった。そもそも汚染は同心円状には広がらないうえに、韓国が数値の根拠として名指しした日本の市民団体は、「とんでもない数値。原発事故直後の平成23（2011）年のデータでもこんな数値はありません」「私たちの名前を使って、まったく別のデータを使うというやり方」と怒りを露わに抗議し、「共に民主党」に釈明を求めた。

宮城県の村井嘉浩知事も、宮城スタジアムの実測値0・04マイクロシーベルト／h（※筆者註：参考値として2023年3月28日現在、東京が0・038、韓国ソウルは0・127マイクロシーベルト／h）を発表したうえで、「いたずらに科学的根拠に基づかない数字を公表することは差し控えていただきたい」と韓国に不快感を示した。しかし、韓国側から謝罪や訂正はなかったという（※筆者註：捏造された数値が並ぶ、韓国共に民主党議員が作成・公表した「放射能汚染」日

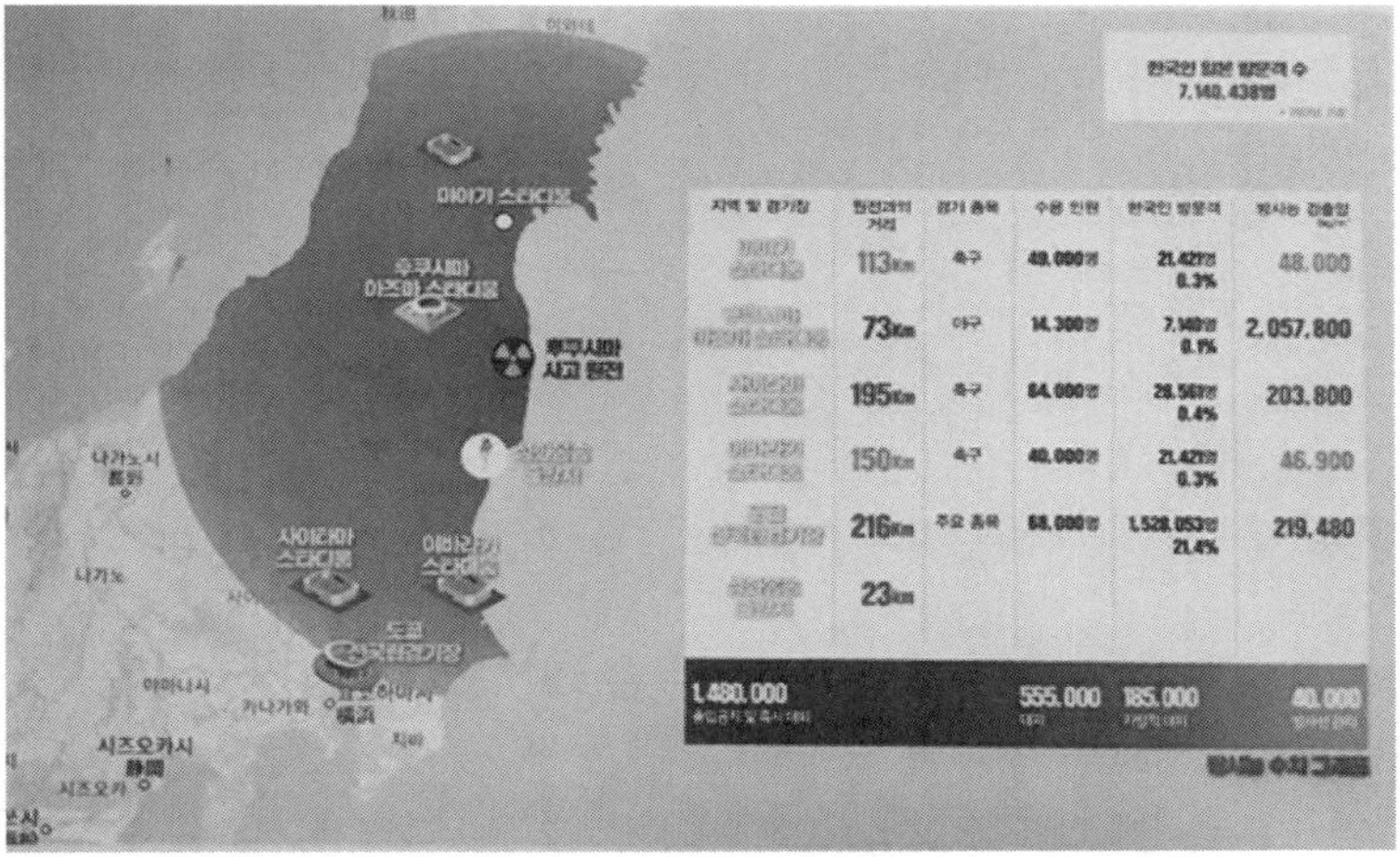

「共に民主党」議員作成の日本汚染地図。朝鮮日報日本語サイトから削除された。

本地図。朝鮮日報日本語サイトに掲載されていたが、現在は削除されている。＊36）。

同時期には、同党国会議員かつ文在寅大統領候補・総括特報団長（当時）であった閔丙垣《ミン・ビョンド》が、ツイッター（X）上で五輪のシンボルに旭日旗と放射線警告マークを重ねて、「2020年東京放射能五輪」などと侮辱する投稿まで行っていた（＊37）。これらはすべて、文在寅政権からの確信的な「攻撃」であったと見做すのが妥当だろう。

東京五輪が当初開催予定であった2020年には、韓国ネット上で広まっていた白い放射能防護服を着て走る聖火ランナーのポスターが、在韓日本大使館建設予定地に貼られた。そして2021年、新型コロナウイルス禍の影響で延期された東京五輪が開催されてもなお、韓国の異様さは際立った。

ソウル新聞など複数の韓国メディアはメダリス

トが受け取る花束を、「メダルを獲れば放射能汚染された福島産花束」とこぞって侮辱した。

さらに、韓国の五輪委員会にあたる大韓体育会は、「選手村の食事に放射性物質による汚染の危険がある」と言いがかりをつけ、福島県産などの食材を食べないように自国選手団を指導した。韓国は会場近隣のホテルを貸し切って独自の給食センターを設置し、公共放送KBSテレビをはじめとする韓国メディアも、「放射能フリー弁当を提供できる」などと意義を強調した。

挙句、これらの差別に対する日本側の抗議には、「平昌《ピョンチャン》五輪で、日本も独自の選手向け食事施設を作った」「韓国メディアの報道は常識的な懸念に基づいたものだが、日本では不満を提起している」と開き直った。


福島県議会の渡辺康平議員は福島県に対し、韓国による福島差別へ毅然と抗議・反論することを繰り返し求めていた。しかし内堀雅雄福島県知事は、2021年7月19日の記者会見で「事実を把握してもらっていないと改めて実感した」「誤解、偏見をただし、正しい情報を認識してもらうのが風評払拭の本質」と記者の質問に答えている。韓国に対する抗議の声は、最後まで出ることはなかった（＊38）。

なお2024年3月現在、原発事故に伴う日本産食品に輸入停止措置まで行っているのは、世界中で韓国、中国、台湾だけであり、韓国の「常識的な懸念」は世界の非常識と言える。さらに、台湾は2022年以降に規制緩和へ向かっているが、中国、韓国にはまったくその兆しが見えない。

東京大学の最新調査によれば、福島県産食品を危険と考える人の割合は、韓国と中国では今でも約

9割にも上る（＊39）。

当時の韓国政府側によるこの一連の主張や措置に、科学的合理性はまったくなかった。むしろ嘘を強弁してでも現実を塗り替え、既成事実化を図ったと見做せるだろう。

文在寅政権による嘘の拡散やメディアの煽動、民衆の熱狂には、韓国内でも一部の科学者などから異論もあった。しかし文在寅政権下では、処理水の放射線による影響を科学的に否定する報告書を公表した学者が、東京五輪の直前に懲戒処分されるという事件も起こった。理由は「内部手続きに違反して、部署長の承認なしに研究内部資料を流出させた」とされていたが、韓国原子力学界や原子力研究院労組からは、「今回の懲戒手続きは極めて異例」「政府見解に反する言論を標的にした懲戒処分」「報告書の内容が政府の内容と一致していたら懲戒処分になっただろうか」などの疑問や批判が相次いだという（＊40）。

なぜ市会議員が単独で韓国野党議員団をエスコートしたか

「北朝鮮に宥和的」な左派政権、文在寅が退陣した2022年5月以降、新たに就任した保守系の尹錫悦政権は日本への態度をやや軟化させた。中でも、処理水に対する態度は一変したと言ってもいい。

2023年3月に行われた菅義偉《よしひで》前総理との会談では、福島の処理水問題に対し「IAEAによる科学的で客観的な見解を重視する」「時間がかかっても韓国国民の理解を求めていく」と述べたことが報じられた。さらに、3月21日の閣議では「日本はすでに数十回にわたり歴史問題で反省とお詫びを表明した」としたうえで、「韓国社会には排他的民族主義と反日を叫びながら政治的な利益を得ようとする勢力が厳然と存在する」「まずは韓国が先に両国の障害物を取り除く」と異例の言及まで行った。

一方で、旧文在寅政権下の与党であった現在の最大野党「共に民主党」は、従来通りの非科学的な「汚染」喧伝を繰り返した。同年4月には「共に民主党」所属で「福島原発汚染水対策団」を称する国会議員4人が、日韓議員連盟から事前に「訪日（来日）しないように」と制されていたにもかかわらずそれを振り切り、アポイントなしで来日した。処理水放出への反対を訴えるためだった。「汚染水対策団」の身勝手かつ一方的な訪日は、日韓双方の関係者から大きな顰蹙《ひんしゅく》をかった。日韓議員連との面談を希望したが、当然のように拒否された。東京電力本社への立ち入りと、福島第一原発への訪問も許可されなかった。

結局、「汚染水対策団」が面談したのは、もともと原発反対を唱えてきた日本人1人、伊達市議会の島明美議員、そして日本の公安当局が極左集団「中核派」の拠点と判断する「福島共同診療所」の院長の3人だけだったと伝えられている（＊41）。

「対策団」と面談・エスコートした島議員について、韓国聯合ニュースは、《島明美福島県伊達市議会議員は同日午前、訪問団との面談で、日本政府が進める福島汚染水（日本政府名「処理水」）

の放流について、地元住民の間で「賛成する人はほとんどいない」と述べた。》（※筆者訳）と報じたが、日本国内の世論はすでに賛成が反対を大幅に上回っていた。島議員の発言とされる報道は、韓国側に誤解をもたらしかねないものだった。

「汚染水対策団」の独断専行には韓国国内からも多くの批判が集まった。元駐韓国特命全権大使で外交評論家の武藤正敏は、与党「国民の力」の朱豪英《チュ・ホヨン》院内代表から6日の党最高委員会議で「国民の代表という人々が、フェイクニュースとも違《たが》わない虚偽事実をまき散らして日本まで走っていく様子は誠に情けない」「国益を害し、国の品格を傷つける行為」と批判し、同じ「共に民主党」内からも「実益のない行動」という懸念の声が挙がったことを指摘した（＊42）。

また、韓国の主要紙「東亜日報」からは、《民主訪日団、日本の『極左共産主義団体拠点』診療所訪問で物議を醸す》と報じられている（※筆者訳　＊43）。

外交問題に関わるデリケートな案件にもかかわらず、なぜ日韓議員連盟から来日しないよう再三要請され、面会も断られた訪問団を、双葉郡から遠く離れた伊達市の市議会議員が単独でエスコートし、福島を代表するかのような扱いを受けたのか。福島への偏見や風評を広めかねない発信をしたのか。どう責任を取るつもりなのか。なぜ訪問先が中核派の拠点として知られる場所だったのか。誰がその選択をしたのか。島議員は中核派あるいはそれに近しい人物と何らかの接点があるのか。島明美議員には多くの批判と説明責任を求める声が向けられた。ツイッターアカウントも

「炎上」した（＊44）。

伊達市及び市議会に「偏見差別の拡散」を糾す

私はこの件について、伊達市及び伊達市議会に対して以下の質問書を送った。


【島明美議員に関する質問書】

《フリージャーナリストの林智裕と申します。

現在、韓国による福島への偏見差別についての記事を執筆しております。

先日、伊達市議会の島明美議員が韓国野党「共に民主党」の訪問団と会ったと日韓の報道機関で報じられております。

そこで、表題の件について取材させて頂きたくメールさせて頂きました。お忙しいところ恐縮ですが、下記8つの質問に4月14日（金）までにお答え頂ければ幸いです。頂いた回答につきましてはお返事の有無も含めて今後記事やSNSなどで広く公開する可能性がありますので、あらかじめご承知のほど宜しくお願い申し上げます。

1．島明美議員が韓国の「共に民主党」のナビゲートをしたことについてコメントを頂きたい。
2．島議員が韓国の報道で福島を代表するような扱いを受けていることについてどう考えるか。

3．島議員がＡＬＰＳ処理水について『実際には（三重水素の他に）核種がもっとあります。その部分がもっと公表されるべきですが、そうではありません。』と語った内容は事実に反するデマと言える。議会はどう対応するか。

4．日韓議員連盟も共に民主党の議員達と会わないとし、来日しないように要請した。ところが島議員は独断で彼らと面会して外交に関わった。本人はＳＮＳで「個人として会った」と言い訳するが、韓国報道は島議員を福島の地方議員からの声として報じて偏見差別を拡散させている。議会としてどう対応するか。

5．島議員がふくしま共同診療所を紹介したことで、中核派と関係が深いのではと見る動きもある。韓国報道も、同診療所と中核派の関係について報じている。議会としてどう考えるか。

6．島議員の行為は福島の風評払拭に反している。処理水放出にかかる風評対策費として政府は従来の３００億円に加え５００億円の追加予算を計上している。これは国民の税金で賄《まかな》われるが、伊達市としては島議員の行為の責任を今後具体的にどう取っていくつもりか。

7．最近では、ＡＬＰＳ処理水に対する風評加害の背景には北朝鮮の情報工作の存在があったと日韓複数の報道機関から報じられている。島議員の主張は北朝鮮の思惑に沿う内容となっているが、これに対し伊達市議会はどのように考えるか。

8．島議員には批判が殺到し、ＳＮＳは大炎上している。議会としてどう対応するか。》

【伊達市総務部秘書広報課よりの返答】

《林　智裕　様

島　明美　議員に関する報道について、市としてその詳細・背景等を承知していないことから、コメントは差し控えさせていただきます。

なお、島　明美　議員個人としての行動については、本人が説明責任を果たすべきものと考えております。

福島県伊達市　総務部　秘書広報課》

【伊達市議会事務局からの返答】

《4／12　林　智裕　様

お問合せの件について、お答えいたします。

本件は市議会において事後掌握した内容であり、島議員個人としての行動ではありますが、各方面に非常に大きなハレーションを起こしていることに鑑み、本人より直接聞き取りを行いました。

まず訪問団と直接会った経緯ですが、島議員が知人から「東電福島第一原発の処理済み汚染水の海洋放出に関する福島の人たちの考え」を教えてほしいと依頼されたことがきっかけとのこと。

また、韓国議員には「私の周辺には処理水の放水に反対している人が多い」と伝えたとのことですが、それが報道では県民の多くが反対していると報道されたと説明を受けました。

なお、今回お問合せいただきましたその他内容につきましては、直接本人にご確認をいただきたいと考えており、本人も林様と直接連絡を取ることを望んでおりますので、よろしくお願いいたします。
議員の連絡先につきましては、市議会ＨＰにてご確認ください。
【市議会ＨＰ】https://www.city.fukushima-date.lg.jp/site/gikai/1005.html
伊達市議会事務局》

このメールに対し、著者は以下のように返信した。

《伊達市議会事務局　ご担当者様
お忙しいところご対応頂きまして誠にありがとうございました。

島議員ご本人が直接のやりとりを望んでいるとのこと、承知いたしました。

ただ、島議員はすでに私以外にも多くの方から公開の場で質問を受けているようですので、私のみが電話でやりとりするより、引き続き公開の場で透明性あるやりとりをした方が伊達市民や福島県民の公益性に資すると考えます。

その旨も含め、ご本人にも既にTwitterで直接連絡していますので、ぜひご回答頂くようお伝えくださいますようお願い致します。》

しかし、島明美議員からのTwitter発信は4月8日を最後に止まったまま、２０２４年となった今も一切更新されていない。説明責任は果たされなかった。

島明美議員がいかなる経歴と実績を持つ議員か。ホームページに掲載されているプロフィールを見ると、これまで以下のように１００回以上にもわたって「情報開示請求」を行ってきた遍歴がわかる（＊45）。

２０１２年：伊達市の除染事業、特に除染基準について疑問に思い伊達市や環境省に問い合わせを始める。
２０１３年：初めての情報開示請求をする。（自分と子どもの内部被ばく検査）
２０１４年：伊達市の除染事業について開示請求を本格的に始める。震災後の伊達市の現状がわかる資料の情報開示請求を１００回以上行い、約３万枚の資料を入手し、専門家や市民の皆さんと一緒に分析。
２０１５～19年：国立民族博物館共同研究に参加し、「伊達市の除染における住民対策について」で、高木仁三郎市民科学基金から助成を認定（＊46）。
２０１７年：「宮崎・早野論文」（福島県立医科大学在籍中の宮崎真と東京大学教授・早野龍五による伊達市住民の被曝線量と空間線量データに関する論文。後日、取り下げとなった）の検証を始める。
２０１８年：東京大学科学研究行動規範委員会に、研究不正を告発。
２０１９年：「宮崎・早野論文」放射性《ママ》審議会削除される。〈論文撤回〉

：福島県立医大研究不正調査委員会に研究不正を告発。

：個人被ばく線量計データ利用の検証と市民生活環境を考える会設立、代表となる。

：6月、「第7回　日隅一雄・情報流通促進賞」で福島県伊達市の個人被ばく線量調査に関する情報開示請求活動によって、奨励賞受賞（＊47）。

2021年：伊達市と市議会に「個人情報漏洩・紛失に関する説明と周知徹底の要望書」を提出。

：国会・衆議院内閣委員会にて、伊達市における個人情報の取り扱いと学術論文への利用について取り上げられる。

2022年：調査報道《「宮崎・早野論文」『科学的』の正体　～私たちは実験台だったのか～》を発表。


これらの実績は、朝日新聞や毎日新聞にも取り上げられている（＊48）。

島議員はかつて、宮崎・早野論文に「住民の個人情報を無断で使用した」との疑いをぶつけ、「手続きの不備」を強く糾弾した（＊49）。

その一方で、自身が議員として行った活動には「手続きの不備」はなかったのか。政治家でありながら、有権者や県民から求められた情報を開示しないのか。多くの人々から自身に向けられた批判や疑問、説明責任の求めに沈黙するのは、あまりにもアンフェアではないか。

現実と科学から〝置き去り〟にされた者たち

韓国野党による「汚染水調査団」が日韓双方から大きな顰蹙《ひんしゅく》をかったその後、尹政権は5月に正式な視察団を福島に派遣し、改めて日本側から手順や安全性に対する説明を受けた（＊50）。

その後の7月、韓国政府は《独自に調査や分析を行った結果、計画どおり放出されれば、基準に適合することを確認した》とする報告書を公表した（＊51）。また、同じ7月には「福島汚染水（処理水）10の怪談」と題した資料を公開して、韓国国内での風評払拭に強く舵《かじ》を切っている（＊52）。一方の左派系最大野党「共に民主党」は、処理水を「核廃水」と呼び、不安を煽る主張を繰り返し続けた。

この頃には、韓国の科学者たちは処理水に対するデマへの科学的な反論を公然と、強く発信しはじめていた。在韓国コンサルタントの豊璋《ほうしょう》は、7月配信の現代ビジネスの記事に《韓国で「福島原発処理水」をめぐる〝デマ〟と〝真実〟の「本気バトル」が勃発…！「在日3世」の私が驚いた「勇気ある韓国科学者」の〝すごい発言〟の中身》でこの様子を伝えている（＊53）。

記事は《韓国の専門家らが「科学者は数値で判断する」という姿勢を徹底して、左派野党のデマを広げる市民団体、活動家に真っ向から正当な意見をぶつけている》と書く。当事国でありながらALPS処理水に関わるデマに対し提言や反論どころか声明の1つさえ出さず、最後まで完全沈黙を貫いた日本学術会議とは雲泥の差だ。同じ時期の日本学術会議を見ても処理水への言及は一切見られず、『学術会議のあり方に関する政府の検討状況とその対応』などが発信されていた（＊54）。

慶熙《キョンヒ》大学原子力工学科のチョン・ボムジン教授（熱伝達、原子力安全工学専攻）はインターネットラジオ放送「ナヌン・コムスダ」にゲスト出演し、司会でジャーナリストのチュ・ジヌと対談し、科学的な根拠から完全論破したという。

「日韓の科学者でも放出を危険視する意見がありますが」と言うチュ・ジヌに対し、「それは科学者がなんらかの政治利用をしている」とキッパリ言い切った。

また、ＫＡＩＳＴ（韓国科学技術院）原子力量子工学科のチョン・ヨンフン教授は、韓国与党議員らを対象に行った講演で、「放流後１００年生きたとしてもまったく影響は受けない」としながら、「福島から数キロ沖合に行けば希釈され、1リットルから1ベクレルのトリチウムが出てくる。今、漢江《ハンガン》の水を持ってきて測定すると、1リットルに1ベクレルのトリチウムが検出される。そのためソウル市民の尿を検査すればその程度のトリチウムが検出される」と述べた。

ＡＬＰＳ処理水海洋放出本格化を目前に控えた7月ともなると、韓国の各放送局では処理水海洋放出に反対する科学者の出演オファーに困難を来した。「放出が問題になることはない」と主張する科学者たちはすぐに見かけられる一方、「放出は危険だ」と主張する科学者は事実上ほとんど見つからず、環境運動を展開する市民団体に主に出演オファーをする状況になったという。

朝鮮日報日本語版では、

《匿名希望の地上波放送局時事・教養番組チーフ・プロデューサーは「福島汚染水関連のテーマの場合、科学の問題としてアプローチすれば、危険性を主張する人々の方がむしろ不利になるということを制作スタッフたちも本能的に知っている」「だからニュースでも、与野党の主張が対立する『論争』問題としてテーマを取り扱っている」と語った》（＊55）

と報じている。

その後、8月に海洋放出が開始されると、野党「共に民主党」の代表である李在明《イ・ジェミョン》は「汚染水投棄に対する国民の怒りが爆発している。国民の誰も、世界の井戸である太平洋に毒を放つ日本の環境犯罪を決して容認しないだろう」と述べた（※筆者訳）。関東大震災時に見られた「井戸に毒を入れた」とまったく同じデマを、公然と発信したのである（＊56）。

なお、韓国における水産物の売り上げは、処理水放出前の7月には前月に比べ3分の1程度にまで大幅に落ち込んだものの、実際に放出された後から次第に回復し、10月時点で「放出後も水産物の消費は減っていない」ことが明らかになった。科学を示しての毅然とした反論と現実の前に、怪談を用いた連中は置き去りにされた（＊57）。

ファクトチェックを困難にさせた海外での風評拡散

以下は、WEBサイト「ファクトチェック福島」に2018年3月に公開され、残されている検証記事（一部抜粋）だ。ドイツ在住の日本人から、「現地で行われた講演会で福島に対する不正確な表現があった」として寄稿されたのだという。公開されている記事では講演会の動画を基に、具体的な発言が何分頃にあったのかまで明確にし、写真も添えられている（＊58）。

なお、現在公開中の記事は改訂版であり、初版のアーカイブはこちらに残されている（＊59）。

（以下転載）

《2015年3月13日、ドイツ西部の都市デュッセルドルフで、公益社団法人「さよなら原発デュッセルドルフ」が「のりこえねっと」代表・辛淑玉《しん・すご》氏を講師として迎え、「反原発とヘイトクライム」と題する講演会を開催しました。

講演内容は、（1）放射線量について、（2）甲状腺がんについて、（3）妊娠・出産について、（4）被曝死・被曝を連想させるものについて、（5）食品の放射線汚染について、数多くの不正確な情報や著しく誤った印象を与える表現が含まれていました。また同年3月10日にも、同演者による講演が首都ベルリンにおいて行われました。

（1）放射線量について

これは私が測った線量計です。見ていただくとわかる通り、線量計の針が振り切れています。30μSv（マイクロシーベルト）。放射能というのはどんなに少ない線量であっても、人間の体には毒です。通称、0・2μSv、これ空間線量といいます。外の線量と、食べたときに入る、その、中の、あの、内部被曝がありますが、その空間線量で0・2、であるともう1年間に規定の放射線量は超えてしまいます。ですから30μSvというのは、もうそこで居ることが許されない（前半29分頃）。

⇒

どこでいつ計測したのかを明らかにせず、正しく用いられたかどうかもわからないGMサーベイメータの写真を見せて、福島を「高放射線地域である」と訴えるのは著しく誤った印象を与えるものです。

また、「放射能というのはどんなに少ない線量であっても、人間の体には毒です。」とありますが、私たちの体には、成人男性で約4000Bq（ベクレル）の、放射性カリウムをはじめとする放射性物質が含まれています。また、大気や地面、自然界のものすべて、もちろん食べものにはすべて放射性物質が含まれています。

さらに、空間線量率が30μSvの場所を通過したり、少しの時間いたりしても、健康影響はありません。累積100mSv（10万μSv）未満の被曝による健康への影響は、一般的な日常のなかにある他のリスクに埋もれてしまうほどに小さいために、明確なリスクが確認できません。

そして日本の国土の3％が人の住めない土地になりました（前半35分頃）。

⇒

福島県はすべての土地を合わせても、日本の国土面積の3・6％です。したがって、ここでいう「3％」は福島県の83％に相当する面積になります。原発事故後、徐々に避難解除が進められ、2015年の時点で法的に居住を制限された帰還困難区域は福島県全体の2～3％ほどですので、この発言は正しくありません。

そして、原発は今まで安全だ、と言ってきました。これは「原子力明るい未来のエネルギー」（注：双葉町の標語看板）。ご覧の通り、もう誰もいません。そして今では、「原発は安全だ」はもう嘘になったので、「放射能は安全だ」という風に言い始めました（注：スクリーンに映し出されている書籍名は『福島は安全だ』）。だから色々と心配する輩《やから》は、心配するから体が悪くなるんだ、と。ぬくぬくとそういうことを言ってのけたのです。そして「福島は安全だ、すぐに家に帰ろう」という、こういった右派のキャンペーンも始まっています（前半38分頃）。

⇒

「誰もいない」のは、この看板の地域が帰還困難区域に指定されたからで、ほかの地域には人が住んでいます。

また、避難指示解除は行政が最終決定します。その際、線量測定と生活インフラの最低限の整備、また住民との合意を経ています。したがって、このような陰謀論は非科学的なばかりか、福島の住民、また帰還を選択し、ふるさとで生活を再開することを決めた人々への中傷にあたります。

（2）甲状腺がんについて

こどもの小児がんは、普通百万人に1人、でもまぁ、めずらしい、と言われているもの。それが30万人に落として、もうすでに百人以上出ています。これが、こどもたちが出てきた地域、小児がんのこどもたちの疑いのある地域（前半46分頃）。

⇒

福島のこどもが甲状腺がんに罹患する割合が、他の地域のこどもに比べて増えたという根拠はありません。甲状腺がんは非常に進行の遅いがんで、多くの人が症状に気づかずに他の病因で亡くなるがんです。

現在統計に出ている罹患者の割合は、「症状を訴えて受診した患者」のものであり、この症例数と、福島で現在行われている「超音波で無症状者を対象とした集団検査」でみつかっている症例数とは別のものです。また、福島の子どもたちの甲状腺がんは、「原発事故に由来する放射線被曝の影響とは考えにくい」というのが国内外の専門家の合意です。

（3）妊娠・出産について

たとえば、自分の親戚や身内が、福島の人だ、というだけで、「あの地域はがんになるかもしれない」とか、だからまずは結婚差別が来ます。それから次に来るのは就職差別です。その差別を前にして、「自分は被曝していることを言わない」という風に決めた人たちが、沢山います。放射能というのは遺伝子を直撃します。ですから、壊れた遺伝子が、自分の代に出るのか、子どもの代に出るのか、その後に出るのかがわからないんです。そしてそれを、因果関係というものを立証することは、じつは私たちにはできないんです。だから、差別に耐えなければいけない（前半48分頃）。

⇒

この妊娠・出産に関する発言は、住民自身の恐怖や不安を強く煽り、県外での偏見や差別を生むものです。この発言のなかで辛淑玉氏は、「福島の原発事故由来の放射線により、福島の人々の遺伝子には突然変異が起きた」と断定しています。しかし、福島第一原発事故後に福島の住民の遺伝子に突然変異が起きたという科学的根拠はありません。まして、福島で次世代へのなんらかの影響が出ることはまったくありえません。UNSCEAR（原子放射線に関する国連科学委員会）2013年報告書が「すべての遺伝的影響は予想されない」と明言しています（＊60）。

（4）被曝死・被曝を連想させるものについて

全国の警察官は二週間来て帰ります。だけども、福島の警察官はずーっと同じ服を着て、延々と被曝をしつづけます。（中略）そして、目に見えない放射能です。私がここに来る前に、私の知人の警察官の若者は自殺をしました。しかしそれが新聞記事に出ることはほとんどありません（前半26分頃）。

⇒

防災業務関係者（警察、消防、自衛隊）の平成23年3月12日〜3月31日における累積被曝線量（２９６７人）のうち約6割は、当該期間の累積被曝線量が１ｍＳｖ未満であり、３ｍＳｖ未満の人は約9割でした。さらに警察・消防隊員に限ると１ｍＳｖ以下が88％、２ｍＳｖ以下が99％でした。一日当たりの被曝線量データが存在する人々の一日当たりの被曝線量は、２０１１年3月12日が最高でその後減少傾向にあり、3月18日以降は一日当たりの被曝線量は全体として０・１ｍＳｖを下回っています（＊61）。

（5）食品の放射線汚染について

最初は放射線に汚染されているから、国や県が農作物を買い取りました。だけども、自分で一生懸命に被曝して、放射線量を下げたその作物は、今度は、売れないのは、マーケットのせいであり、放射線のせいではないということになったのです（前半33分頃）。

福島や近隣県の食品が震災後売れなかったのは、放射線のせいではなく風評被害のためです。

本当は、東京も含めて沢山の汚染がなされています。ですから本当は日本の全部の作物を調べなければいけないけども、日本はそれをやっていません（前半35分頃）。

⇒

福島第一原発事故直後から、厚生労働省により食品には厳しい基準が定められ、全国の各自治体などでも食の安全性は厳密に管理されています（ちなみに、講演後の平成29年の報告では、いずれ

の自治体等でも基準値超過はありませんでした）。》

炎上した「ファクトチェック」

ところが記事が公開されると、ファクトチェック対象にされた講演者が在日外国人であったことを理由に「在日外国人差別だ」との「批判」が相次ぎ、炎上した。

多くの「批判」を受けたその記事には、《これはデマを広めて人々を扇動しようとする活動家たちに、海外の人々が利用されてしまった事例です》などの強い断定表現が含まれていたものの、実際には講演者の言説のみを検証・批判したもので、国籍や属性には一切触れられていなかった。ところが、記事への「批判」は止まなかった。このまとめに、簡単な経緯が記録されている（Fact Check 福島が炎上した経緯の簡単なまとめ【時系列でファクトチェック】 ＊62）。

たまたま記事が公開されたのと同じ2018年3月16日、記事で言及された講演者が「民族差別に基づく中傷を受け、名誉を傷つけられた」としてジャーナリストの石井孝明を提訴し、会見を開いていた（＊63）。

その偶然をもって、「ファクトチェック福島は民族差別に加担している」との陰謀論も出回った。「記事のタイミングが悪い」などの「批判」もあった。しかし、「ファクトチェックが迅速ではなかった、遅すぎた」との批判ならばまだわかるが、「タイミングが悪い」などという「配慮」がファクトチェック側に求められたのは何故か。具体的にいつならば良かったのか。

そうした中で、数々の暴力事件との関係が指摘・批判されてきた「レイシストしばき隊」を名乗る勢力が、ファクトチェック福島や関係者を名指しで「潰す」とまで宣言した（＊64）。講演者の国籍や属性に一切触れられていない記事にもかかわらず、「差別を煽動する」というのだ。

その一方で、記事で指摘されていた福島への誤解や偏見・差別に繋がりかねない講演内容は問題視しなかった。アカデミシャンや著名人の中には事実上彼らに同調し、擁護・便乗する者も大勢現れた（＊65）。

彼らの攻撃から主要なターゲットにされたのは、他ならぬこの私だ。

ところが、私はいくつかのファクトチェック福島の記事執筆に関わっていたものの、当該記事の執筆はしておらず、編集にも一切関わっていなかった。一般公開されるまで存在も知らなかった。完全なる「冤罪」と言える。

驚くべきことに、冤罪である事実を公言しても吊るし上げはまったく止まなかった。それどころか、「引っ込みがつかなかった」彼ら彼女らはエビデンスなきまま、ますます自己正当化に走った。

渦中には左派的な人物を中心に、これまで「福島の味方」然としてきた人々の一部までもがアッサリと掌《てのひら》を返して攻撃に加わった。「デマ批判は分断を広めるだけ」「検証のやり方が悪い」などと主観的に訴えてきた複数の人物は、一見して中立や冷静を装いながら「ファクトチェック福島側に致命的な問題があった」かのような主観を強調する一方、記事で指摘された客観的な検証、及びそれに対する言いがかりの不当さには軽く触れるのみだったり、事実上黙認したりと「罪」の軽重を相対化させた。

彼ら彼女らにとって「表現が気に入らない記事」は、「その記事を書いていない、編集にも関わっていない人間が冤罪で吊るし上げられていること」と等価、あるいはより罪深いものだったのか。

さらに、このタイミングでファクトチェック福島が記事で取り上げたことのある福島在住の女性が、東電関係者と不倫関係にあったことが週刊誌で暴露されたことが拍車をかけた。報道を受け、不祥事をファクトチェック福島と一方的に関連付けたり、責任を求める声まで見られた。中には、「林は在特会（レイシストしばき隊が最も敵視してきた団体）と親和性が高い」などと事実無根の難癖を付け、殺気立つ暴力集団の群れに背中から突き落とそうとする者もいた。

まさに第1章で取り上げた米国の「キャンセル」事例と同様、「魔女狩り」の様相を呈していたと言えよう。今に至るまで、この時のことを謝罪した人は誰一人としていない。

結局、建前として「差別」を問題視したはずであった彼ら彼女らの「社会正義」は、福島への誤解や差別をもたらしかねない言説には事実上沈黙し、冤罪をでっち上げてでもファクトチェック側を潰すことばかりに躍起になった。絶対的な弱者性を掲げる一方で、強者弱者の立場の相対性を全く顧みようとはしなかった。

当然ながら、「検証のやり方が悪い」などと「批判」してファクトチェック側を潰しにかかった人々の誰一人として、自ら「お手本」を示すことも一切なかった。その騒動の間に、記事の基となり動画配信サイトで公開されていた講演会の動画は、ひっそりと削除されていた。

私はこれ以上、お世話になった地域の方々に迷惑をかけられないと思い、ファクトチェック福島から離れた。その際、ファクトチェック福島への批判側にいたジャーナリスト津田大介と交わされた会話の一部が今も記録に残されていた（その後、津田からはブロックされている　＊66）。また、炎上した元記事の内容に対し、中立的な立場から改めて検証したブログもあった（＊67）。

一体誰が、あとに続きたいなどと思えるのか？

今回、何故この事件を記録として本書に残したのか。断じて、特定の何者かを攻撃しようという意図や私怨の類ではない。ファクトチェックを掲げて、できる限りの公正な仕事をしようと試みる人物や団体の身には、これに類似した事態が容易に起こり得る。身をもって体験した生々しい現実を示しておく必要があった。

「ポスト・トゥルース」が叫ばれて久しい現代において、社会では常にファクトチェックの必要性が訴えられている。エビデンスの尊重と共有は「尊厳の社会」を護るため不可欠であり、ファクトチェックも極めて重要になる。

一方で、誰が実際にそれを担うのか。

言うまでもなく、ファクトチェックには、その行為によって不利益を受ける側も存在し、必然的に軋轢《あつれき》が発生する。その軋轢を、誰が中立かつ円滑に解消してくれるというのか。現行の司法が、どこまでそれをカバーできるのか。

ファクトチェックは、たとえ公益には資すとも、それを行う側にとっての利益は基本的に小さい。金銭的な対価も見込めない。にもかかわらず、高度な専門性と時間や労力など莫大なリソースが求められ、些細なミスでも揚げ足を取られる。日常的に人の嘘や悪意、裏切りにばかり触れ続けることで、メンタルヘルスにもかなりの悪影響を及ぼす。不当な恫喝《どうかつ》や暴力、嫌がらせや逆恨みを受けるリスクも高い。事実を軽視する相手に事実を突きつけたところで軽視され、詭弁《きべん》が得意な相手は詭弁で逃げる。デマや印象操作を平然と用いる者からは、デマと印象操作を用いられて攻撃される。

つまり、ファクトチェックは社会に強く求められていながら「まったく割に合わない仕事」という現実があり、抜本的な改善の兆しも見えない。一体誰が好き好んでこんな仕事をしようとか、あとに続きたいなどと思えるのか?

この構図が解消されないまま――すなわち、ファクトチェックが献身的かつ属人的な自己犠牲や使命感で賄われる一方で、報酬はもちろん、立場や身の安全さえも保障されない場合、あるいは本来的にはファクトチェックを「されるべき側」と近親の縁故者や団体、偏ったイデオロギーなどによって社会に影響力を持ち得るファクトチェック機構が、寡占状態になった場合どうなるか。

虚偽を用いた暴力で叩き潰されるか、あるいはファクトチェックの「対象外」とされるアンタッチャブルな対象や事例が増える。結果、毒にも薬にもならない「当たり障《さわ》りのない」対象ばかりのチェック、あるいは極端な共感格差やイデオロギー偏向、権威主義や利害関係の都合によって、事実上の機能不全に陥る。

ここにファクトチェックの困難、理想と現実がある。

「被曝の世界チャンピオン！」ドイツ公共放送の悪辣

前項でドイツでの「福島に関する不正確な表現」に触れたが、ドイツの新聞やテレビなどのメディアでは、日本と福島に対する侮辱や偏見に満ちた報道が繰り返されてきた。以下に一例として、ドイツ公共放送ZDFが2014年に放送した番組の文字起こしを提示しておく。

◇

アナウンサー「さて、みなさん。我々は今、記念日を迎えました。3年前の2月、ドイツの電力会社は日本に商売を潰されました。そう　フクシマ3周年です。えっと結婚3周年は何と言うんでしたっけ？　そうそう〝セシウム婚式〟（場内爆笑）。今ではドイツの脱原発は間違いだったかもしれないと言う人も多いです。何故って……？　ドイツの再エネ政策を進めているのがこういう専門家だからです」

（チンパンジーの映像を流す。会場爆笑）

アナウンサー「へたな大学卒よりは優秀ですよ！（会場爆笑。拍手が巻き起こる）。視聴者にも大卒が多いようですね。しかし、エネルギー転換は本当にカオス状態です。各州は勝手ばかり言い、再エネ割賦金のせいで電気代は上がる一方。

そうそう覚えてますか？　ペーター・ラムザウワー。この彼ね……ヤギ飼いペーター。昔、運輸大臣でしたね。今はただのペーターですが……（会場笑い）。シュピーゲル紙で大真面目にこう発言しました。『電気代を下げたければ……原子力に戻るほかない』ほんとにこう発言してるのです。

残念ながら彼だけではありません。エネルギー転換にイライラして、突然原発を賛美しなおす人が沢山います。例えば、今日イザ第二原発前でデモをしている彼……〝稼働延期〟を求めているそうです（放射性物質警告マークのコスプレ姿の男性が映され、会場から笑いが起こる）。賛同者の数はまだ限られているようですが……」

コスプレの男性「だから？　どんな運動も最初は小さく始まるんだ！　それにわれわれの名前ももう決まった！　〝プルトニウムの友〟略してＦＤＰ（ドイツ自民党）！　ＦＤＰ！　ＦＤＰ！　ハッハハ！（会場大爆笑）。僕はＦＤＰの金庫番兼……かわいいマスコットの〝フクちゃん〟です！

（会場笑い）」

アナウンサー「〝フク〟ってまさか〝フクシマではないですよね？〟」

コスプレの男性「もちろん！　ヒステリックなドイツ人は日本人を見習うべきです！　彼らは全然気にしてない！　お寿司が光って便利だなってなもんです。電気代も節約できちゃうぞっと！（会

これが「人権先進国」の公共放送なのか。

コスプレ姿の男性は「被曝のチャンピオン！」と。

場笑い）」

アナウンサー「冗談はやめてくれ。事故から3年たっても汚染水が無制限に漏れてるというのに」

コスプレの男性「そんなのは風力ロビーのデマだ！ 福島医科大による最新の医学発見を知らないのか？（福島県放射線健康リスク管理アドバイザーである山下俊一教授による発言映像が流れる） 放射能の影響はニコニコしている人には来ません（会場大爆笑）。しかし、クヨクヨしている人には来ます！ これは動物実験でわかっています（会場笑い）」

コスプレの男性「（馬鹿にするような満面の笑みを浮かべながら）動物実験で証明されたんですよ！ 例えば、このハリネズミ……クヨクヨしなければ長生きしてたんだ（会場大爆笑）。トラックに轢《ひ》かれたのは残念だが……（会場笑い）。ゴジラ博士の言うとおりだ！ ニコニコしていれば被曝などしない！ ハハッハハッハハッ！ ハハハハハハハ!!（嘲笑）」

アナウンサー「とにかくわが国で原発を賛美する人は、全員フクシマに3週間ほど保養に送るのがいいようです。フクシマの方々はかわいそうに、今も政府にバカにされてるのですよ（会場に拍手が巻き起こる）」

日本人と思われる男性「私は被曝検査を受けたところ、どれくらいかと聞くと『こんなに高い被曝量は見たことがない』と言われました。〝被曝の世界チャンピオン〟だと（会場爆笑）」

コスプレ姿の男性「すごいスピリットだぜ！『げぇ被曝しちゃったぁ……』なんてドイツ人とは大違い！（馬鹿にするような顔芸をしながら）それじゃダメだ！『勝ったぜ！被曝チャンピオンだ！』。今にわかります。再エネ割賦金が9セントまで上がれば〝FDP（プルトニウムの友）〟の出番です。キャンペーンも準備してある。ようこそ原発！命にかかわるけど死ぬ前に電気代は節約できるぞ！（会場大爆笑と拍手）」

コスプレ姿の男性「ここでひとつデモンストレーションを……この燃料棒を舐めてみせます！（光る棒を手に持って）……ちょっと待って……ニコニコすれば放射能は来ない……！へへヘッ！ヘッ！へヘッ！へへへヘッ!!」

アナウンサー「死んでも誰も悲しみませんね……デニス・クノッサラでした。FDP所属（満席で埋め尽くされた会場から、満面の笑顔と惜しみない拍手喝采）」（＊68）

◇

なお、この放送から約9年後となる2023年、NHKは「ロシアの安価なエネルギーに頼るドイツのビジネスモデルは、2022年のロシアによるウクライナ侵攻で崩壊した」と報じた（＊69）。また、ドイツにおけるレギュラーガソリン価格は日本円にして1リットルあたり300円台にまで

高騰している。（＊70）

脚注

＊1 https://togetter.com/li/2266609
＊2 https://twitter.com/manabissan/status/1729563174796452045
＊3 https://www.sankei.com/article/20231127-2SDX5CZ5IZAKHIU7FI2ZKGY3TI/
＊4 https://www.env.go.jp/chemi/rhm/r3kisoshiryo/r3kiso-06-03-05.html
＊5 https://shorisui-monitoring.env.go.jp/pdf/tritium-who.pdf
＊6 https://www.meti.go.jp/earthquake/nuclear/hairo_osensui/shirou_alps/no1/
＊7 https://www.enecho.meti.go.jp/about/special/johoteikyo/osensuitaisaku03.html
＊8 https://togetter.com/li/2265916
＊9 https://twitter.com/toubu_1/status/1729056134970081627
＊10 https://twitter.com/7pp2htgnjw3ar5r/status/1729081833772798224
＊11 https://twitter.com/Yukikaze_sora/status/1729124726180856019
＊12 https://twitter.com/sho_tada/status/1728914046861353161
＊13 https://twitter.com/tsukuba_tsasaki/status/1729092282018881720
＊14 https://twitter.com/yuyawatase/status/1728800290529271912

＊15 https://twitter.com/Tanaka_Destroy/status/1728614921875894543
＊16 https://togetter.com/li/2266616
＊17 https://twitter.com/charizon/status/1729536072974213381
＊18 https://twitter.com/tbs_houtoku/status/1726078686024376587
＊19 https://twitter.com/KaoruNemoto/status/1726094368807985184
＊20 https://twitter.com/h76e1/status/1729240779787493642
＊21 https://twitter.com/IqTlgtSdfi0HaYF/status/1729277732771807399
＊22 https://twitter.com/UNIC_Tokyo/status/1729448380601077887
＊23 https://twitter.com/UNIC_Tokyo/status/1718522697552921057
＊24 https://twitter.com/UNIC_Tokyo/status/1728935691164508489
＊25 https://twitter.com/mostsouthguitar/status/1729670124108398778
＊26 https://wedge.ismedia.jp/articles/-/29398
＊27 https://www.google.com/search?q=%E8%8C%85%E9%87%8E%E6%81%92%E7%A7%80&source=lnms&tbm=nws&sa=X&ved=2ahUKEwjDv_WH6pP9AhUZnFYBHZXpAP8Q_AUoAXoECAEQAw&biw=1440&bih=789&dpr=1
＊28 https://wedge.ismedia.jp/articles/-/29682
＊29 https://www.asahi.com/articles/ASQ476QGRQ1DUGTB001.html
https://www.tokyo-np.co.jp/article/228597

＊30 https://www.tokyo-np.co.jp/article/219058?rct=national

＊31 https://news.tv-asahi.co.jp/news_international/articles/000013079.html

＊32 https://jp.yna.co.kr/view/AJP20160220000100882

＊33 https://jp.yna.co.kr/view/AJP20170224005200882

＊34 https://www.npa.go.jp/bureau/security/publications/kaiko_to_tenbou/H29/honbun.pdf

＊35 http://www.motie.go.kr/open_content/upload/bbs/BbsController/2017/02/13/2016ato_1.pdf

＊36 https://www.news-postseven.com/archives/20191003_1462050.html?DETAIL

https://www.fnn.jp/articles/-/24311

＊37 https://twitter.com/bdmin1958/status/1154012388347142144

＊38 https://hanada-plus.jp/articles/803

＊39 https://www.yomiuri.co.jp/science/20230214-OYT1T50119/

＊40 https://www.chosunonline.com/site/data/html_dir/2021/06/16/2021061680003.html

＊41 https://v.daum.net/v/20230407180925040

https://jp.yna.co.kr/view/AJP20230407001900882

https://www.youtube.com/watch?v=-RV9cu2YzEk

＊42 https://gendai.media/articles/-/108731

＊43 https://www.donga.com/news/Politics/article/all/20230407/118734783/1

＊44 https://twitter.com/dgmh_wed/status/1644541434945761283

＊45 https://sites.google.com/view/shimaakemi/profile

＊46 https://www.takagifund.org/archives2/detail.php?id=446

＊47 https://www.hizumikikin.net/%E6%83%85%E5%A0%B1%E6%B5%81%E9%80%9A%E4%BF%83%E9
%80%B2%E8%B3%9E/

＊48 https://www.asahi.com/articles/ASQ6l6R59Q6lUGTB00B.html
https://mainichi.jp/articles/20191223/ddm/004/040/022000c

＊49 https://ja.wikipedia.org/wiki/%E5%AE%AE%E5%B4%8E%E6%97%A9%E9%87%8E%E8%AB%96%E
6%96%87%E5%95%8F%E9%A1%8C

＊50 https://www3.nhk.or.jp/news/html/20230524/k10014076641000.html

＊51 https://www3.nhk.or.jp/lnews/fukushima/20230707/6050023166.html

＊52 https://jp.yna.co.kr/view/AJP20230712002200882

＊53 https://gendai.media/articles/-/112285

＊54 https://www.scj.go.jp/ja/member/iinkai/kanji/kisyakaiken.html

＊55 https://www.chosunonline.com/site/data/html_dir/2023/07/07/2023070780037.html

＊56 https://www.fnnews.com/news/202308281353193187

＊57 https://www.yomiuri.co.jp/world/20230818-OYT1T50058/
https://world.kbs.co.kr/service/news_view.htm?lang=j&Seq_Code=86604

＊58 http://fukushima.factcheck.site/life/1497

＊59 https://megalodon.jp/2018-0316-2132-47/fukushima.factcheck.site/life/1497)
＊60 http://www.unscear.org/docs/reports/2013/14-02678_Report_2013_MainText_JP.pdf
＊61 http://www8.cao.go.jp/genshiryoku_bousai/yushikisha/yushikisha.html
＊62 https://togetter.com/li/1216381
＊63 https://news.livedoor.com/article/detail/14441672/
＊64 https://ja.wikipedia.org/wiki/%E5%AF%BE%E3%83%AC%E3%82%A4%E3%82%B7%E3%82%B9%E
3%83%88%E8%A1%8C%E5%8B%95%E9%9B%86%E5%9B%A3
https://cir.nii.ac.jp/crid/1523388080214412032
＊65 https://togetter.com/li/1281275
＊66 https://togetter.com/li/1218670
＊67 https://www.anlyznews.com/2018/04/blog-post_97.html
＊68 https://www.youtube.com/watch?v=alv841V_IZ8
＊69 https://www3.nhk.or.jp/news/contents/ohabiz/articles/2023_0302.html
＊70 https://www.automesseweb.jp/2024/02/01/1481878

第4章
風評加害との対峙

講演会チラシ『「食べて応援」は自殺行為』をめぐって

《福島だけじゃない、東京があぶない！首都圏の放射能汚染の怖さ。》
《「食べて応援」は自殺行為！日本の食材の放射能汚染の怖さ。》

これらはすべて2016年8月21日、東電原発事故から5年以上が過ぎた時期に岡山県赤磐《あかいわ》市で行われた講演会のチラシに書かれていた文言だ（＊1）。

当然ながら、主張はいずれも不当である。ここでは特に《「食べて応援」は自殺行為！日本の食材の放射能汚染の怖さ》という主張に対し、以下、2016年8月以前の段階ですでに明らかになっていた事実と科学的知見から反論する。

日本の食材の基準値は、放射性物質に対し極めて厳しい。リスクに対する科学的観点では事実上無意味と言えるほど、「安心」に寄せた厳しい基準値（一般食品で100ベクレル／kg）が設定されている。

ところが、そのチラシは「日本の食材の放射能汚染の怖さ」を訴える。具体的にどういうことなのか。「基準値を超えた汚染食品が流通して深刻な内部被曝が起こっている」と言いたいのか。「基準値以下でも放射能汚染だ」と言いたいのか。それとも、「基準値とは別のリスクが隠蔽《いんぺい》されている」とでも言いたいのか。福島県産品どころか日本の食材を名指しして、《「食べて応援」は自殺行為！》とまで一方的に断じておきながら、具体的な根拠の記述すらない。

このチラシに限らず、福島を中心に日本の食材を「危険」であるかのように喧伝する言説は、原発事故直後からあとを絶たなかった。文字通り掃いて捨てるほど見られた。２０１４年８月にはコピーライターの糸井重里が福島の桃を購入し、「美味しかった」などの感想と共にＳＮＳで広めただけで、「食べないほうがいい」「何べクレル?」「自分で食べる分を買うだけなら勝手だけれど、有名人が福島産の宣伝をしてはいけないと思う。影響力が大きすぎる」などの批判的なコメントが１００件以上寄せられて炎上した。糸井はこれらの声に対し、《あらゆる不安に丁寧に答えようと地道に調査して計測してきた人たち、安心でおいしい農作物を自信をもって届けられるようになった人たちのことを、馬鹿にされたような思いになる》と不快感を露わにした（＊2）。

深刻な内部被曝をもたらす食材が流通したのか？

もっとも、「危険」を訴えた有象無象の誰一人として、市場に大量に出荷・流通している福島県産品から、彼らの主張を客観的に裏付ける証拠は出せなかった。仮に有意なリスクをもたらす証拠が見つかろうものなら、「待ってました」とばかりに狂喜して拡散させたに違いないにもかかわらずだ。

ここで「狂喜」とまで書いたのは、決して大袈裟なことではない。自身の利益やイデオロギーのために被災地の異変や不幸を期待し、待ち望む狂気は確実に、しかも数多く存在した。むしろ、今もなお現在進行形で存在「している」。我々福島県民は原発事故以降、事あるごとにそれらを繰り返しぶつけられてきた。近年ではＡＬＰＳ処理水に対し、いくら科学的事実を示そうとも、執拗な「汚染水」呼ばわりが繰り返されたのがそれだ。

原発事故後から、福島で発生した事故前や他地域と変わらない何らかの負の事象、あるいは福島に関わった著名人の病気や体調不良、訃報があるたびに、証拠もなく「被曝の影響」をほのめかす動きが多数見られた。たとえば、２０１１年12月4日には、福島で先天的異常のある新生児が生まれた際に、

《お待たせしました（中略）スペシャルリポート&インタビューします。スクープです!!》

などと発信したジャーナリストもいた。しかし実際には福島での新生児の先天異常発生率は、全国と変わらないことがわかっている（＊3）。

「著名人の病気や体調不良・訃報報告ｗｉｋｉ」というものまであった。そこには《福島原発の放射能の影響で亡くなったと思われる著名人》《被災地を訪れたり、「食べて応援」した著名人で、その後病気になった方々》《被災地への訪問や「食べて応援」をしていないと思われるが、内部被曝

が疑われる病気で急死した著名人》などと分類されたリストの他、《原発推進派（原発マフィア）の陰謀・工作》と称して《強行手段》《不審死（暗殺）》《不当逮捕（でっち上げ）》《裁判工作》《原発訴訟の担当裁判官（一覧）》《原発訴訟の担当裁判官（考察）》《原発訴訟の訟務検事》《原発訴訟の電力会社代理人弁護士》などの項目も残されている。

また、大相撲の優勝力士に福島県知事賞副賞として贈られた福島県産米を「汚染食材の流通」などと書き、

《恐らく、部屋の力士全員で食べているものと思われる。このため、各部屋の所属力士（特に幕内）の故障・体調不良について、今後、注意深く見守る必要がある》（＊4）

などと問題視していた。

2023年10月14日の時点でも、『日刊新報』と称する芸能情報まとめサイトでは、

《大塚範一の現在！福島の野菜で白血病…？死去の噂と結婚できなかった理由【画像】》

とのタイトルを掲げた上で、

《【福島の野菜を度々…】大塚範一さんが白血病になる前に食べていたもの、原発事故直後に現地

福島をレポート》
《「福島の野菜を食べよう」と国民に薦めていたフジテレビのアナウンサーが急性白血病になったということ》

などと書き、

《「食べて応援しよう」といって、めざましのアナウンサーやＴＯＫＩＯなど（福島米の宣伝をしていた）の国民に親しみのある有名どころを利用して、実際に原発事故で放射能が漏れたことは事実である地域の食品を大企業ぐるみで薦めてくるのは、非常に不自然だと感じていました。裏で何かの力が働いていたように感じられて仕方ありません。だって「そ、そんなに薦める？？？」って思っちゃうくらい、不自然にプッシュしていたじゃないですか。あれ絶対変だったよ。そして結局、（因果関係は不明だとしても）福島の野菜を食べていた張本人が急性リンパ性白血病になってしまうという結末を迎えたのでした。皆さんはどうお考えになりますか？》

と締められていた（＊5）。

このように根拠ゼロでも不安や恐怖を煽動する勢力だが、仮に「汚染」を裏付ける決定的な証拠があれば、それを使わないはずがない。にもかかわらず12年以上、彼らの誰一人として証拠を示せなかった。この時点で、「汚染などされていない」強い説得力に成り得る。

もちろん、裏付けとなるエビデンスも提示しよう。たとえば福島の米（自家用米も含む）の全量全袋調査における基準値超過は、原発事故翌年の２０１２年度の時点でさえ約１０３７万袋中84袋と０・０００８％に留まっていた。さらに、前掲の講演が行われた前年、２０１５年の時点では、約１０５０万袋を調査してゼロという結果だ。付言すれば、２０１６年以降の調査でも基準値超過はまったく出ていない（＊6）。

福島の米に限らず、この頃には出荷される食品は基準値超過どころか、検出限界値未満ばかりとなっていた（＊7）。

内部被曝への影響はどうか。事故後から継続的に行われた陰膳《いんぜん》調査（食卓に出されたものと同じメニューをもう一人分用意して放射線量を毎日測定し続けることで、食品による内部被曝影響の実態を調べる調査）の２０１５年データを見れば、事故とは無関係に食品中に元々含まれているカリウム40由来の数字ばかりが並ぶ（＊8）。

こうした科学的な調査データには、「加害者である国や東電、原子力推進派の機関のデータや言うことなど一切信用できない」という声も多々見られたが、少なくともこの調査にそうした理屈はまったく通用しない。これは地元のコープ福島が、組合員の協力を得て行い続けてきた調査結果だ。「コープ福島が原発推進派」との話は寡聞にして知らない。

さらに、他の地域に比べ外部及び内部被曝量が高い可能性があるとされた地域（川俣町山木屋地区、飯舘村、浪江町）や避難区域などの住民を対象として、２０１１（平成23）年6月27日から行われたホールボディカウンタ（ＷＢＣ）による内部被ばく検査結果を確認しても、セシウム１３４及び１３７による預託実効線量で99・9％以上が1ミリシーベルト未満、原発事故直後の年に確認された最大値でも３・５ミリシーベルト未満であり、全員が健康に影響を及ぼすような数値ではなかった。「事故直後の避難区域」という、最も強い影響が考え得る状況下のデータでさえだ（＊９）。

つまり２０１６年8月には、「原発事故由来の放射性物質が食事から取り込まれていない事実が、多数の実測データからとっくに明らかにされていた」ということだ。これらのエビデンスを無視して《「食べて応援」は自殺行為！日本の食材の放射能汚染の怖さ》などと主張するのは、あまりにも無理がある。

「日本の基準値は安全とは言えない」のか

日本の食材を実際に食べ続けたうえで内部被曝リスクが生じていない現実が、実測データからとっくに立証されている以上、「食材の放射能汚染」を訴える主張の正当性は、すでに瓦解《がかい》している。これ以上の議論は本来不毛だが、そのうえでもあえて、完膚なきまでの反論を続けよう。「放射能汚染」と主張する理由は「基準値が安全とは言えない」からなのか。もちろん、この主張も不当である。

そもそも、基準値の「１００ベクレル／kg」という数値がどのような意味を持つのか。

仮に基準値ちょうど（100ベクレル／kg）に汚染された食品を毎日2キログラムずつ摂取し続けたとしても、ICRP（国際放射線防護委員会）勧告が求める「年間1ミリシーベルト以下」という目標は達成できるほか、半減期などを無視して同じ状況が100年続いたと仮定しても、被曝による健康リスクを上昇させる100ミリシーベルトには至らない。しかも、食材中の放射性物質は、出荷時から実際に調理する段階でさらに減少する。たとえば米の場合、玄米状態から精米、炊飯して実際に食べるまでに約90％が低減すると言われている。

日本の基準値はそれほどまでに厳しい。それでもなお食材のリスクを訴えたいのなら、食事における放射性物質よりも塩分（半数致死率3g／kg。醤油約1リットルに相当する180gの塩分が、体重60kgの大人一人の致死量に相当する他、長期的な過剰摂取で発がん性や高血圧などのリスクを高める）の心配でもしていたほうが、遥かに建設的ではないか。事実、福島県民の平均塩分摂取量は、毎年全国ワーストを争うほどに過多なのだから（＊10）。

仮に「基準値未満だろうと、完全なゼロでなければ汚染と書くのは嘘ではない」などと弁護しようと、まったく正当化できない。

前述したコープふくしま陰膳調査のデータを見てもわかるように、食材には元々自然界に存在するカリウム40などの放射性物質が一定程度含まれている。原発事故とは無関係に、「ゼロベクレル」など有り得ない。

また、カリウム40由来の被曝については、「ICRPの実効線量の表からは、体内の定常的なカリウム40の及ぼす影響は、（ベクレルで測って同量の）定常的なセシウム134の及ぼす影響とほぼ等しいと考えてよい、という結論が得られる」「放射性カリウムと放射性セシウムが体内に定常的に存在する場合、ベクレルで測った量が等しければ、体に与える影響も大ざっぱには等しい」とされている。

つまり、仮に「事故由来の放射性物質が完全にゼロではなかった」としても、原発事故以前から誰もが摂取し続けてきた、天然のカリウム40の桁違いに大きな数値を差し置いて、検出限界値未満のセシウムを問題視することに合理性も正当性も皆無だ。しばしば「人工の放射線と天然の放射線は違う」との主張も見られたが、人工であるか天然であるかはリスクに影響しない（＊11）。

当然ながら、カリウム40が含まれるのは日本の食品だけではない。それどころか、カリウム含有量が多い代表的な食品として知られるバナナは知っての通り、ほとんどが輸入品であり、「日本の食材の放射能汚染」と言うには的外れだ。そもそも人体にはカリウム40や炭素14などの放射性物質が体重60kgあたり平均約7000ベクレルが原発事故とはまったく無関係に元から含まれている（＊12）。

人体に含まれる7000ベクレルを体重60kgで割れば、1kgあたり約116ベクレル／kg。仮に日本の食材を「放射能汚染」と呼ぶなら、人体はそれ以上に「汚染」されていることになる。

「日本の基準値が諸外国に比べて非常に甘い」のか？

事故後には「原発事故後に基準値が大幅に緩められた」「海外の基準に比べ非常に甘い」に類した主張も多々見られたが、これらはデマだ。実際には、東電原発事故以前の日本では国産の食材に対する放射性物質基準値は設定されていなかった。

海外からの輸入品にのみ、旧ソビエト連邦チョルノービリ原子力発電所事故に係る輸入食品中の放射能濃度の暫定限度として、ＩＣＲＰ勧告、放射性降下物の核種分析結果等から、輸入食品中のセシウム１３４及びセシウム１３７の放射能濃度を加えた値で３７０ベクレル／kgとする規制が行われていた（＊13）。

また、日本の基準値１００ベクレル／kg（一般食品）を海外と比較すると、米国は１２００ベクレル／kg、コーデックス委員会（Codex Alimentarius Commission ＝ 消費者の健康の保護、食品の公正な貿易の確保等を目的として、１９６３年にＦＡＯ〈国際連合食糧農業機関〉及びＷＨＯ〈世界保健機関〉により設置された国際的な政府間機関）は１０００ベクレル／kg、ＥＵが１２５０ベクレル／kgである。

さらに乳児用食品で比較すると、日本はさらに厳しい50ベクレル／kgであるのに対して、米国とコーデックス委員会は、それぞれ大人と同じ１２００ベクレル／kgと１０００ベクレル／kg。１９８６年にチョルノービリの原発事故による食品汚染や人々の内部被曝を経験したＥＵは、乳幼児用食品に対して大人より厳しい基準値を設けるものの（＊14）、その数値でさえ４００ベクレル／kgに設定されている（消費者庁「食品と放射能Ｑ＆Ａ」２０２２年7月15日・16版／資料20ページ　＊15）

なお、「ドイツの基準値は成人８ベクレル／kg、幼児４ベクレル／kg」などと訴える主張もあったが、これは「ドイツ放射線防護協会」を名乗る市民団体が公的な科学的根拠の裏付けなく自主設定した数値に過ぎない。

他には、「チョルノービリの原発事故による被害を経験したベラルーシの基準値は、日本より厳しい」との声も見られた。これは、一部の品目に限って言えば嘘ではない。ベラルーシの放射性セシウムの基準値は、パンや果物などが40ベクレル／kg、子ども用食品が37ベクレル／kgとされている。ただし牛乳は１００ベクレル／kg、牛肉は５００ベクレル／kgと、品目によっては日本のほうが厳しい（＊16）。

ならば、「日本はすべての品目でベラルーシより厳しくするべき」なのか。答えは否だ。合理的な理由なく基準を厳しくすることには、かえって強い弊害が生じるからだ。

これは、１９９１年に行われたＩＡＥＡ（国際原子力機関）国際諮問委員会でチョルノービリの原発事故における防護措置について、「善意に基づく物ではあったが、一般に、放射線防護の観点から考えると厳格に必要であったであろうと考えられる範囲を超えている。移住と食料制限は範囲をもっと小さくする必要があった」と報告されていることが象徴的と言える。

さらに、東電原発事故後の2012年に行われた日本・ウクライナ原発事故後協力合同委員会において、ウクライナ大統領直轄戦略研究所のナスヴィット主席専門官は、

「チョルノービリの経験からいえば、モニタリングの結果として一番不幸と感じている方々は、『何かを強制的にさせられた人たち』である。そのため、自分の家の外に強制的に住まわせることが最も負の影を与える点を強調したい。年間被曝線量20ミリシーベルト以内であれば、自宅に戻るための援助を行うべきと考える」

と述べた。

これらを裏付けるように、WHOがチョルノービリの原発事故から20年となる2006年に出した総括では、「メンタルヘルスへの衝撃は、チョルノービリ原発事故で引き起こされた、最も大きな地域保健の問題である」とされている。同事故は福島と異なり、住民の間に特異な放射線被曝が相次いだにもかかわらずだ（＊17）。

東電原発事故では、放射線被曝そのものを理由とする死や健康被害は起こらなかった。一方、福島での震災関連死や避難に伴う健康被害は突出して発生した。これらの犠牲の要因には、非合理的な基準、それらに基づいた過度な恐怖と不安、避難などがあった可能性が極めて高い。

また、非合理的に厳しい基準は、福島や日本の不幸を待ち望む勢力からの風評加害にも利用される。たとえば2021年4月には、福島県沖で獲れたクロソイから270ベクレル／kgが検出され

た。すると韓国の主要紙「中央日報」は、これを《福島近海の魚からまたセシウム検出…基準値を3倍超過》などと報じた（＊18）。

この報道には悪意を感じざるを得ない。270÷100を「3倍超過」と報じた（まさか単純な割り算すらできないはずがあるまい）うえに、2011年9月に改定された大韓民国食品基準（Korea Food Code）を見れば、韓国では全食品の最大放射能濃度制限が、放射性セシウムが370ベクレル／kgとされている。270ベクレル／kgのクロソイは韓国国内の基準値以内であり、仮に韓国で流通しても全く問題ないからだ（＊19）。

つまり、避難や食品の基準は「厳しければ厳しいほどいい」わけではなく、むしろ別のリスクや損害を助長させる。まして、「日本の食材を実際に食べ続けたうえで内部被曝リスクが生じていない現実が、実測データからとっくに立証されている」という現実も忘れてはいけない。日本の基準値は、現状を鑑みれば今や弊害ばかりが目立つ。国際標準的なレベルにまで緩和されるべきと言えよう。

「測定されていない放射性物質がリスクをもたらす」のか？

結局、「日本の食材の放射能汚染の怖さ」という訴えは何を根拠にしたのか。「測定されていないリスクがある」とでも言いたいのか。

実際、食材の安全性に対しては、「測っているのは、ヨウ素とセシウムだけ。ストロンチウムや他の核種は測っていない」「測らないのは安全だからじゃない」「セシウムだけ測定しても意味がない」などの主張も数多く見られたが、これらへの反論も容易だ（＊20）。

基準値は最初から、東電福島第一原発の事故によって放出されたと考えられる核種のうち、半減期1年以上の全ての核種、具体的にはセシウム134、セシウム137、ストロンチウム90、プルトニウム、ルテニウム106などの影響もあらかじめ考慮されたうえで、年間の追加被曝量が1ミリシーベルトを超えないよう設定されている。

なぜセシウムだけを測るのか。理由は大きく2つ挙げられる。第1の理由は、放出された核種それぞれの存在割合があらかじめわかっているためだ。セシウムの比率は他の核種に比べて圧倒的に多いため、セシウムを規制することで他の核種の含有量も同時に管理することが可能となっている。

つまり、特に原発敷地外においてセシウムがほぼ検出されないところに、他の核種が有意なリスクをもたらすほど大量に集まる状況は考えられない。一方、他の核種が大量に存在する場合、必然的にセシウムはそれら以上に検出される。

2つ目の理由として、放射性セシウムは測定も短時間で容易にできるが、ストロンチウムの分析には約1カ月、ウランやプルトニウムの分析には約1週間の時間が必要となる。そのため、セシウムを指標に基準値を設定することが合理的であったと言える（＊21）。

それでもなお「汚染されている」と強弁するなら、主張する側が明確な証拠を示す必要がある。

福島県産品も含め、市場に出荷されている「日本の食材」のサンプルはいくらでもあるのだから。それすらもできないままでは、「アポロは月に行っていない」「地球は丸くなく平面だ」「東日本大震災は地震兵器HAARPによる人工地震であった」などの荒唐無稽な陰謀論との区別は難しいのではないか（＊22）。

これが「党の考えの体現」なのか？

以上から、《「食べて応援」は自殺行為！日本の食材の放射能汚染の怖さ》などという文言の不当性を明白にした。お気づきと思うが、前掲のチラシは「おしどりマコ」の講演会のものだ。そのような言説をあえて広めることへの加担は、人々の不安を煽って食品買い控えや偏見・差別を助長させ、被災地を苦しめた流言蜚語と何が違うのか。社会から強く責任を問われ続けるべきだろう。ところが実態として、社会ではこうした行為が大きな問題とはまったく見做されてこなかった。むしろ一部からは「評価」される状況さえ珍しくなかった。

たとえば、この講演会から約2年後の２０１８年9月、立憲民主党はおしどりマコを２０１９年夏の参院選比例代表候補として公認・擁立した。枝野幸男代表（当時）は9月29日に東京都内で行われた会見で、おしどりマコを含む候補者たちを「いずれの候補も党の考えを体現する人たちだ」と豪語している。

翌30日には初の党大会「立憲フェス２０１８」が東京都内で開催された。おしどりマコは当日の司会の他、お笑いライブも開催した。扉から溢れる立ち見が出るほどに盛況だったという（＊23）。

立憲民主党がおしどりマコを擁立した理由は何か。党内からの反応や立憲フェス当日の様子を幾つか見てみよう。同党の有田芳生立憲民主党沖縄県連代表（当時）は当日、ＳＮＳで、

《おしどりマコ〝原発〟追及のジャーナリズム精神に改めて感動！会見５００回、東電との闘いを描くドキュメントが》（＊24）

とする記事を共有していた。

立憲民主党最高顧問である菅直人元首相は、フェス翌日の10月1日に、《立憲フェスとおしどりマコ》とのタイトルでブログを更新し、

《いよいよ来年の参院選を原発の是非を最大の争点にし、原発ゼロを実現する大きな一歩にしたいと考えます。おしどりマコさんは福島原発事故に対する取材活動を続け、これまで東電の記者会見に５００回以上出席し、その結果を公表してきました。質問や問題点の指摘は一般の記者がとても及ばない的確な内容で、専門家の中でも高い評価を受けてきました。正式に立候補が決定しましたので近々「おしどりマコと共に原発ゼロをめざす会（仮称）」の立ち上げを進めたいと思います》（＊25）

と記している。

立憲フェス２０１８の当日においても、おしどりマコは候補紹介の際、「東日本大震災のあの原発事故以来東電の記者会見に５００回出席」と紹介された。また、福山哲郎による党の年間の活動方針発表では「原発ゼロ」政策が強調されていた（それぞれ動画の15分付近と28分20秒付近　＊26）。

さらに、当日13時から行われた「原発ゼロへむけて　～3・11とこれからのエネルギーのあり方～」とのイベントでは、おしどりマコが司会を務めていたこともわかる（＊27）。

これらの状況から、「おしどりマコの擁立理由は原発問題と無関係」と考えるには無理がある。立憲民主党はおしどりマコの活動を知ったうえで極めて積極的かつポジティブに評価し、党の原発ゼロ政策を進めるべき人材として擁立したと見做すのが妥当ではないか。枝野代表（当時）自身が会見で述べた「党の考えの体現」との言葉は、このうえなく正鵠《せいこく》を得ていたのだろう。

相次いだ立憲民主党への批判

一方で、立憲民主党によるおしどりマコ公認・擁立には、直後から批判も相次いだ（＊28）。

ジャーナリストの江川紹子は、おしどりマコ擁立で同党が獲得する票よりも「圧倒的に失う票が多い」と批判し、コラムニストの小田嶋隆は、

《「おしどりとかゴリ押しとか押し売りとかあれこれ考えて混乱しました」的なスベったゴマカシでも良い。おしどりマコ擁立の方針をぜひ撤回してほしい》

と発信した（＊29）。

作家の山本一郎は立憲フェスの翌日となる10月1日、

《おしどりマコ氏ほど、福島県全体の風評被害にまで発展した福島第一原発事故の事案では放射能デマの発信源とされ左右ともに問題視される人物も多くないと思うわけなのですが、反原発のワンイシューで彼女を擁立することの恐ろしさを立憲民主党はあまりよく理解していないのではないかと思います》（＊30）

とニュースサイト「ＢＬＯＧＯＳ」（サイトは２０２２年に閉鎖）に書いている。

おしどりマコの過去の言動やトラブル、イベントなどの画像や動画を具体的に示したうえでの批判も数多く見られた。

ジャーナリストの池田信夫は２０１８年９月30日、

《立憲民主党は来年の参議院選挙の比例代表の候補者に、漫才師のおしどりマコを公認することを決めました。この記事は２０１２年２月26日の「池田信夫ブログ」の再掲ですが、その後も彼女は

このような放射能デマを海外にも流し続けています。》（＊31）

として、言論プラットフォーム「アゴラ」に《おしどりマコは放射能デマの元祖》と銘打った記事を載せた。

おしどりマコ擁立の問題点は、次々と指摘された。新聞記者の海老宏亮《えびこうすけ》は、おしどりマコ擁立に対し、

《「今年（※著者註：2018年当時）にわざわざ海外（ドイツ）まで行って、オリンピックと放射線ハザードを結びつけるようなアートパフォーマンスを披露するような人が、国会議員にふさわしいか」という問題ですね。》（＊32）

と批判した。

さらに海外で撮影されたと思われる動画と共に、《今年じゃないけど、「2020放射能オリンピック！」と楽しそうに叫んでるやん。これが、立憲民主党の考えの体現ということですか》と続けた（＊33）。

実際に動画を見てみると、そこに映っていたおしどりマコは先の画像に類似したオブジェを手に、「2020 in Tokyo, Radio Activity Olympic!」と発言しているように聞こえる（19分55秒近辺　＊34）。

他には、2011年に「来年の正月から奇形児の新生児が大量に生まれます」とのデマを発信し

たユーザーに対し、おしどりマコがデマを否定せず、《いや妊婦さんは逃げたから、出生率が激減するんじゃない?みんな繁殖控えている感じ。》と返信した発言を問題視する声も見られた(*35)。

著者も2018年10月16日の「現代ビジネス」の記事《福島の米「食べて応援は自殺行為」とまだ信じている人に伝えたいこと》で、福島の食の科学的安全性を記すと共に、立憲民主党のおしどりマコ擁立に対して、

《2016年に「食べて応援は自殺行為」として日本の食材が汚染されているかのような講演を行った「おしどりマコ」氏を、立憲民主党は2018年9月、「党の考えを体現する人達だ」として来年夏の参議院比例区候補に公認しました。これに対してSNSなどを中心に多数の批判が党や党首の枝野氏に寄せられていますが、釈明等は10月12日現在までありません。立憲民主党は今年6月に行われた新潟県知事選挙の際にも福島への偏見を拡散させ(※https://gendai.media/articles/-/56153)、これに対する批判への釈明も未だありません。「食べて応援は自殺行為」というのが立憲民主党の「考えの体現」なのでしょうか。》(*36)

と指摘した。

著者はこの記事が公開された際、SNSに《おしどりマコ氏が一昨年の講演会で「食べて応援は自殺行為」とした発言への反論を含む記事が今朝、公開されました。》と「書いた」。

すると、おしどりマコ本人のアカウントから、

《これは全く事実ではありません。一昨年の講演会でも、今までの講演会でも私は一度も「食べて応援は自殺行為」などと発言したことはありません。このときのイベントの主催者の方の文章を、私の発言にしないでください。》（＊37）

との抗議があった。これに対し、著者は実際のチラシを提示しながら、

《これはあなたのイベントでしょう？じゃあ、すぐに主催者に抗議して「食べて応援は自殺行為というのは間違いでしたすいません！福島の食べ物は安全です!!」と大々的に謝罪すれば良かったんじゃないですか？》

《2年間以上も放置しておきながら、何を今更。百歩譲っても、抗議する相手はイベントの主催者でしょう？私は、イベントで拡散されたパンフレットに書かれていたことを記事にしただけですよ。実際に書かれているものを、書かれていますよ、と書いただけの記事に文句付けてるヒマあるなら、先にあなたのイベントの主催者にどーぞ。》

《まず主催者に抗議するとともになぜそんな差別的なことを書いたチラシができたのか、自分自身がなぜ見落としたのか、経緯を明確にするとともに、批判をする人々が納得するまで説明責任を果たすべき。》

と返した。おしどりマコは自身のツイートで当該ビラが掲示された「おしどりポータルサイト」を宣伝していたが、当該サイトのチラシ画像は10月10日にはあったものの、現代ビジネス記事が掲載された10月16日には削除されていたという（＊38）。

チラシに書いたが「発言はしていない」？

すると数日後、驚くべきことが起こった。おしどりマコの弁護士である馬奈木厳太郎《まなぎいずたろう》から、現代ビジネスの編集部あてに内容証明郵便が届いた。現代ビジネスの当該記事が、おしどりマコへの「名誉毀損にあたる」というのだ。馬奈木弁護士は、東京電力福島第一原発事故で被害を受けた福島県民などが国と東京電力に賠償を求めた集団訴訟（生業訴訟）の弁護団事務局長を務めた人物でもあった（参照：朝日新聞デジタル２０２３年３月３日：セクハラ謝罪の弁護士、原発集団訴訟を主導　原告から憤りと失望の声　＊39）

野党第一党の代表が「党の考えの体現」とまで豪語して、国政選挙に公認・擁立予定の候補者が、過去に自身が行った講演会チラシに「書かれていた文言」を「発言した」とSNSに「書いた」ことに対し、法的手段をほのめかした。この際に行われた、おしどりマコと馬奈木弁護士の記者会見が動画に残されている（＊40）。

今と異なり、当時の私には裁判に対応するためのリソースが足りなかった。さらに、2012年に大阪大学の菊池誠教授らに対し「リアルで殺すぞ」「安心して暮らせると思ったら大間違い」などの発言をする人物と笑顔で写る動画（＊41）を知っていたため、率直に身の危険も感じた。

また、残念ながら「チラシに『書かれていた』」内容を「講演会で本人が『発言した』」ことを証明する手段がなく、講演会のチラシに書かれていた内容がその場で話された内容と当然一致していると思い、本人に直接糺《ただ》すまではしなかったこと自体は事実であるため、著者がSNSで「発言した」と「書いた」ツイート及び、現代ビジネス記事内にはそもそも「おしどりマコが言った」「発言した」などの記述は一切なかったものの、おしどりマコに言及した部分全てを削除した。

なお、私は立憲民主党のおしどりマコ擁立と一連の問題を福島県庁にも伝えたうえで、「食べて応援は自殺行為」などの文言や立憲民主党に抗議や反論をしてほしい旨を訴えたが、県の担当者は、「不正確な情報など個別の事案には一切関与しません。県としては風評払拭のため、引き続き正しい情報を根気強く発信してまいります。ご理解ご協力のほどよろしくお願いします」に類した杓子《しゃくし》定規な対応で全く取り合われなかった。

行政がこれまで行ってきた風評対策について、API（アジア・パシフィック・イニシアティブ）事故調報告書は2022年、《一貫して「正確な情報を伝え続ける」との立場で臨んでいる。冷静かつ根気強く対応しようというまっとうな態度のように見えるが、実際には、風評と正面から向き合うこと、差別や偏見を持ちその解消を阻害しようとする過激な者たちに立ち向かうことを恐れるリスク回避といってよい。そうすることが過激な見解を持つ人々からの政治と行政への批判を呼び起こすのを回避したいとする〝事なかれ主義〟に他ならない》と断じた。そのような姿勢は、2023年の渡辺康平福島県議会議員による質問への福島県側の対応からも可視化されている。（＊42）

後日、この時の顚末《てんまつ》をたまたま知った弁護士の吉峯耕平は、おしどりマコらのやり方に対し、

《こんなものを名誉毀損として抗議するなどということは、私にはちょっと考え難いことです》《法的には名誉毀損ではあり得ず、全く不当な要求であると思います。これもまさに言論弾圧です。》

と断じた（＊43）。

吉峯は、筆者の記事は違法な名誉毀損ではなく、おしどりマコの批判は、不当要求・言論弾圧だというのだ。当時の投稿に基づいて、その主張を紹介しよう。

法律的に名誉毀損（不法行為）が成立するかどうかにおいて、まず問題になるのは、問題となった発言が、どのような事実を言っているのかで、これを「事実の摘示」という。

吉峯によると、馬奈木弁護士の主張は「かなり入り組んでいて、トリッキー」なものだという。

しかし、名誉毀損との関係で重要な事実の摘示についていえば、「『食べて応援は自殺行為』という

表現を用いて講演を行った」との事実摘示が主張されているとのことだ。

馬奈木弁護士は、林の記事について、記者会見で以下のような主張を展開した。

主張①

（a）読者をして、おしどりマコが「食べて応援は自殺行為」といった表現をもちいて食品汚染について講演を行ったということを誤信させるものであるとともに、

（b）デマや虚構、オカルト的な主張を行っている人物だというふうにも誤信させるものだと考えられる

主張②

また、こういった記載は、「食べて応援は自殺行為」という表現を用いておしどりマコは講演を行ったことがないにもかかわらず、こういった講演を行ったという具体的な虚偽の事実を適示するものだと評価することができる

主張③

こういった誤った事実の摘示は、デマや虚構、オカルトといった表現と相まって、読者をして、おしどりマコについて、福島産の食品等について、過度に危険を煽るデマゴーグであるかのような印象を与えることで、おしどりマコの社会的評価、信用を著しく低下させる行為だと評価すること

ができる。

この主張は、「食べて応援は自殺行為」と「デマ、虚構、オカルト」という2つの記載を取り上げている。吉峯によると、「デマ、虚構、オカルト」は、林が「おしどりマコはデマゴーグだ」とする事実の摘示とは位置付けられておらず、「食べて応援は自殺行為」が社会的評価を低下させるという評価のために援用しているだけで、副次的な位置づけとなっている。

そうすると、摘示された「おしどりマコが『食べて応援は自殺行為』という表現を用いて講演を行った」という事実の重要部分について、それが真実であるか、あるいは、真実と信ずるにつき相当の理由があるか（これを法律用語で「真実相当性」という）が問題になる。

当時の客観的な事実として、おしどりマコの講演チラシには《「食べて応援」は自殺行為！日本の食材の放射能汚染の怖さ。》との記載があった。このチラシは、おしどりマコのチェックを経て主催者により公開されたし、おしどりマコは、チラシを自分のウェブサイトに掲載し、Twitterで紹介していた。しかも、おしどりマコは、講演の具体的内容についての説明をしていなかった（＊44）。

このような状況では摘示事実は真実であるし、「名誉毀損になるとは、私には到底思えません。これに抗議するという発想がどこから出てくるのか、全く不可解です。」と吉峯弁護士は分析した。さらに、こう続ける。

「そもそも講演のチラシの講演内容紹介文とは、どういうものか。これは、こういうことを喋りますよという予告であり、将来の講演内容の要約なんですよね。もちろん主催者と講師の協議はあるし、チラシ全体は主催者が作成するものだけど、内容紹介文は、基本的に講師じゃないと書けないものです。

だから、講演内容紹介文は、基本的には講師が書くものです。仮に主催者が起案したとしても、講師の労力を節約するための下書きでしかない。主催者が書いた紹介文がそのまま修正なしにチラシになるなどということはほとんど考えられない。そんなことがあるとしたら、よっぽど綿密に打ち合わせをして、講師の考えが十分主催者に伝わって、文章に落とし込まれているということでしょう。いずれにしても、おしどりマコは、チラシの紹介文をチェックしているのです。

外部からは、この紹介文は、おしどりマコによる講演内容の要約であると受け取っていいし、そもそものような性格の文章なのです。ウェブサイト、Twitterで講演チラシを紹介したということは、『私は〈食べて応援は自殺行為〉という講演をやりますよ（やりましたよ）』と、おしどりマコが言っているということです。

ですから、《2016年に『食べて応援は自殺行為』として日本の食材が汚染されているかのような講演を行った『おしどりマコ』氏》という本件キャプションは、チラシ画像の説明として、まさに『食べて応援は自殺行為』として講演を行ったことを摘示したものと捉えるべきであり、それは真実です」

さらに、仮に摘示事実が、「『食べて応援は自殺行為』と講演で発言した」だったとしても、真実だと認められる可能性があるという。吉峯は、

「講演チラシに『食べて応援は自殺行為!』と書かれて、講演開催後もずっとそのまま公開され続けていた事実から、講演会でもそのような話がなされたと推認されるからです。この推認を覆すためには、おしどりマコが講演会の記録を提出する必要がありますが、それがなければ、真実性が認められる可能性があります。また、おしどりマコが提出した記録を見ると、結局『食べて応援は自殺行為!』という内容(そのように要約できる内容)を話していた、という可能性もあるでしょう。これは、講演会の記録を見てみないとなんとも言えませんが」

と述べる。そのうえで、

「仮に、『食べて応援は自殺行為』という言葉は主催者が勝手に書いたもので、おしどりマコはそんなことは全然言ってない、ただ、チェックする際にプロフィールだけ見て紹介文は見逃していた、そんな内容の講演はしなかったけれど、その後もチラシを公開し続けていたなどという状況だったとしましょう。いや、そもそも書いていてバカバカしい、そんなこと起こり得るのだろうかという思いは禁じ得ないのですけれど。

私は多数講演をやっていますが、チラシ案をチェックするときはまず講演内容を見ます。そもそも講演内容はこっちがざっと書いて送り、それを入れ込んだ案を送ってもらうことがほとんど――仮にそういう状況だったとして、今回の記事が出たら、やるべきことは、まずは虚偽のチラシを主催者に取り下げてもらうことでしょう。

仮に記事を直してもらいたいと思ったとしても、名誉毀損で不法行為だなどと物騒なことを言う必要は全然なくて、実際の講演内容はこういうもので、チラシは虚偽だったのですと、録音なり文字起こしなりをもって説明して、お詫びのうえ、（訂正でなく）修正をお願いするのが筋でしょう。記者会見でも、結局、実際の講演で何を話したかについては何の説明もない。何を考えているんでしょうか」

と締めくくっている。

終始黙殺を貫いた立憲民主党

おしどりマコの対応に対し、立憲民主党と枝野幸男代表（当時）には、ますます多くの批判や質問が向かった。大阪大学の菊池誠教授も、

《立憲民主党が「おしどりマコ」氏を来たる参議院選で公認予定とのニュースに接し、驚きとともにひどく落胆いたしております。この件で党や枝野氏のツイッターアカウントに繰り返し質問していますが、お返事はいただけておりません。私はマコ氏を上述の意味での「放射能デマ」を広めてきた「デマ・ジャーナリスト」の代表のひとりと認識しています。江川紹子氏もこれにより貴党が失う票は多いだろうと述べておられますし、小田嶋隆氏も撤回を求める発言をしております。私も「リベラルの自殺行為」と認識しています。

デマ事例はいくつも挙げられます。先日は「食べて応援は自殺行為」という煽り文句が書かれた講演ポスターが話題になり、マコ氏はその発言をしていないと記者会見まで開いて否定しましたが、「日本の食材の放射能汚染の危険」について語らなかったとは一切認めていません。２０１１年には飯舘《いいたて》で発見されたネプツニウムの危険を過大に言いたてましたし、２０１２年に週刊文春に書いた甲状腺癌の記事は取材対象医師から抗議を受けました。２０１６年には横浜で福島第一原発が「臨界しています」と発言、今年1月にはチューリッヒで「東京の東のほうの水道・浄水場がかなり汚染されています」と発言していますし、奇形野菜が見つかったとも述べています。これらはごく一部の例にすぎません。

氏のこれまでの「デマ発言」を党として容認するのかどうか、デマを知りつつ公認するのかどうか、ぜひともお聞かせください。リベラルの自殺行為に向かうのでしょうか。》（＊45）

との質問書を送った。

ところが、この質問書も含め、おしどりマコ擁立に対する立憲民主党と枝野代表への批判や質問は、ことごとく黙殺され続けた。林も立憲民主党の公式アカウントなどに何度も問い合わせたが、現在に至るまで全て無視されたままだ。

枝野代表は、おしどりマコ擁立を発表したのと同じ日、２０１８年9月29日の会見では、このように語って政府を批判していた。

《おかしな人を選んだら、おかしな閣僚の責任ではなくて、それを選んだ総理が問題なんだということで、それは一体であると。選ばれた人以上に選んだ人がおかしいということを強調しておきたい。（東京都内の会見で）》（＊46）

結局、おしどりマコ候補は予定通り2019年参院選で立憲民主党公認候補として立候補し、落選した。

「党を代表した」責任と代償はどこに

「参議院議員の石垣のり子と申します。今日は党を代表してこちらに」
「関係者の理解なくしてはどのような処分も行わないという約束を破って」
「さらに海洋汚染を広めていく可能性も否定できない」

ALPS処理水の海洋放出が本格化した2023年8月24日から3日後の27日、立憲民主党の石垣のり子参議院議員は、社民党の福島瑞穂代表、日本共産党の小池晃書記局長らと共に、福島県いわき市小名浜《おなはま》での抗議集会に参加した（＊47）。

石垣議員は2019年の参議院議員選挙で立候補した。前述のおしどりマコと共闘し、当選している。当時のTwitter投稿を見ると、おしどりマコとのツーショット写真と共に、《あらゆる壁を超えていく。半径5mを変えていく。#石垣のりこ #おしどりマコ #共闘》《#生意気な女じゃダメですか #自由に生きちゃダメですか #新しい人じゃダメですか #石垣のりこ #おしどりマコ #共闘》などの文字が並ぶ他、2人揃っての演説動画も残されている（＊48）。

動画の中で石垣は、

《宮城県では数値がほとんどの新聞などに掲載されているのはごくわずかでございますが、だからと言って問題がなくなったわけではないと。セシウムだけではありませんね、原子力発電で問題になる、人体に影響を与え得るであろう危険な物質は他にもございます。しかし、実態がわからないがゆえに、また明らかに万が一なってしまうと困るであろうということも想定されて、今触れられていないというのが現状のようです。この辺は私、いい加減なこと申し上げるわけにはいきませんが非常に今この宮城県があいまいなまま原子力発電に関して原発の問題放射能の問題に関しては進んでいるというのが私の認識です》

と演説していることがわかる。国連科学委員会などの科学的知見及び「なぜセシウムだけを測るのか」の理由などは、すでに述べた通りだ。知らずにやっているなら政治家として不勉強と断じざるを得ない。

共産党や社民党らと共に行った集会の演説で、石垣議員は処理水放出に対し、「約束を破って」

と言った。しかし、全漁連の坂本雅信会長は同年8月21日にＡＬＰＳ処理水放出に関して岸田総理と会談した際、「約束っていうのは、破られてはいないけれど、しかし果たされても居ないと、そういうように思っております」と発言した。

翌22日に行われた西村康稔《やすとし》経済産業相（当時）が県漁連の野崎哲会長と行った対談でも、野崎会長からは改めて処理水放出には反対しつつも「現時点で約束は果たされていないが、破られたとも考えないという立ち位置」「廃炉を完遂したいという方向性は（国や東電と）同じ。反対という立場で日々、緊張感を持ってこの事業を見ていきたい」との発言が得られている（＊49）。

漁連がこのような言い回しをする背景には、２０１５年のサブドレン計画（汚染水の発生量を減らすため、建屋に流れ込む地下水を周辺の井戸でくみ上げ、浄化処理してから海洋放出する計画）を巡る経緯がある。かつてサブドレン計画を漁連が容認した際、活動家の批判の矛先は県漁連に向けられた。県漁連の容認によって、サブドレン計画の実施が決まった形となったからだ。

ところが、国も県もこうした状況から徹底的に目を逸《そ》らし、「正確な情報発信を続けていく」などの杓子定規な「風評対策」ばかりで当事者を守ろうとしなかった。漁連側には、そのトラウマが根底にある。だからこそ、「自分達が賛成したことによって政策が決定された」と見做される構図を二度と再現するわけにはいかなかった。

漁業者団体の代表すら差し置いたうえで、石垣は具体的に誰との何をもって「約束を破って」と言うのか。世論が海洋放出に賛成多数の中で、「関係者」をあまりにも恣意的に仕分けしてはいないか。

挙句、「海洋汚染を広めていく可能性も否定できない」との発信は、国内外に誤解と風評を広め、他ならぬ地元漁業者たちを苦しめる言説だ。一体誰のため、何のための活動か。これも「立憲民主党の考えの体現」なのか。

度重なる「汚染」の喧伝には、多くの当事者が苦しめられてきた。多くのマスメディアも「海洋放出に反対する漁業者」ばかりを当事者として報じた一方、海洋放出反対運動という「社会正義」が踏みにじった当事者にはスポットをあてようとしなかった。

《娘がさ、大学の掲示板?SNS?に「汚染水とか言わないで」と、投稿したと自分に教えてきました。色々あって思う所もあったのでしょう。けど、なんで被害者の福島県民がこんな誤解を解く行動をしなくては行けないのか。本当に切ないです。汚染水、汚染魚。どれ程傷ついたのか言う人間は知らない》（＊50）

福島県内で農家を営む阿久津修司がXに書いた訴えは45・3万回以上表示され、2024年2月23日段階で1344件のリポスト、5157件の「いいね」が寄せられていた。

一体誰が、こうした当事者に寄り添うのか。「汚染」喧伝による人権侵害を止めるのか。

「汚染」呼ばわりに加担し続ける国会議員達と止めさせない政党

石垣の演説から2日後の8月29日、記者会見で見解を問われた岡田克也幹事長は、「『党を代表して』と、そういう立場で出て行ったとしたら、それは党の見解を述べてもらわないといけない」と答えた。一方で、岡田幹事長は7月11日の記者会見で、処理水放出は「科学的には一応答えは出ている」としたうえで、風評被害を防ぐための努力が「十分だとはとても思えない」と発言し、理解を得るための努力が足らないという点で政府を批判してきたという。7月20日には同党の長妻昭政調会長も、処理水放出について「風評被害を払拭する努力が足りない」として放出に反対する考えを示してきた（立憲民主党公式動画より21分7秒近辺　＊51）。

「風評払拭への努力が足りない」とは、一体誰のことか。

石垣議員の発言が党の方針とまったく異なるならば、公的な場で「党を代表して」発言した石垣議員には当然、何らかの処罰を行うのが妥当だろう。まして、科学的事実に反して国益を損《そこ》ね、被災地を苦しめる誤解や、風評を助長させかねない発信ならばなおさらだ。しかし、石垣議員が党内から公式に何らかの処罰を受けた様子は見られない。

そもそも立憲民主党は石垣議員のみならず、これまでも処理水に対する「汚染」喧伝活動に少なくはない議員が関わってきた。２０２３年7月にも日本共産党、社民党、れいわ新選組の議員らと共に韓国の革新系最大野党「共に民主党」と無所属の議員でつくる「福島核汚染水海洋投棄阻止国会議員団」の10人と会談した（＊52）。

7月12日には、立憲民主党やれいわ新選組など野党議員8人及び韓国最大野党「共に民主党」の議員ら11人による共同声明まで発表した（＊53）。

（以下、日本側から参加した議員8人）

◎立憲民主党

阿部知子　近藤昭一　篠原孝　原口一博　大河原雅子

◎れいわ新選組

櫛渕万里

◎社民党

福島瑞穂　大椿裕子

この件について、立憲民主党の泉健太代表は同年7月14日の定例会見で、「党の政策として動いているとか、党の立場として動いているものではない」と述べた（＊54）。

韓国野党との共同声明に署名した5議員に対する党執行部の対応は、記者会見にまで同席した阿部知子衆議院議員に対して岡田幹事長からの口頭注意があったのみで、他の4議員には何の処分もなかった（＊55）。

立憲民主党の一部議員が、党の公式見解である「処理水」と異なる「汚染水」との表現を用いていることなどに関し、岡田幹事長は9月12日の記者会見で、「党で決まったことはしっかり守ってもらう必要がある」としつつ、「だからといって、個々の議員が（意見を）言えなくなるようなことにはしたくないというのが私の信念だ」と語ったという（＊56）。

立憲民主党の泉代表も、8月25日の記者会見で、「党の見解は『処理水』だ」としつつも、「国会議員がさまざまな見解を持つことそのものは、即座に否定されるべきものではない」と語った（＊57）。

ところが、その6日後の8月31日、与党側の野村哲郎農水相（当時）が、処理水を誤って「汚染水」と発言し、その後に撤回、謝罪した件に対して泉代表は、「気の抜けた対応だ」「言い間違いというものだとして、一連の処理水に対する対応は緩んでいると。自覚が足りない」などと批判し、厳しく追及する構えを見せたという（＊58）。

「党の見解」と処分の基準はどこにあるのか

立憲民主党の見解や批判・処分の基準はどこにあるのか。立憲民主党内における処分などの対応がなされた他の事例と比較してみよう。

2020年、立憲民主党は新型コロナウイルス特措法に基づく緊急事態宣言の発令後に、東京・

歌舞伎町の「セクシーキャバクラ」と呼ばれる飲食店で遊興していた高井崇志衆院議員（当時。比例中国、現れいわ新選組幹事長）を除籍（除名）処分とした（＊59）。

２０２３年には、衆院憲法審査会の毎週開催を「サルのやること」「蛮族の行為」などと発言した小西洋之参院議員に対して、党の規約で定められている４段階の処分のうち、最も軽い「幹事長注意」を行った（＊60）。

他の分野も確認してみよう。立憲民主党参議院比例第22総支部長である栗下善行は、自身のＨＰの冒頭に掲げる政策に表現の自由を強く掲げ、《マンガ、アニメ、ゲームを含むあらゆる表現を守るために全力を尽くします》と訴える（＊61）。ツイッター（Ｘ）でもたびたび「表現の自由」を訴えてきたが、ある時からアカウント名やプロフィールから「立憲民主党」の文字が消されていた。しかし、栗下は立憲民主党を離党していたわけではなかった。

これに対し、同年6月26日に、一般ユーザーから《久しぶりに見かけたら、名前やｂｉｏ（biography）から立憲の文字がなくなっていた。離党されたのか、これは支持しなければと思ったら消されていただけの模様。不誠実な感じで二重に残念。》とのコメントが寄せられた（＊62）。

栗下はこれに対し、《これまでも度々書いてきましたが、２０２２年8月に立憲民主党幹部の方から「個人的な主張をするなら、党の名前を名乗らないで欲しい」と言われたためです。私もびっくりしましたが、党の名前を消す方を選びました。あまり荒立てたくありませんがこれはご理解頂けましたら》と返信している（＊63）。

表現の自由を強く訴える栗下のＳＮＳからは「立憲民主党」の名前を消すよう要求する一方で、先述した処理水問題ではどうか。

２０２４年1月5日時点で阿部知子議員のＳＮＳ（@abe_tomoko）には、《あべともこ（衆議院議員・神奈川12区・立憲民主党）》との表記が見られ（＊64）、石垣のりこ議員（@norinotes）にも《宮城県選挙区選出参議院議員（立憲民主党）》と表記されている（＊65）。

以下、近藤昭一議員（@kondo_shoichi）《衆議院議員・愛知3区・立憲民主党》（＊66）、大河原まさこ議員（@Waku2_ookawara）《(りっけん）東京21区総支部長（大河原雅子）立憲民主党　東京21区総支部長・衆議院議員》（＊67）、原口一博議員（@kharaguchi）《元総務大臣　佐賀1区選出衆議院議員　当選9回　立憲民主党　総務委員長》（＊68）、と、いずれも立憲民主党関係者であることを堂々と表記している。栗下議員の主張は、他の議員達による「汚染水」喧伝よりも問題なのだろうか（篠原孝議員はＳＮＳのアカウントが見当たらなかった）。

また、札幌市議会議員で「子宮頸がん予防（ＨＰＶ）ワクチン接種推進自治体議員連盟共同代表」でもある成田祐樹は、２０２３年6～8月にかけ、Ｘで以下のような発信をしていた。

《議員の中でも、未だにＨＰＶワクチン反対活動をしている人がいる。実際に罹患する方が増えて

いるけど、一切責任は取らない。無責任な政治を続ける事にどうしても納得が行かなかった。自分が会派を抜けた理由の一つはこれ。》

《ちなみに我が市の場合は、

・HPVワクチン反対
・コロナワクチン反対
・日本脳炎ワクチン反対
・全国有志議員の会　会員
・5G電波危険
・副反応と有害事象の違いすら知らずに反ワク活動をし、有害事象数を副反応と伝え続ける数え役満です。》

《会派がこの方を副議長にしようとしたので、自分は5月頭に会派を離脱。副議長にするという事は、会派が意見を否定しない事に繋がる。納得行かない。結果、現在、立憲民主党からは離党勧告が出される見込み。党道2区総支部は規約に無い処分に慎重だが、党東区は頑《かたく》なに離党勧告。ま、当人いるしね。》（※著者注　日本では2013年からマスメディアが主導した反HpVワクチンキャンペーンによって、甚大な「情報災害」と犠牲が生じ続けている。被害が少しでも軽減されることを願い、本章末尾のコラム「情報災害がもたらした絶望」に何が起こったのかを記載する。＊69）

この発信を目にした立憲民主党の中村延子中野区議会議員は、8月12日にXで、

《悲しく悔しいですが、我が党は反HPVワクチンの議員が上層部にいるため、中々難しいというのが私の所感です。思いを同じくする多くの地方議員と連携して取り組んでいるところですが、一昨年（※2021年）の代表選でもHPVVに関する公開質問も取り上げていただけませんでした…。》（＊70）

と発信している。

2024年1月6日時点で成田ゆうき公式HPを見ると、「立憲民主党」の肩書はどこにも見つけられなかった（＊71）。

その一方で「HPVワクチン薬害訴訟全国弁護団」を称する団体のHPを見ると、2021年10月12日に、《HPVワクチン副反応被害者への本当の「寄り添った支援」を考える緊急院内集会を開催しました》とあり、参加した議員名が記されていた。

阿部知子衆院議員（立憲民主）、野田国義参院議員（立憲民主）、松木謙公衆院議員（立憲民主）、舟山康江参院議員（国民民主）、徳永エリ参院議員（立憲民主）、山谷えり子参院議員（自民）、福島瑞穂参院議員（社民）、岸真紀子参院議員（立憲民主）、倉林明子参院議員（共産）、吉田忠智参院議員（当時、立憲民主）、近藤昭一衆院議員（立憲民主）、石橋通宏参院議員（立憲民主）、川田

龍平参院議員（立憲民主）――このほかに高橋千鶴子衆院議員（共産）が会場にメッセージを寄せた（＊72）。

13人中9人が立憲民主党の議員だった。

また、立憲民主党の逢坂誠二現・代表代行は、2018年1月12日に自らのブログで、

《原子力発電はいくつもの根源的な難題を抱えている。
万が一の事故の放射線被害は、一人の個人の体を蝕むだけではなく、遺伝によって世代を超えて人類に悪影響を及ぼし、人類という種の存在にも悪影響を与えるものであること。》

と、まるで被曝の影響が遺伝するかのような記述をした。無論、遺伝に関わるデマは結婚差別にも直結しかねない。

これがツイッター上で多くの批判を集めると、2022年7月3日に《これは私の発言ではありません。寄せられた意見を書いたものです。》と述べた（＊73）。

私はこの発信について逢坂に何度も抗議したと共に、泉代表にも何度も抗議を訴えた。しかし、その悉《ことごと》くは無視され続けた。当然、逢坂代表代行には立憲民主党から何の処分もない。

重ねて問おう。立憲民主党幹部らが言った「風評払拭への努力が足りない」とは、一体誰のことか――。

「根拠を示せ」と朝日新聞記者からの挑発

《①朝日新聞は福島に対する理解どころか誤解を求めて来たメディア
②朝日新聞に所属する人物が自分たちの広めた誤解の悪影響
↓根拠となるデータや事実を教えてもらえますか？
「自分に都合の良い現地の話」かどうか実際に現地に行き話を聞いてみてはどうでしょうか？》（＊74）

２０２２年７月19日、朝日新聞映像報道部の福留雇友記者は、ＳＮＳ上でこう挑発した。

自身の７月17日の発信、《現地で話を聞いて改めて感じる事。１Ｆ海洋放出に仕方ない、反対の立場は違えど、どんなに理解を求めても買い控え・買い叩きは避けられないとの共通認識。大丈夫だといくら言われても同じ魚が同じ値段だったらわざわざ福島沖を選ばない。値段が安けりゃ買う人はいる。逆の立場なら自分だってそうするよ。》との投稿に寄せられた、《朝日新聞は、原発事故後、福島に対する理解どころか誤解を求めて来たメディア。自分の知る福島の人たちは朝日に強い怒りを抱いている。その朝日新聞に所属する人物が自分たちの広めた誤解の悪影響が不可避であると断じ、自分に都合の良い「現地」の話でその報道姿勢を正当化する。これこそが朝日。》という批判に答える形での投稿だった（＊75）。

これまで示してきたように、朝日新聞が「風評加害」に加担してきた実例は無数にある。福留記者の言葉をたまたま目にした私は同日、幾つか答えを投げかけた。

《まず、たとえば次世代影響への不安は、利用するメディアと有意差があるとの論文があるわけですね（＊76）。報道が、風評や人々の偏見に影響を与えているエビデンスがある。その上で、朝日新聞のこれまでの報道姿勢を確認してみましょうか？》

私が示した2021年の論文『原発事故後の福島県浜通りと避難地域における放射線の「次世代影響不安」と情報源およびメディアとの関連』（中山千尋、岩佐一、森山信彰、高橋秀人、安村誠司）には、《福島県全体で地元民報テレビを利用した人は、「放射線による健康影響不安」が低かった。福島の放射線について、全国民放テレビが地元民放テレビと異なり、センセーショナルな放送内容を志向していた事例が地元民放テレビの当時の報道局長による報告で明らかになっている。これらのことは、全国民放テレビのセンセーショナルな放送内容が、浜通りの住民の次世代影響不安を高めた可能性を示唆している》と記されていた（＊77）。

私はさらに、《まずは、この指摘（※筆者註：後述する、著述家の加藤文宏によるもの）にきちんと答えるべき。「プロメテウスの罠」の「我が子の鼻血、何故？」だのヤマトシジミ蝶を用いた印象操作は酷いものでしたね。報道が、人々の影響や偏見に影響を与えたとのエビデンスは、前述の通りです》と続け、加藤がすでに福留記者の当該投稿に投げかけていた資料を共有した（＊78）。

加藤は、福留記者が求めた「①朝日新聞は福島に対する理解どころか誤解を求めて来たメディア、②朝日新聞に所属する人物が自分たちの広めた誤解の悪影響」の根拠として、朝日新聞社が東京電力福島第一原発事故にかかわる吉田調書報道について「所員が命令違反で撤退した」などと報道したのは誤りだったと認め、２０１４年9月12日に記事取り消しに至ったことから（＊79）、同社内に発足した「信頼回復と再生のための委員会」での議事録と資料を提示していた。

それらを読むと、ジャーナリストの江川紹子が《「プロメテウスの罠」の宮崎県立医大の記事。関係者にヒアリングしたが、「登場人物は実在しているが、書かれていることはフィクションだ。断片的事実はあっても、時系列を組み替えている」とおっしゃっていた。》《ＷＨＯの報告の記事は、朝日が「一部乳児、がんリスク増」、読売が「がん患者増、可能性低い」と、まったく逆の見出しだ。福島民報を見ると、専門家の指摘として「悪い条件を重ねると影響が出てくるかもしれないが、現実の福島の状況はそうではない」と書いてある。にもかかわらず、朝日はこういう見出しなのかと。国や東京電力を追及するのはいいが、その先にいる福島の人たちも撃っているということへの想像力はあるのか。そのように憤慨する声を、福島のメディア関係者からも聞いた》などの指摘をしている（＊80）。

これが提示された時点で、すでに福留記者が求めた根拠としては十分と言えただろう。

そのうえで、私は福留記者に対してさらにいくつかの資料や記事を用い、根拠を提示した（＊81）。

朝日新聞記者からの反論

するとと翌日、福留記者から私に反論があった。

《〈医師に「放射能の影響ではないのか」と聞いてみたが、はっきり否定された〉こうした症状が原発事故と関係があるかどうかは不明だ〉福島市の医師は子どもらの異変を「心理的な要因が大きいのではないか」とみる、と明記されています。2011年の記事。まだ不確かな事も多かった時期に不安を感じる母親がいた事実を、因果関係が不明な事は明記し、そのときに分かっている範囲で記事にすることは、風評被害を助長させる事になりますか?医師の見解も交え、原因が不確かだけれど起こっている事を知らせるのも報道の仕事です

そもそも、「風評被害をあおる」報道とはどのように考えますか?例えば、今年（※2020年）各紙が報じたことですが、福島沖でとれたクロソイから1400ベクレルの放射性セシウムが検出されました。この事実を報じると、福島の海産物を避ける動きが出てくると簡単に想像できます（＊82）

これをまるごと食べてもおそらくすぐに健康被害が出るわけじゃないと思います。だからと言って、この事実を報じない方が正しいでしょうか。これは「風評被害を煽る」記事と言いますか?リンクの産経新聞のように、福島沖の魚は今でも漁協と県が検査し続け、食品衛生法の基準の半分の

規制を設けていると書いていないから、風評被害を煽ると言えるでしょうか。僕は、この事実を恣意的に隠す方が報道として問題があると思いますし、毎回すべての記事でその周辺の経緯や検査状況を説明するのは不可能です。（中略）

あと、「ウソはついていないが本当の事も言っていない」と誤解を煽りかねない林さんのツイートにも反論させてもらいます。映像報道部のアカウントを見ただけではこの写真（※筆者註：２０２０年３月14日、多くの人が喜びと共に駅に詰めかけた常磐線全線再開通の日に、あえて無人の場所で「この先帰還困難区域につき通行止め」と書かれた看板の脇を走る常磐線の姿を写した写真）ばかりを報じたいと思われるかもしれません

ですが、私のアカウントでは歓迎する姿も撮影しどちらもつぶやいていますし（＊83）朝日新聞デジタルでは歓迎する地元の方の写真と声の記事もちゃんと出ています。

ちなみにこの数日前の３月11日には、「別刷り」という特別号で見開き計４Ｐにわたり、常磐線の全線開通を祝う記事で特集し全国に配布しました。ただ、これまで常磐線の一部開通は何度か節目がありましたが帰還困難区域を電車が通る事はなく、この事実はたとえハレの日でも報じるべきだと考えました。（中略）

さて、ツイートで朝日新聞報道姿勢を見て見ましょう、という例に出されたのが、紙面や朝日新聞デジタルの記事というか、ほとんどが（※朝日新聞記者らの）個人のツイートやフェイスブックなどでした。個人の考えと断っていますし、様々な考えがあるのは当然です。

そして、もちろん、報道が完璧で全てが正しかったというつもりは毛頭ありません。リソースが

限られる中説明足らずだった部分も少なくないと思います。だからこそ日々取材を続け、海洋放出の問題でも、避難指示解除も、帰還困難区域のことも動きがあれば、新たな記事を出し続けています。

できる限りで構いません。ひとつ一つの記事を読んで頂き、木を見て森を見ずではなく全体を俯瞰してもらえませんか。ツイッターでバズった、違和感や説明不足の目につく記事だけでなく。

最後になりますが、確かにキリがないですし、ぜひ福島の方の話しを直接聞かせてもらえればと思います。福島のおいしい海産物をあてに日本酒を飲みながら！

起こった事として事実として、消費行動にマイナスの情報があるなかでそれも伝えたうえで、安全で安心を感じた福島産品を食べて欲しいですからね僕も。それを色々な意見を聞いて考えたいです。》

との内容だった（中略した部分はリンク先の原文から確認できる　＊84）。

私は、福留記者の「日本酒を飲みながら！」のコメントに対し、《ご提案はありがたくもありますが、一方で、現地の多様な本音を引き出すことはそう容易な話ではありません。まして「朝日新聞記者」というだけで相当警戒されますし、朝日の記者に喜んで話してくれる人や内容には相当のバイアスがかかることは念頭に置いて頂きたく存じます。》と返していた（＊85）。

ただ面と向かって会うだけでは、本音を聞くことはできない。信頼関係の構築こそが大事だ。朝日新聞は現状、現地の少なくない人たちから信頼どころか信用されてもいない。あなたには本気で現地の人たちから信頼される努力をするつもりがあるのか。覚悟があるのか。それを問うた返答だ。

つまり、これが本音なのか?

ところが、その後に事態は急展開した。

福留記者の一連の投稿に対し、栃木県出身で、原発事故後の双葉町をモデルに描いた絵本『いぬとふるさと』(旬報社・2021年)の作者である鈴木邦弘が返信を送り、会話が交わされていた。

(鈴木)《典型的な「こたつライター」への誠実で真っ当な返信、お疲れさまです。現場を歩く記者さんを尊敬してますし、僕は絵描きですが、僕もそうでありたいと思っています。今後も今まで通りのスタンスで、いい写真を見せてください。》

(福留)《リプありがとうございます。今後も変わらず現場に行き、できるだけ色んな人から話を聞きます! Twitter の発信も大事ですが、やはりメディアで発信してなんぼですね。》

(鈴木)《正式に取材を申し込んだところでおそらく林某は逃げるでしょうが、もし実現した際は、その様子をぜひお知らせください》

(福留)《残念ながらお断りされました。》

(鈴木)《そうでしょう。結局、ネットで吠えてるだけ。自分で足を運んで取材することさえ出来ないヘタレなのですから。たまに林某を哀れに思うことがあります。復興できてない浜通りの現状を直視することが出来ず、それが他者への攻撃性に繋がってると感じることがあるからです。同じようなアカウントがいくつか散見されますね。これはもう、いわば自己防衛本能ですから、永久に治ることはないと思います。そういう人はパブリックな場所には出てきません。卑怯だとは思いますが、それ故、影響力もその程度です。今後は無視していいと思います。》

この一部始終を見た一般ユーザーが、《大量のエビデンスつきで朝日新聞の風評加害報道を批判した林智裕氏に対し出鱈目《でたらめ》な言い訳しかできなかった挙句、コソコソ仲間内で林氏を貶《けな》す朝日新聞福留庸友》とコメントしながら共有した（＊86）。

このやり取りに私は驚き、福留記者に再び問いかけた。

《これは一体、どういうことでしょう？福留さん。@photofdm
私は、あなたから取材申し込みなどされた事実はありません。当然、断った事実もありません。挙げ句、なんですかこの侮辱は。なるほど、こうやって事実を捏造《ねつぞう》するのですね！朝日新聞記者は。大量の事実を示したにもかかわらず一切の謝罪無く詭弁で逃げ、挙げ句、事実を捏造して名誉を毀損するとは何事か。これが朝日新聞のやり方ということですね。（中略）
「福島のおいしい海産物をあてに日本酒を飲みながら！」とか友好的な態度を装って話しかけ、陰でコソコソと事実無根の捏造で相手の名誉を貶《おとし》めるとは。これが朝日新聞の「取材」のやり方なんですかね？》（＊87）

すると、福留記者からは、

《林さん僕の言葉が足りなかったです。申し訳ありません。もちろん正式な取材の申込みではありません。お話させて下さいという提案をお断りされたという意味です。「そもそも正式な取材申込みではなかったけれど、話をきかせて下さいという提案はお断りされました」と返信すべきでした。》（＊88）

との返答が来た。

私は福留記者の言葉に対し、《そもそもお断りしていないので、取材受けても良いですよ?条件は、ツイッター上での全て公開されたやり取りのみ。ＤＭ（※筆者註：当事者間のみで表示されるダイレクトメール）やオフラインは発言の改変捏造されたり、身の危険を感じるのでＮＧです。酒は飲みません。もっとも、「こたつライター」に取材する価値があれば、ですけど。》（＊89）と返信した。

その後、福留記者から返信が返ってくることは二度となかった。経済評論家の上念司は、この時の顚末《てんまつ》を自身の動画サイト『上念司チャンネル』で取り上げている（＊90）。

福留記者からの取材依頼は、未だ来ていない。

地方紙が根拠なき流言と民間療法を勧める

《「山火事と放射能」

今朝、パソコンのメールをチェックしていたら、知人経由でこんな情報が届いていた。

▼4月29日午後、福島の原発事故の帰還困難区域の森林で火災が起き、今も鎮火していない。放射能汚染の激しい地域で山火事が起きると、高濃度の放射線《ママ》物質が飛散し、被ばくの懸念がある。東北、関東、北信越、静岡、愛知の人は最低限、次のような自己防衛の対策がオススメという内容だった。

▼内部被ばくしないよう換気はしない。外出時は二重マスク。家庭菜園にはしばらくビニールシートをかぶせる。雨が降ったときは必ず傘を差す。1週間ぐらいは毎日朝昼晩、みそ汁を飲む……。

▼その記事を当地に配達される全国紙でチェックすると、毎日新聞の社会面だけに小さく「帰還困難区域国有林で火災」とあった。29日夕、陸上自衛隊に災害派遣を要請。福島、宮城、群馬3県と自衛隊から計8機のヘリが消火を続けた。30日夕までの焼失面積は約10ヘクタール。福島県警は雷が原因の可能性があるとみている、と伝えていた。

▼この情報を最初にアップしたのは東京電力で賠償を担当していた元社員。現地の事情に詳しい彼によると、放射能汚染の激しい地域では森林除染ができておらず、火災が起きれば花粉が飛ぶように放射性物質が飛散するという。

▼原子炉爆発から6年が過ぎても、収束がままならない事故のこれが現実だろう。政府も全国紙も、この現実にあまりにも鈍感すぎるのではないか。（石）》（＊91）

２０１７年5月1日、和歌山県の地元紙「紀伊民報」Ｗｅｂ版記事に掲載された内容だ。

報道機関でありながら放射性物質を「放射線物質」とする誤字。根拠なく煽る被曝の恐怖と「みそ汁を飲む」という根拠なき対策を勧め、信憑性なき人物からの噂話を拡散。挙句、東電原発事故は原子炉を囲っていた「建屋」の爆発であって、原子炉が爆発したわけではない。事故や放射線に関する知識が圧倒的に不足していることが窺《うかが》える。

福島県は5月2日更新のＨＰにて、過去の事例やモニタリングポストの測定結果から、「周辺環境に影響が生じている事実は一切ない」と否定した（＊92）。

福島県の地元紙「福島民友新聞」は5月3日付紙面にて、《浪江の山火事デマ拡散　専門家ら「まどわされないで」》として、森林火災のほか、同じ情報の拡散について、専門家の見解を含めて報じた（＊93）。

つまり、紀伊日報の記事は原発事故後に頻発した、典型的な誤情報と流言拡散の一つだったと言えよう。

ところがその後の5月5日、今度はロシア国営の「報道」機関であるスプートニク日本が、《7日めも燃え盛る福島山林火災　放射能拡散の危険性はありうる》などと報じた。しかし、報道に使

スプートニクは、カナダの森林火災の写真を福島でのものと偽った。

われていた写真は福島ではなく、過去にカナダで発生した山火事写真の転用だった。

これに関して同じ5月5日、漫画『美味しんぼ』（小学館）の作者で知られる雁屋哲も、ブログで《福島で森林火災・強風により放射性物質飛散中》《福島最大の放射性物質貯蔵庫とも言える森林が火事なったらどうなるでしょう。放射性物質が舞い上がり、2011年3月11日の福島第一原発の事故当時と同じように、放射性物質が周辺各地に降り注ぐのです。あの恐怖を私達はまた味わうのです。》などと喧伝した。すでに3日前、モニタリングポストなどの実測データを基に福島県が否定した後にもかかわらずだ。

「福島の真実」を騙る流言

雁屋哲は2014年、この山火事の約3年前にも事実に基づかない不安や恐怖の喧伝を行っていた。漫画「美味しんぼ　福島の真実編」（コミックス110、111巻に所収）で福島第一原発を訪れた登場人物が「原因不明」の鼻血を出す描写で、「被曝の影響」であるかのようなほのめかしを行い、登場人物たちに「福島の人たちに、危ないところから逃げる勇気を持ってほしい」「自分たちにできることは福島を出たいという人たちに対して全力を挙げて協力することだ」などと言わせた。

東電原発事故後の社会には、「被曝影響で鼻血が出た」かのような主張が燻《くすぶ》り続けていた。朝日新聞連載記事「プロメテウスの罠」《我が子の鼻血、なぜ》（＊94）や2011年6月18日東京新聞《子に体調異変じわり　大量の鼻血、下痢、倦怠感…》（＊95）などをはじめとした度重なる「ほのめかし」報道があり、2014年4月には、鼻血を手で押さえる子どもが「おかあさん、どうしよう。」などと訴える、脱原発「社会正義運動」のポスターも見られた（＊96）。

燻っていたこうした「ほのめかし」が、「美味しんぼ　福島の真実編」をきっかけに、爆発的に社会で響くようになった。

雁屋は5月4日、自身のブログで《反論は、最後の回まで、お待ち下さい》と題し、

《「美味しんぼ　福島の真実篇」、その22で、鼻血について書いたところ、色々なところで取り上げられてスピリッツ編集部に寄れば、「大騒ぎになっている」そうである。

私は鼻血について書く時に、当然ある程度の反発は折り込み済みだったが、ここまで騒ぎになるとは思わなかった。で、ここで、私は批判している人たちに反論するべきなのだが、「美味しんぼ」福島篇は、まだ、その23、その24と続く。

その23、特にその24ではもっとはっきりとしたことを言っているので、鼻血ごときで騒いでいる人たちは、発狂するかも知れない。

今まで私に好意的だった人も、背を向けるかも知れない。

私は自分が福島を2年かけて取材をして、しっかりとすくい取った真実をありのままに書くことがどうして批判されなければならないのか分からない。

真実には目をつぶり、誰かさんたちに都合の良い嘘を書けというのだろうか。

「福島は安全」「福島は大丈夫」「福島の復興は前進している」などと書けばみんな喜んだのかも知れない。


今度の「美味しんぼ」の副題は「福島の真実」である。私は真実しか書けない。自己欺瞞《ぎまん》は私の一番嫌う物である。きれい事、耳にあたりの良い言葉を読み、聞きたければ、他のメディアでいくらでも流されている。

今の日本の社会は「自分たちに不都合な真実を嫌い」「心地の良い嘘を求める」空気に包まれている。「美味しんぼ」が気にいらなければ、そのような「心地の良い」話を読むことをおすすめする。》（＊97）

などと書いていた。

この時、福島県は雁屋哲と出版社に対し、後にも先にも「異例」と言える抗議を行った。

《登場人物が放射線の影響により鼻血が出るとありますが、高線量の被ばくがあった場合、血小板減少により、日常的に刺激を受けやすい歯茎や腸管からの出血や皮下出血とともに鼻血が起こりますが、県内外に避難されている方も含め一般住民は、このような急性放射線症が出るような被ばくはしておりません。また、原子放射線の影響に関する国連科学委員会（UNSCEAR）の報告書（4月2日公表）においても、今回の事故による被ばくは、こうした影響が現れる線量からははるかに低いとされております。（中略）

さらに、「福島を広域に除染して人が住めるようにするなんてできない」との表現がありますが、世界保健機構《ママ》（WHO　※正しくは世界保健機関）の公表では「被ばく線量が最も高かった地域の外側では、福島県においても、がんの罹患のリスクの増加は小さく、がん発生の自然のばらつきを越える発生は予測されない」としており、また、原子放射線の影響に関する国連科学委員会（UNSCEAR）の報告書においても、福島第一原発事故の放射線被ばくによる急性の健康影響はなく、また一般住民や大多数の原発従事者において、将来にも被ばくによる健康影響の増加は予想されない、との影響評価が示されています。

「美味しんぼ」及び株式会社小学館が出版する出版物に関して、本県の見解を含めて、国、市町村、生産者団体、放射線医学を専門とする医療機関や大学等高等教育機関、国連を始めとする国際的な科学機関などから、科学的知見や多様な意見・見解を、丁寧かつ綿密に取材・調査された上で、偏らない客観的な事実を基にした表現とされますよう、強く申し入れます。

（福島県『「週刊ビッグコミックスピリッツ」４月28日及び５月12日発売号における「美味しんぼ」について』より2014／05／07）》（＊98）

「被曝で鼻血」を訴えつつ、病院にも行かない人々

「被曝で鼻血」は実際に起こり得るのか。結論を先に言えば「被曝線量次第で」起こる。具体的には、５００ミリグレイ（ヨウ素１３１やセシウム１３７が出す放射線［β《ベータ》線、γ《ガンマ》線］の場合、人体への影響は５００ミリシーベルトとほぼ同じ線量）以上の急性被曝によって血液細胞をつくる骨髄に障害が起き、白血球や赤血球、血小板が減少するため、感染症が起きやすくなったり、貧血になったり、全身の様々な部位から出血して止まらなくなったりする。『鼻血』だけが出て、しばらくすると止まる」などという生易しい症状ではない（＊99）。

なお５００ミリシーベルトとは、50万マイクロシーベルトのことである。当然ながら、東電原発事故でそれ程大量の被曝をした住民は誰もいない。一方で、「鼻血」は疲労や花粉症など、様々な条件で起こり得る。「東電原発事故の放射線被曝で鼻血が出た」かのような主張には、「量の概念」や科学的な根拠がまったくない。「デマ」と断言されてしかるべきものだ。

鼻血に関する流言問題を詳しく解説した大阪大学の菊池誠教授によれば、「被曝で鼻血」があれだけ騒がれた一方で、「鼻血」を主訴とした医療機関の受診数は有意に増加しなかったという。つ

まり、「鼻血」は増えていない。または、仮に増えていたとしても医療機関の受診さえしなかった。つまり、騒いだ人たちの「心配」や「本気」とは、実際にはその程度だったという証左でもある（＊100）。

ところが、社会では鼻血デマを信じる声があまりにも根強かった。その後も、社会では事あるごとに「被曝で鼻血」を喧伝する有象無象が現れた。

「美味しんぼ鼻血騒動」から1年半以上が経った2016年1月9日付の日刊スポーツの記事でさえ、お笑いコンビ、ロンドンブーツ1号2号の田村淳が、

「北茨城に行って興奮していたのか、いきなり線量高いのにあたってそうなったのか、それはわからない……。今となっては調べようがないですからね。でも、だからこそ『美味しんぼ』のような話も、ボクはなくはないと思っていたんです」

と語り、多くの批判を受けて後に謝罪している。「美味しんぼ鼻血騒動」がどれだけ社会に広く深刻な影響を与えたのか、端的に顕《あらわ》れた事件と言えるだろう（＊101）。

この頃、被災地では避難の長期化に伴う「震災関連死の増加」をはじめ、深刻化する問題が他に幾らでもあった。ところが社会は「被曝で鼻血」という怪談にばかり夢中で、人々の関心やリソースが奪われ、被災地が抱えた真の問題になかなか向き合おうとしなかった。

このように誤った情報によって無益なアジェンダセッティングが行われ、対策やリソース配分が妨害され被害拡大に繋がる事態こそ、「情報災害」の典型例だ。

何故、放射線被曝に伴うさまざまな症状の中で、とりわけ「鼻血」ばかりがこれほど頻繁にピックアップされ、信じられ、流行してしまったのか。

仮説の一つとしてシンガーソングライターの小峰公子は、菊池誠教授との対談の中で《(雁屋哲も含めた)私と同年代の方が、放射線の件で鼻血が出てくるのは山口百恵の「赤い疑惑」って番組の影響があったんじゃないかって。》と語っている。

私もこの仮説を支持する。同ドラマは1975年10月〜1976年4月にTBS系で放送され、視聴率は最高30・9%、平均23・4%という高視聴率を記録したドラマである。雁屋哲らの世代に絶大な人気と影響力を誇った山口百恵演じる主人公が、「大学の爆発事故に巻き込まれ、放射線療法用コバルト60から放出される放射線によって大量被曝し、結果として白血病を患う」というストーリーだった（＊102）。

番組解説サイトによれば、《ストーリーが進行するにつれ、「百恵ちゃんは本当に死ぬの?」という問い合わせが殺到するなど大反響を呼んだ。》という。配役の名ではなく「百恵ちゃんは本当に死ぬの?」である。そのドラマの中で最も注目されたのが、山口百恵演じる主人公が白血病の症状として鼻血を出して倒れるセンセーショナルなシーンだった。

これを見た世代の少なくない人々が現実とフィクションを混同した挙句、被曝→白血病→鼻血という過程から「白血病」を付け忘れ、被曝→鼻血などと短絡的に結び付けたのではないか。なお当然ながら、福島では東電原発事故を原因とする白血病の増加もない。

2024年3月現在、雁屋哲からは「鼻血」が被曝との関連であったかのようなほのめかし、自身が主張した「福島の真実」に対する修正や謝罪は見られていない。同様に、2017年5月に「福島県からの発表があったあと」に出された、これも事実に反する《福島で森林火災・強風により放射性物質飛散中》のブログも訂正されていない。

なお山火事に関する誤情報について、前出の紀伊民報は2017年5月9日付紙面にて、数多くの批判や福島県地元紙から取材があったことをあかし、「杞憂《きゆう》であり、それによって多くの方に心配をかけ、迷惑を与えたことになる」として陳謝した一方で、「花粉が飛ぶように放射能汚染が飛散する」「原子炉爆発」といった誤情報についての訂正はしなかった。

雁屋のブログと同日の5月5日にフェイクニュースを流したロシア国営「報道」機関のスプートニク日本は5月10日、《福島ようやく火災が鎮火　放射性セシウムはところにより9倍に上昇》などと煽った（＊103）。

EUは2022年、ロシアによる偽情報を用いたプロパガンダを防ぐため、ロシア国営テレビRTのヨーロッパ各国向け計5チャンネル及び国営ラジオ・ニュースサイトスプートニクのEU域内での提供を全面禁止する法律を制定している（＊104）。

脚注

＊1 http://b.kenro.jp/wp-content/uploads/2016/07/d4018d2dcd45b0798c5bd2d0c22c86e9.pdf

＊2 https://www.huffingtonpost.jp/2014/08/23/shigesato-itoi_n_5702206.html

＊3 https://togetter.com/li/222976（当時のツイートは現在、削除されている）
https://medical.nikkeibp.co.jp/leaf/mem/pub/opinion/orgnl/201503/541136.html

＊4 https://dion.wiki.fc2.com/wiki/%E5%A4%A7%E7%9B%B8%E6%92%B2%E3%81%AE%E5%84%AA%
E5%8B%9D%E5%8A%9B%E5%A3%AB%E3%81%AB%E8%B4%88%E3%82%89%E3%82%8C%E3%81
%9F%E7%A6%8F%E5%B3%B6%E7%9C%8C%E7%9F%A5%E4%BA%8B%E8%B3%9E%E5%89%AF
%E8%B3%9E

＊5 https://www.xn--u9jy52gkffn9q8qbux6ab4xi9c4wsx57a.com/ootuka-norikazu-current

＊6 https://www.env.go.jp/chemi/rhm/r1kisoshiryo/attach/r1kiso-slide08-02.pdf

＊7 https://www.mhlw.go.jp/stf/houdou/0000103673.html

＊8 https://www.fukushima.coop/shien/measurement/2015/

＊9 https://www.env.go.jp/content/900413483.pdf

＊10 https://www.pref.fukushima.lg.jp/uploaded/attachment/447913.pdf

＊11 https://www.gakushuin.ac.jp/~881791/housha/details/CsInBody.html
https://tomioka-radiation.jp/2018/02/13/natural-radiation-artificial-radiation.html

＊12 https://www.env.go.jp/chemi/rhm/h28kisoshiryo/h28kiso-02-05-10.html

＊13 https://www.mhlw.go.jp/houdou/0111/h1108-2.html

＊14 https://www.env.go.jp/content/900414040.pdf

＊15 https://www.caa.go.jp/disaster/earthquake/understanding_food_and_radiation/material/assets/consumer_safety_cms203_220728_1.pdf

＊16 https://jccu.coop/food-safety/qa/qa03_03.html#:~:text=1999%E5%B9%B4%E4%BB%A5%E9%99%8D%E3%81%AE%E3%83%99%E3%83%A9%E3%83%AB%E3%83%BC%E3%82%B7,%E3%82%82%E3%80%81%E4%BD%8E%E3%81%84%E5%80%A4%E3%82%82%E3%81%82%E3%82%8A%E3%81%BE%E3%81%99%E3%80%82

＊17 https://www.env.go.jp/content/900412332.pdf

＊18 https://s.japanese.joins.com/JArticle/277861?sectcode=A00&servcode=A00

＊19 https://mhlw-grants.niph.go.jp/system/files/2019/193031/201924028A_upload/201924028A202007291653144500006.pdf

＊20 https://www.kanaloco.jp/news/life/entry-19910.html
https://www.greenpeace.org/japan/campaigns/story/2023/03/09/62031/

＊21 https://www.env.go.jp/chemi/rhm/r3kisoshiryo/r3kiso-08-01-08.html
https://www.maff.go.jp/j/syouan/seisaku/data_reliance/maff_torikumi/pdf/rad_kensyu.pdf

＊22 https://ja.wikipedia.org/wiki/%E9%99%B0%E8%AC%80%E8%AB%96%E3%81%AE%E4%B8%80%E8%A6%A7#

*23 https://www.youtube.com/watch?v=V94qiPsPvbw
https://archive2017.cdp-japan.jp/movie/20181008_0921
https://archive2017.cdp-japan.jp/news/20181001_0906

*24 https://lite-ra.com/2017/02/post-2904.html

*25 https://ameblo.jp/n-kan-blog/entry-12408871850.html

*26 https://www.youtube.com/watch?v=V94qiPsPvbw

*27 https://archive2017.cdp-japan.jp/convention

*28 https://twitter.com/search?q=%23%E3%81%8A%E3%81%97%E3%81%A9%E3%82%8A%E3%83%9E%E3%82%B3%E6%93%81%E7%AB%8B%E5%95%8F%E9%A1%8C&src=typed_query

*29 https://www.zakzak.co.jp/article/20181001-PWUNG2ODRNKMBJFUFKZBLP2X34/

*30 https://icchou20.blog.fc2.com/blog-entry-887.html

*31 https://agora-web.jp/archives/2034967.html

*32 https://twitter.com/ebi_kosuke/status/1072803254369566726

*33 https://twitter.com/ebi_kosuke/status/1072837459694645248

*34 https://www.youtube.com/watch?v=XNqLYV2GQLw&t=1210s

*35 http://shinobuyamaneko.blog81.fc2.com/blog-entry-264.html

*36 https://gendai.media/articles/-/57961

*37 https://twitter.com/makomelo/status/1052012136107397121

＊38 https://twitter.com/930_jp/status/1052029880974508032
https://twitter.com/930_jp/status/1052045691923517440
＊39 https://www.asahi.com/articles/ASR325W11R32UGTB00W.html
＊40 https://twitcasting.tv/keiki22/movie/502552590
＊41 https://togetter.com/li/1377913
https://twitter.com/kikumaco/status/1150217166903320576
＊42 https://www.huffingtonpost.jp/entry/fukushima-media-6_jp_65825b0fe4b0d9bdbf680962
https://apinitiative.org/2022/03/10/34932/
＊43 https://togetter.com/li/1376861
＊44 http://b.kenro.jp/wp-content/uploads/2016/07/d4018d2dcd45b0798c5bd2d0c22c86e9.pdf
https://archive.is/sGSyK
https://twitter.com/makomelo/status/766570339337809920
＊45 https://twitter.com/kikumaco/status/1057536803761278976
＊46 https://twitter.com/hide_luxe/status/1046041649493811206
＊47 https://www.youtube.com/live/WdTfrGAT3gA?app=desktop&si=CuTRWljNrrwMngjd
＊48 https://twitter.com/norinotes/status/1152049547473870850
https://twitter.com/norinotes/status/1152051110066020352
https://www.youtube.com/watch?v=ZcX-GPnjSKY

＊49 https://www.jijitsu.net/entry/zengyoren-ALPSsyorisui
https://www.sankei.com/article/20230822-KLE2VLLLX5IR5FH7GO254BI5GA/

＊50 https://twitter.com/uimontyo/status/1700799506139492492

＊51 https://www.youtube.com/watch?v=dBghMtKt8wI
https://www.j-cast.com/2023/08/29467809.html?p=all

＊52 https://jp.yna.co.kr/view/AJP20230711004400882

＊53 https://www.youtube.com/watch?v=_7pd6BivmZs

＊54 https://www.j-cast.com/2023/07/14465201.html?p=all

＊55 https://www.yomiuri.co.jp/politics/20230721-OYT1T50016/

＊56 https://www.sankei.com/article/20230912-T3HPSU3JTBNAHCKSEJTWD73KYE/

＊57 https://www.sankei.com/article/20230825-HL2QFAOIB5NGBK3JZZLQATQZZA/

＊58 https://www.youtube.com/watch?v=JgV1vZoOvG0

＊59 https://www.nikkei.com/article/DGXMZO58080750V10C20A4PP8000/

＊60 https://www.sankei.com/article/20230411-TLFLC4TYVZMBHKGJSWVSP2KLFE/
https://mainichi.jp/articles/20230331/k00/00m/010/059000c

＊61 https://kurishitazenko.jp/

＊62 https://twitter.com/rem57415097/status/1673285857233756161

＊63 https://twitter.com/zkurishi/status/1673290878713200640

*64 https://twitter.com/abe_tomoko
*65 https://twitter.com/norinotes
*66 https://twitter.com/kondo_shoichi?lang=ja
*67 https://twitter.com/Waku2_ookawara
*68 https://twitter.com/kharaguchi?ref_src=twsrc%5Egoogle%7Ctwcamp%5Eserp%7Ctwgr%5Eauthor
*69 https://twitter.com/naritayuki/status/1664432849204953088
https://twitter.com/naritayuki/status/1690157860179853312
https://twitter.com/naritayuki/status/1690172015284715520
*70 https://twitter.com/nobuko0902/status/1690333510308134912
*71 https://www.naritayuki.com/index.html
*72 https://www.hpv-yakugai.net/2021/10/12/shukai/
*73 https://ohsaka.jp/11544.html
https://twitter.com/SonohennoKuma/status/1666569556402528257/photo/4
https://twitter.com/seiji_ohsaka/status/1543565258354470912
*74 https://twitter.com/photofkdm/status/1549328103314378752
*75 https://twitter.com/don_jardine/status/1549314899477958656
*76 https://www.jstage.jst.go.jp/article/jph/68/11/68_20-140/_article/-char/ja/
*77 https://twitter.com/daaaaa_rakong/status/1550119418914451457

＊78 https://twitter.com/mostsouthguitar/status/1549348152569995266
https://www.asahi.com/shimbun/3rd/20141211data02.pdf

＊79 https://www.asahi.com/shimbun/20140912.pdf
https://toyokeizai.net/articles/-/47863

＊80 https://www.asahi.com/shimbun/3rd/report20141211.html
https://www.asahi.com/shimbun/3rd/20141211data03.pdf
https://twitter.com/mostsouthguitar/status/1549352876153405440

＊81 https://gendai.media/articles/-/67575
https://hanada-plus.jp/articles/690
https://togetter.com/li/1771495
http://shinobuyamaneko.blog81.fc2.com/blog-entry-269.html
https://www.jijitsu.net/entry/miurahideyuki-minamata

＊82 https://www.sankei.com/article/20220126-TEAWENOCGJJGRAFOCMCYOXLONE/

＊83 https://twitter.com/photofdm/status/1238597548467601409

＊84 https://twitter.com/photofkdm/status/1549446115334176768

＊85 https://twitter.com/SonohennoKuma/status/1549511147367591936

＊86 https://twitter.com/tokumoto0/status/1549774454531637248

＊87 https://twitter.com/SonohennoKuma/status/1549836281055629312

*88 https://twitter.com/photofkdm/status/1549898150571171841
*89 https://twitter.com/SonohennoKuma/status/1549926926042611713
*90 https://twitter.com/smith796000/status/1550055214094225408
https://togetter.com/li/1918597
*91 http://fukushima.factcheck.site/nature/1170
*92 http://web.archive.org/web/20170502152431/http://www.pref.fukushima.lg.jp/sec/01010d/0502monitoring.html
*93 http://web.archive.org/web/20170503015022/http://www.minyu-net.com/news/news/FM20170503-169269.php
*94 https://www.asahi.com/shimbun/3rd/20141211data02.pdf
*95 https://ameblo.jp/opchild/entry-10933378290.html
*96 https://togetter.com/li/651068
*97 https://kariyatetsu.com/blog/1685.php
*98 https://www.pref.fukushima.lg.jp/uploaded/attachment/63423.pdf
*99 https://www.minpo.jp/pub/topics/jishin2011/2014/05/post_9912.html
*100 https://synodos.jp/opinion/science/16028/
*101 https://www.nikkansports.com/entertainment/column/tamura-atsushi/news/1592676.html
*102 https://www.tbs.co.jp/tbs-ch/item/d0210/

*103 https://sputniknews.jp/20170510/3621022.html

*104 https://www.nhk.or.jp/bunken/research/focus/f20220501_12.html

《あなたはどのルートを選びますか？

〝ヒトパピローマウイルス（ＨＰＶ）は子宮頸がんの主要な原因であり、性行為で感染が広がります。

数年前に世界の反対側で、幾つかの出来事により、ＨＰＶワクチンの安全性に関して大衆が混乱に陥りました。

もし、あなたの12歳の娘がＨＰＶワクチンを受けるとなったら、あなたはどうしますか？〟》

「ＳＴＡＲＴ」から始まり、時間と共に迫る出来事と無数の選択肢の果てに、それぞれの結末が分岐されている。あなたはこれらの設問一つひとつに、いかなる選択をするだろうか。

《【ＳＴＡＲＴ】
・私は娘をがんから守りたい
［選択①ＨＰＶワクチンが許可される。メディアは子宮頸がんのリスクを強調し、ワクチンの必要性を報じた］
　a．十分な量があればいいのだが。↓選択②へ
　b．どうせ安全性は調べてないんだろ?↓結末Ｂ
　c．ウイルスでがんになんかなるか。↓結末Ｂ
　d．十代の娘が性行為なんて汚らわしい。↓結末Ｂ

［選択②ＨＰＶワクチンが定期接種化され、12～16歳の少女は無償で摂取可能に。一方で副作用の疑い事例も報告される。ワクチン接種後に発作を起こした少女の映像がＳＮＳで大規模に拡散。メディアへの介入もなされず、人々は何を信じていいかわからなくなる］
　a．混乱してきたが私は医師を信じる。↓選択③へ
　b．これが娘に起きたら、きっと自分を許せない。↓結末Ｂ
　c．医者も政府も信用できない。↓結末Ｂ

［選択③「被害者」への補償が提供される。ワクチン接種後に娘に慢性疼痛が生じたと主張する親への補償を地方自治体が了承］
　a．私はワクチンの安全を信じる。何せ政府のお墨付きだ。↓選択④へ
　b．地方自治体が補償したなら、副作用は本物なんだ。↓結末Ｂ

［選択④　副作用に関する噂がエスカレート。脳に障害を負った、目が見えなくなった、麻痺状態になったなどの不確かな情報が、ＳＮＳやウェブサイトに登場］
　a．それでも私はワクチンの安全を信じる。何せ政府のお墨付きだ。↓選択⑤へ
　b．何を信じればいいのか。とにかく避けよう。↓結末Ｂ
　c．こんなワクチン娘に打たせてはダメだ。↓結末Ｂ

［選択⑤ＷＨＯがワクチンの安全性を報告。しかし、あなたの国では周知・報道がされず、ほとんど誰も読まなかった］

a．知れてよかった。↓選択⑦へ

b．報告って？↓選択⑥へ

c．その手には乗らないぞ。↓結末Ｂ

［選択⑥政府が接種の積極的勧奨を中止。ワクチンの無償接種は続いていたが、報道やＳＮＳは「接種の中止」として伝えた］

a．どうしてコロコロ違う意見が？もうわからん。↓結末Ｂ

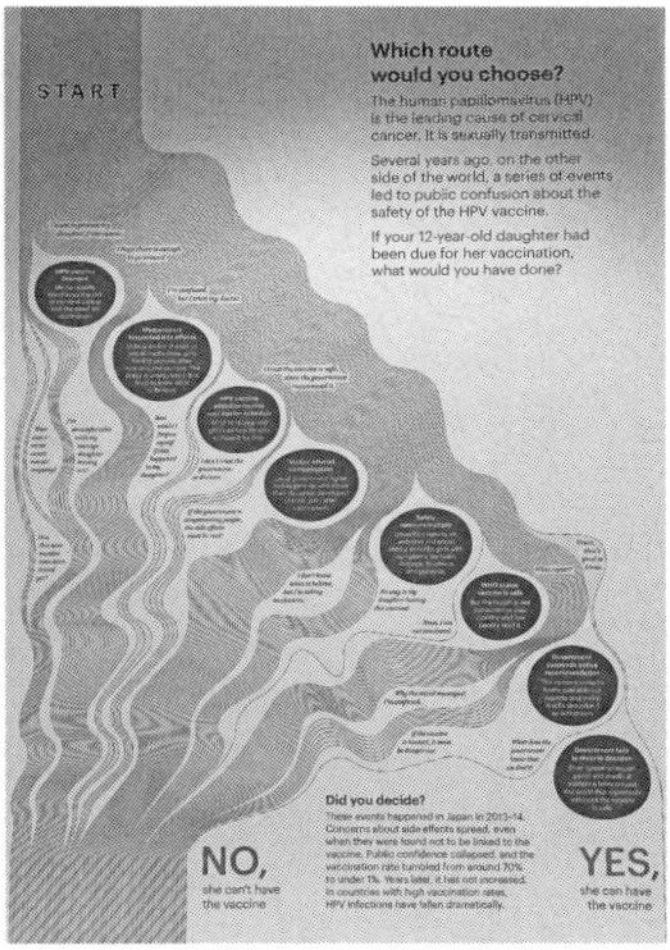

（写真提供：詫摩雅子氏）

b．接種中止したなら危険に違いない。↓結末Ｂ

［選択⑦政府が勧奨中止の方針転換に失敗。専門家の報告や世界中からの医学的エビデンスは、ワクチンの安全性を繰り返しましたが、政府はそれを無視した］

a．知れてよかった。↓結末Ａ

b．政府は何か隠しているのでは？↓結末Ｂ

【結末Ａ】はい、娘にワクチンを接種させます

【結末Ｂ】いいえ、娘にワクチンを接種させません

決まりましたか？

これは２０１３～14年に起きたことです。

副作用への不安は、それがワクチンと無関係とわかっても広がり続けました。

人々がワクチンを信用しなくなった結果、接種率は70％から1％未満まで下がり、何年も増加しませんでした。一方、ワクチン接種率の高い国ではＨＰＶの感染率は劇的に低下しました――。》

これらは、２０２３年3月に英国ロンドンのウェルカム・トラスト・コレクションの1階（日本でいう2階）、［Being Human］エリアで展示されていたパネルを日本の医師である石橋哲哉氏が翻訳したものだ。《数年前に世界の反対側で、幾つかの出来事により、HPVワクチンの安全性に関して大衆が混乱に陥りました》と言及された「世界の反対側」とは、察しの通り、他ならぬ日本のことだ。

2016年9月、米国感染症学会の機関紙『Clinical Infectious Diseases』で発表された論文『Trends of Media Coverage on Human Papillomavirus Vaccination in Japanese Newspapers』によれば、2013年4月にHPVワクチンの定期接種が始まった直後、同ワクチンに対する副作用の可能性に関するセンセーショナルな問題提起が朝日新聞によって行われ、他の新聞も追随したことが示されている（＊1）。

HPVとはヒトパピローマウイルスの略で、一部の型において子宮頸がんの原因になることがわかっている。日本では若い女性を中心に、毎年1万人以上が子宮頸がんに罹っているうえ、毎年約3000人が亡くなっている。若い世代の死亡率が高く、子どもを残して亡くなるケースが多いことから「マザーキラー」との異名もある（＊2）。

この恐ろしい「マザーキラー」は、ワクチンによる劇的な予防効果が実証されていたが、日本ではメディアが煽ったワクチンへの不安によって8年以上の間、接種の積極的勧奨が控えられてしまった。

日本では、医師の家族など一部の関係者を除いて、ほとんどの国民が「結末B」を選んでしまった。「結末A」に辿り着けたのは1％にも満たない。2019年11月7日の時事通信社メディカル記事によれば、HPVワクチン接種率は定期接種を開始した2013年当初には約70％に及んだが、その後、0・3％にまで急低下したという（＊3）。

現在、すでに約8割がワクチンを接種して久しいスウェーデンやイギリスなどでは、この「マザーキラー」は近いうちに「過去のがんになる」とさえ言われている。その一方で、日本では患者数が減らない可能性が高い。若い女性を中心に毎年1万人近くが罹患し、3000人前後が亡くなる病気が、だ。

日本では2021年11月に、ようやくワクチンの積極的接種勧奨差し控えを終了する結論が出されたが、現在も接種率は大きく回復していない。一度広まってしまった誤情報や不安も根強く残されている（＊4）。

2021年8月5日、中日新聞の今井智文記者は、

《誤解かどうか以前に、「娘に万が一のことがあるといけないから、ワクチンは接種させていない」というのは今、日本中で、ごく普通の親御さんが言っていることなんです。なんでそうなったかというと、HPVワクチンの信頼が失墜しているからです。信頼が失墜したままコロナ禍を迎えてしまったのが敗北だったわけです。信頼が失墜している

のを「マスコミのせいだー」というのは自由ですが、マスコミには失墜した信頼をうまいこと回復させる能力はありませんので、関係する人たちが自分で信頼回復に取り組むしかありません》

と発信していた。現在は投稿を削除している（＊５）。

誤った情報や不安煽動、デマが、目に見えず、社会の多くの人から気付かれないまま、加害者がまともに責任も問われないまま社会を蝕み、将来にもわたって人を殺し続ける――。

これが「情報災害」の恐ろしさである。その被害は可視化されにくく解決も難しいうえに長期化するため、対策に失敗すれば極めて長期的な悪影響をもたらす。地震や火災など目に見える災害を凌駕《りょうが》することさえある。

たとえば、ここで例示したＨＰＶワクチンに対する情報災害は、前述の通り若い女性を中心に毎年１万人近い人々の人生や健康、精神などに不可逆的な損害を与え、そのうち少なくない割合、年間およそ３０００人を、今後の未来にまでわたって「殺し」続けているも同然だ。

同様の構図は、様々な社会問題で起こっている。２０２４年元日に起きた能登半島沖地震でも多くのデマが飛び交い、「情報災害」が発生した。災害におけるデマは救助の遅れを招いたり、人々の人生を左右する瞬間に干渉して決断を誤らせたり、命を奪ったりする。福島県における東日本大震災による犠牲者は、震災関連死が年々増加し、すでに地震や津波による直接死を大幅に上回って久しい。

これらの絶望は、「情報災害」がもたらしたと言えるものだ。

脚注

＊１ https://pubmed.ncbi.nlm.nih.gov/27660235/
＊２ https://www.pinkribbon-no-wa.jp/news/%E3%83%9E%E3%82%B6%E3%83%BC%E3%82%AD%E3%83%A9%E3%83%BC%E3%81%A8%E3%81%AF
＊３ https://medical.jiji.com/topics/1415?page=2
＊４ https://www.mhlw.go.jp/content/10906000/00128683.pdf
＊５ https://togetter.com/li/1754971

第5章

「やさしさ」は福島のためか

「当事者」の声は問いかける

《(ALPS処理水の)海洋放出はせざるを得ないと思う》
《処理水の安全性は科学的に示されているし、第三者機関(IAEA)にもお墨付きを得ているのに、なぜ騒ぐの?》
《処理水の放出反対を言い続けている人は、何か他の代替案はあるの?》
《処理水の放出反対活動をするよりも、風評を起こさないような活動をして力を貸していただけないか?》
《自然災害は防げないけども、風評被害は未然に防げるよね。》
《風評が起こっ〝たら〟、等のたられば論で未来の不安を煽ることが新たな風評に繋がるであろうことにまだ気づかない?》
《福島だけの問題ではなく、日本国全体の問題だと思う。だからこそ、みんなで手を取り合って前向きな発信しませんか?》
《ふくしまの魚は「常磐《じょうばん》もの」と呼ばれており、最高に美味いです。》
《東日本大震災直後は、福島沖で漁ができなかったので我々鮮魚店は、福島〝以外〟の魚を売るほかありませんでしたが、その時に気付きました。〝やっぱ福島の魚ってうまかったんだな〟って。》
(*1)

2023年8月24日、東京電力福島第一原子力発電所の廃炉と被災地復興に不可欠な工程であるALPS処理水（以下、処理水）の海洋放出が本格始動した。ここに掲示したのはその前日、地元福島県浜通り地方で最大規模を誇る老舗鮮魚店「おのざき」4代目によるX（旧ツイッター）からの発信であり、大きな反響を呼んだ（※筆者註：同日午後2時50分時点で4786リポスト、401件の引用、1・3万件のいいね）。そのほとんどが県内外問わず発信を支持・応援する声だった。

《つやはり放出前日、同じいわき市内の「大川魚店」が処理水放出スケジュールの決定に際し、ついに決まりました。我々は、これからも引き続き、安全で美味しいお魚をお客さまに提供してまいります。全国の皆様、正しい判断で福島の魚を見守ってください。宜しくお願い致します。》と発信し、こちらにも沢山の応援（※筆者註：前掲同時刻で1848リポスト、98件引用、5407件のいいね）が寄せられている（＊2）。

これまで処理水を巡る福島県外の報道は、その多くが「放出反対」「風評への不安」を強調するもので溢れていた（＊3）。

それらは果たして真に当事者に寄り添い、問題解決に資するものだったのか。報道の「フィルター」を通さず当事者から直接発信された声、そして寄せられた無数の応援の声は、それを強く問いかけるのではないか。

海洋放出で炙り出された「立場」と「本音」

実際に海洋放出が始まると、懸念された風評被害は起こらなかった。福島の近海海産物「常磐もの」は価格の下落どころか、需要に供給が追い付かない状況となった。福島県いわき市へのふるさと納税件数も例年の十倍以上に達した（＊4）。

その一方で、ALPS処理水の海洋放出に伴う中国の海産物全面輸入禁止措置は、日本の水産業、特に中国や香港への輸出が大きな割合を占めていたホタテ、ナマコなどを中心とした生産者に大きな衝撃を与えた。新たな販路先の開拓にも時間が必要となり、出荷適齢期を迎えた養殖品を中心に大量の魚介類が行き場を失《な》くしてしまった。

国内ではこれらを食べて応援しようとの機運が高まり、中国向けにホタテを多く輸出していた北海道別海町には海洋放出の8月24日以降、「ふるさと納税」の申し込みが相次ぎ、寄付件数と寄付額ともに去年の同じ時期に比べて連日、5倍から8倍に急増したという（＊5）。

農水省はXで「#食べるぜニッポン」のハッシュタグと共に、《日本産水産物の消費拡大に資する取組を実施します。特にホタテ、ブリ、鯛、マグロ、練り物。一人でも多くの方に、少しでも多く食べていただけると状況が劇的に改善します》と発信した（＊6）。

公益財団法人国家基本問題研究所も9月6日、

《おいしい日本の水産物を食べて、中国の横暴に打ち勝ちましょう。

東京電力福島第一原発処理水の海洋放出を受けて、中国政府は日本の水産物を全面輸入禁止にしました。「福島の『核汚染水』から中国の消費者を守るため」と言っています。科学的根拠の一切ないひどい言いがかりです。それでいて中国は多くの漁船団を日本周辺海域に送り込み魚を取り続けています。私たち日本人はこんな不条理には屈しません。中国と香港への日本の水産物輸出は年間約1600億円です。私たち一人ひとりがいつもより1000円ちょっと多く福島や日本各地の魚や貝を食べれば、日本の人口約1億2千万人で当面の損害1600億円がカバーできます。

安全で美味。沢山食べて、栄養をつけて、明るい笑顔で中国に打ち勝つ。

早速今日からでも始めましょう。》（＊7）

との意見広告を新聞各紙に掲載した。

ところが、こうした機運に水を差す発信も少なくない。

雑誌編集者の早川タダノリ（@hayakawa2600）は、この意見広告に対して《「食べて応援」が行き着くところはこんな地点であることがわかる。失政がもたらした惨事を、一貫してナショナリズムの動員によって穴埋めしようとするこいつら、そもそも「中国に勝とう」って言うが、勝者はどこにもおらん》と発信した（＊8）。

「失政」とは具体的に何を指すのか。そもそも処理水の安全性は確保されている。これを保管し続けるため増え続けたタンクは廃炉作業と復興の大きな障害となり、地元自治体からは地上での継続保管に反対する要望が何度も訴えられ続けてきた。国際社会も総じて、処理水海洋放出への理解や支持表明や日本産食品の輸入規制解除が相次ぐ中、中国やロシア、北朝鮮とその強い影響下にある勢力が事実と科学に背を向け逆行している状況だ。

こうした輸出入規制について言えば、中国はこれまでも、たとえば2010年のレアアースであったり、日本以外にも台湾産パイナップル、フィリピン産バナナ、オーストラリア産石炭などに対して事実上の政治的報復として常習的に繰り返してきた〝前科〟が無数にある。今回もその一例を重ねたに過ぎず、これは「風評問題」ではない。極めて政治的な問題であり、文字通りの外交・情報戦と言える。

このような状況で、「日本が汚染されている」かのような極めて侮辱的・差別的な中国の横暴を「失政がもたらした惨事」と日本側に責任転嫁して正当化し、理不尽な被害を受けた当事者の救済すら「ナショナリズムの動員」などと侮辱して邪魔することが一体誰のためになり、何を利するのか。

アメリカ在住映画評論家の町山智浩（@TomoMachi）も同日、《中国が買ってくれなくなった日本の魚を日本人が食べると中国に勝つことになるの？　中国にとって痛くもかゆくもないのに？》と発信した（＊9）。町山氏はその前日9月5日にも、《「福島県漁連によりますと、7日朝、いわき市の沖合8・8キロ、水深75メートルほどの漁場でとれたスズキから県漁連が自主的に設けた基準を超える放射性物質が検出されました」いったん排水を止めて他の方法も検討してみて。》などと発信したが、町山が共有したＮＨＫニュースは約半年前の２月のものであった（＊10）。

そもそも検出された85・５ベクレル／kgは主にセシウム由来であり、トリチウムが議論となった処理水とは何ら関係がない。ほぼすべての魚介類が検出限界値未満の中で、米国の食品基準１２００ベクレル／kgはおろか非常に厳しい国内の１００ベクレル／kgすら下回る、リスクの議論上では意味を持たない「自主基準」超過が出た稀なケースに過ぎない。

処理水放出と無関係な過去のニュースを持ち出し、まるで近海の魚が汚染されたかのように「いったん排水を止めて」と訴えた投稿には、《「やり方は違えど国の事福島の事思ってやってる」事じゃないよね。ワザとデマを流して貶めようとしてる》《古い記事を引っ張り出して来てまで風評加害に勤《いそ》しむ。なんでそこまで福島への憎悪を募らせてるんだろう…》などの批判が殺到している（＊11）。

９月12日時点で町山からの訂正等は確認できず、投稿に返信できるアカウントは本人がフォローしているか返信した相手のみとする制限がかけられていた。

このような発信は氷山の一角に過ぎない。ジャーナリストの佐々木俊尚は９月６日のニッポン放送「飯田浩司の OK! Cozy up!」に出演し、

《（中国向け水産物の輸出額減少を受け）「だから処理水放出なんかダメだ」と騒いでいる人が左派を中心にたくさんいます。中国政府に言われたから処理水の放出をやめるなど、「中国政府に屈し

てどうするのだ」と思うのですが。少しおかしいですよね。もともと「リベラル」と名乗っていた人たちが、気がついたら処理水放出で中国の味方、独裁国家を味方しているという謎の構図になってしまっている。これは何なのだろうという。》

と批判した。

──散々「汚染」を喧伝しておきながら「汚染魚」ではない??──

《どうぞ、もっとしっかり汚染魚を食べて、10年後の健康状態をお知らせください》（＊12）

元広島県福山市議で、２０２１年の衆議院議員選挙で共産党公認で広島7区から出馬した村井明美は２０２３年9月7日、Xにこのように記した（現在は削除されている）。

当然ながら、この発信には批判が殺到して大炎上し、村井は自身のブログに謝罪文を掲載した。ところが、この謝罪文にも《科学的に安全性が担保されない魚を食べようといわれ、放射能の犠牲となった私の周りの同級生や同窓生、祖母や担任の先生の死がフラッシュバックし、感情的になってしまった》などと、やはり魚が汚染されているかのような言及があったために、再び炎上した。

すると、9月10日朝の時点で《科学的に安全性が担保されない》の箇所が《今後どのような影響が出るかわからないのに》と黙って改変されていた。いずれのコメントも、「まるで魚にリスクがあるかのような主張」という点で、当初から本質はまったく変わっていない（＊13）。共産党の小池晃書記局長は同年9月11日の記者会見で、立候補を予定していた村井の擁立を取り下げると発表した。

小池書記局長はその会見で「汚染魚という、要するに日本近海にいる魚は、もう汚染されているっていうようなね、われわれはそんなことを一言も言ったことがありませんから、これは党の認識とも見解とも全く反するということです」と強調する一方で、共産党がこれまで散々用いてきた「汚染水」との表現は引き続き使う考えも同時に示した（＊14）。

共産党など複数の勢力はこれまで、処理水を執拗に「汚染水」と呼び続けた。当事者たちが「汚染」扱いの「風評」「偏見・差別」を最も懸念していたにもかかわらずだ（＊15）。

放射性物質の残存を主張し「汚染」を強調しておきながら、《魚が汚染されているということは一度も言ったことがない》とはどういうことなのか。

共産党の弁明に対して翌12日、国民民主党の玉木雄一郎代表は《汚染魚がダメなら汚染水もダメなのではないか。なぜ汚染水がOKで汚染魚がダメなのかよくわからない。それであれば汚染水という人は全員公認を外すべきではないか》と述べた。

玉木代表は《特にリベラルということで人権を重視するような政党は、極力そういった風評被害に加担するようなことはやめるべきだ》と強調した。さらに海洋放出をめぐっては、外国から情報戦を仕掛けられている側面もあるとして、《汚染水とか汚染魚と呼ぶことは国益に反している。中国と同じような主張を国内からすべきではない》とも語った（＊16）。

しかし一方の小池書記局長は、《汚染水って言い方自体もきちんと科学的だと思いますよ。（中略）原発事故に伴うさまざまな核種が含まれている。（中略）やはり汚染水という呼び方をするということ自体は科学的な根拠があるというふうに思っていますし、何か言い方を変えれば危険性が除去されるようなことは、ちょっとそれは違う》と正当化を続けたのだ（＊17）。

ＡＬＰＳ処理水の海洋放出は、トリチウムを規制基準値（６万ベクレル／Ｌ）の40分の１である１５００ベクレル／Ｌ未満とし、トリチウム以外の核種も規制基準の１００分の１未満にまで希釈したうえで行われている（＊18）。

こうした処理をされているにもかかわらず「汚染水」と呼ぶ小池書記局長の論理に従えば、私たちが主食とする一般的なお米は、微量だがヒ素やカドミウムが含まれているから「汚染米」であろうし、そもそも人体には平均して体重60kgあたり約７０００ベクレルの放射性物質が含まれているため、汚染されていることになるのだろう（＊19）。

実際のデータを一顧だにせず恣意的に「汚染」扱いを繰り返す態度は、我が国における原爆被爆者やハンセン病などの歴史で、散々目にした過ちではなかったか。

公教育の場で平然と広がる「嘘と偏見」

「総理の怠慢」「首相退任してほしい。責任をとれ！」――。

これらは神奈川県の中学校で行われた社会科授業の一幕で、中学生から挙がった声だという。日本教職員組合（日教組）が毎年、授業の実践例を発表する教育研究全国集会（教研集会）が2024年1月26〜28日の3日間、札幌市で開催された。産経新聞の報道（＊20）によると、その中の社会科教育分科会で、東京電力福島第一原発から放出される処理水を「汚染水」と表現する教材を使った、授業実践例のリポートが発表されたことがわかった。

リポートの発表者は神奈川県の中学教員で、「日本の資源・エネルギーと電力」に関する授業実践例として東電原発事故や廃炉工程を取り上げた。一体、どんな授業が行われていたのか。

取材した産経新聞の大森貴弘記者に詳しく話を聞いたところ、

「この授業には私が見る限り2つの問題がありました。

1点目は、この時、授業で使用したプリントに『日本政府は汚染水の放出を強行した』と記載していたことです。

2点目は、処理水を扱った授業の当初、子供たちから核汚染水と日本を非難している中国への批判の声が上がったそうですが、それに対して教師は、生徒たちに『そもそも海洋放出に反対していたのは誰だったのだろう』と問いかけたそうです。質問に対して一部の生徒から『漁師の人たち』

との答えがあがったことをきっかけに、日本政府は地元漁業者との約束を破って海洋放出したことを生徒たちに教えた、と発表しました」

とのことだった。

本書でこれまで何度も示してきたように、ALPS処理水には明確な定義があり、汚染水とは科学的な性質も全く異なる。県漁連と全漁連は、風評や偏見を主な理由として海洋放出に最後まで反対していたが、海洋放出にあたり両団体とも「約束が破られたとは考えていない」と公言している。

つまり、この社会科教師は生徒たちに対し事実に反する「嘘」を吹き込んだと言える。授業で原発の新増設などについて生徒に賛否とその理由を質問したところ、2つのクラスの一方は賛成が5人、反対が15人。もう一方では賛成が7人、反対が20人であったことも報告されている。一般の世論調査とは乖離《かいり》した結果だ。教師による思想教育の「成果」と言ってもいいだろう。

日教組の同集会には、他の発表に対しても産経新聞から問題が指摘された。保健・体育分科会では、小中学生に一人1台配られたタブレット端末などが発する電磁波の危険性を訴えるリポートが発表されたという。これは福岡県の中学養護教員が発表したもので、電磁界（電磁気による力が作用する空間）にさらされることで、頭痛などの症状が生じるとされる「電磁波過敏症」を問題視し、教員仲間らとの勉強会などの内容を報告した。

勉強会参加者は、体調不良を訴えて保健室を訪れる子供に対し、電磁波の影響を念頭に「タブレットを使っていたか」「先生はプロジェクターを使っていたか」などと質問していると説明したとのことだった。分科会の出席者からは、「最近の子供は休みがちで、熱中症なども多い。電磁波の懸念があることははっきりしており、学校環境調査の項目に入れるべきだ」（沖縄県の教員による発言）との声まで上がった。

ＷＨＯ（世界保健機関）は、電磁波に関して因果関係に科学的根拠はないとの見解を示しており、日本の環境省も昨年公表したパンフレットで、電磁波過敏症の症状を「電磁界曝露《ばくろ》と結び付ける科学的根拠はない」とするＷＨＯの見解を明記している。

経済産業省の有識者会議の提言で設立された中立的専門機関「電磁界情報センター」の大久保千代次所長は産経新聞の取材に対し、「国の研究機関が学校の教室でパソコンが発する電磁波を調べたところ、最大値で総務省が示す安全基準の1千分の1以下だった。ＷＨＯの調査でも、タブレット端末の電磁波が健康被害をもたらすという科学的な証拠はないと結論付けられている」と答えている（＊21）。

さらに最終日の平和教育分科会では、２０１５年に成立した安保関連法について、反対グループのメンバーらがつくった絵本を授業で読み聞かせたこと、さらに教師自身が反対デモに参加したことも教え、「危機感を持った人たちの思いが運動につながったことを知り、平和主義について改めて考える機会とした」「選挙以外にも政治に参加できると伝えた」と発表したという（＊22）。

公教育の場で、教師たちから子供たちに、非科学的な嘘や偏向した主義主張、政治的イデオロギーが「正しさ」であるかのように、「やさしく」吹き込まれている。それを受けて、少なくない子どもたちが、教師の「期待」に応えた解答や行動に辿《たど》り着く。それらが模範的な授業であるかのように、教育研究全国集会で「成果」として報告される。

我々福島に暮らす人間の声及び科学的事実は、日教組のエコーチェンバーの中には届かない。このような「思想教育」が全国に広がって誤った認識が定着すれば、子どもたちに根付いた誤認や偏見の解消は難しくなる。やがてそれらの偏見が、福島とそこに暮らす人々に対する風評や差別として表れてくる恐れもある。

2023年に行われた環境省の全国調査でも、被曝した人の子孫に遺伝的な影響が起こる可能性について「高い」「やや高い」と誤解した回答は全体の46・8％に及んでいる。差別が根付いていると言えるだろう（＊23）。義務教育がこのような有様で、一体、誰がどう責任を持ってこれを解消するというのか。

産経新聞は1月29日の社説で、《「汚染水」授業　日教組は偏向指導やめよ》と主張している（＊24）。

当事者が風評加害を告発して何が不都合なのか

2024年2月8日に行われた《第三十六回　原子力市民委員会　開催のお知らせ》には、《「構造的暴力という視点からみる原発事故」――〝風評加害〟という言葉のもつ意味》というタイトルが据えられている（＊25）。「風評加害」という言葉が、そんなにも不都合なのだろうか。

参加者の顔ぶれを確認してみよう。

２０２３年1月21日に福島県三春町《みはる》で行われた小出裕章講演会《原発汚染水はなぜ流してはならないか》にも参加していた、原子力市民委員で福島原発告訴団団長の武藤類子（＊26）。

２０２３年4月6日に《事故炉の剝き出しの核燃料に触れた処理水と通常運転時の排水を、同様に考えることはできない。そして水とともに体内に入ったトリチウムからのベータ線はＤＮＡを破損させる以上のエネルギーを持っているので、内部被ばくの被害を引き起こす可能性がある》などと喧伝し、「汚染水の海洋放出を強行してはならない」と主張した世界平和アピール７人委員会委員の一人である島薗進東京大学名誉教授（＊27）。

２０２２年8月6日放送のＴＢＳ「サンデーモーニング」で、処理水に対して「放水も必要なんだと思うが、海に対する環境の影響も非常に大きい。結局は原子力発電の環境への影響は大きな問題を残す」と発言して炎上した田中優子法政大学名誉教授（＊28）。

講演者は関礼子立教大学社会学部教授で、『「風評」とは何か――水俣病から原発公害まで』がタイトルであった。またしても、水俣での水銀中毒公害と福島を結び付けようというのか。

この講演会の予告と公開されている資料を見ただけでも、いくつかの問題が確認できる。原子力

市民委員会は、

《「風評加害」という言葉は、2021年5月に環境省が除染土の再生利用の理解醸成を目的に開催した対話フォーラム「福島、その先の環境へ。」の場でも、小泉進次郎環境大臣（当時）が「私は風評加害者にならないこと。そういったことを一人ひとりが自分のなかで思いをもって買い物をするときも含めて思ってほしい」と発言するかたちで使用されています》

と、あたかも政府側が言論弾圧の手段として用いているかのような前提で話をするが、実態は違う。前述したように、「風評加害」という言葉は当事者とそれを知る人々からの訴えそのものであり、事故直後から確認されていた（＊29）。物理的災害からの復興が年々進み、相対的に「情報災害」が目立つようになった近年になって、「風評加害」が一際目立つようになったに過ぎない。原子力市民委員会は、当事者の切実な訴えと草の根的な批判を「なかったこと」のように扱い、あたかも「国からの圧力」であるかのようにすり替えようというのか。同委員会はこう主張する。

《「風評加害」という言葉の持つ深刻な作用のひとつには、原発事故の加害責任を、被害者を含む国民（一般公衆）に転嫁することにあります。また、ふたつ目に、放射線のリスクやそれに対する予防原則を否定し、影響が及ばないことを前提とした政府の政策（処理汚染水の海洋放出や除染土壌の再生利用など）を推し進める効果を持つことにあります。さらにこうした作用によって、健康

影響に不安を持つ被災者や国が進める政策に批判的な声を上げる人たちを「復興の妨げ、被災者を苦しめる加害者」とレッテル張りし、沈黙化させる効果を持ちます》

風評被害が「もやっと」するなら風評加害と言え

講演会の資料を見ると、関礼子立教大学教授は次のように指摘している。

《「風評被害」という「もやっとした」、耳ざわりの良い、使い勝手の良い言葉で語ることは、

①具体的な実被害を「やさしさの天蓋《てんがい》」で覆い隠す。

②「風評をあおる」は被害者の語りを阻《はば》み、マスコミの報道を萎縮させる効果を持つ

③消費者への責任転嫁を可能とし、又は「倫理的消費」の一形態として道徳的に社会に定着させることができる。

④事業者の責任や、不信を招いてきた国の政策の失敗を、「風評被害」という言葉は覆い隠すことができる。

⑤国は風評被害対策として、「安全」「安心」「応援」の宣伝・広告を出し、立地自治体には地域振興策として公共事業を誘導するなど、予算と権限を拡大することができる。その結果、補償・救済されない被害を訴えることはコスパ・タイパにあわないという雰囲気が形成される。また、「風評被害をあおる」として被害を受忍する人々は、自粛しない人々を等閑視したり、批判的な評価を

しがちである。

⑥さらに、**市場構造の転換や土地や生産物のブランド価値の下落が、リスクコミュニケーションや福島応援では対応できない状況になっても政策転換されにくい》**

このような主張こそ、原発事故に乗じた流言蜚語と「情報災害」、いわば「火事場泥棒」のような「風評加害者」による加害責任までも国や東電にすべて責任転嫁する、隠れ蓑《みの》のように使われてきた詭弁だ。火事の責任は当然、出火元にあるが、だからといって火事に乗じた火事場泥棒が免罪されるわけではない。

①について「具体的な実被害」と言うが、一体何のことか。今や事故由来の被曝による住民の健康被害は否定され、メンタルヘルスに与える衝撃が問題視されている。流言や偏見を否定せず温存することによって、実被害は拡大する。これらの事実を無視した当事者への「寄り添い」こそが、当事者を真に苦しめてきた風評加害の存在を「やさしさの天蓋」で覆い隠す態度ではないか。

②「被害者の語りを阻んでいる」のではなく、不正確な流言に事実を突きつけて反論しているに過ぎない。マスコミ報道を萎縮させる効果というが、流言に加担すれば責任を問われるのは当然である。

③消費者が批判されているのではない。消費者を隠れ蓑にして「風評加害」の責任を国や東電にすべて責任転嫁することは許されない。

④国や事業者が13年間にわたる補償や復興を進めてきた一方で、風評加害者らは何ら責任を取っ

ていない。だからこそ、加害の主体を明らかにする「風評加害」という概念の周知が必要不可欠である。

⑤まさに復興や風評払拭事業そのものである。複数の調査によれば、当事者の懸念は風評や偏見・差別が大きな割合を占めている。これらに対応するのは当然と言えよう。さらに、本当に不安を感じている人には、不安を解消するため正確な情報を伝えることも必要となる。被災地に「復興するな」、被災者には「不安を抱え続けろ」とでも言いたいのか。

⑥生産物のブランド価値の下落こそ、まさに風評被害が起こす実害の一つである。風評被害は「もやっとした」言葉であるから使いたくないと言うのなら、原因の存在がよりはっきりと浮かび上がる「風評加害」と言えばよい。

当事者を不安から解放したくないのか

さらに、原子力市民委員会のHPでは《放射線のリスクやそれに対する予防原則を否定し》と書く一方、リスクの具体的な根拠は示さない。そればかりか「避難そのもののリスク」や「不安や恐怖を広めることによるメンタルヘルスの衝撃」を完全に無視している。それらがいかに巨大な被害をもたらしたかは、すでに何度も示した通りだ。ここで「予防原則」を用いる主張はまったく正当化できない。

《健康影響に不安を持つ被災者や国が進める政策に批判的な声を上げる人たち》というのも、その言説が事実に基づかない流言蜚語あるいは風評や不安の煽動であれば、まさに「復興の妨げ、被災者を苦しめる加害者」そのものでしかない。事実に基づき反論されることが不都合なのだろうか。

そもそも、「避難した人」「健康影響に不安を持つ人」だけが当事者ではない。福島に暮らし、科学的なデータを示して不当な風評、非科学的な偏見・差別と戦ってきた人々も同じ被災者であり、当事者である。

前述の武藤類子が《処理汚染水の海洋放出をめぐって福島で起きていること》と題して用意した資料には、三春町で行われた小出裕章講演会に対する福島県民からのクレイムや、エネ庁からの「汚染水を海洋放出する」という事実誤認に対するクレイムが記されている。

さらに、福島県基礎自治体の姿勢が２０２０年10月時点で反対が25、慎重が16市町村であったのに対し、２０２３年8月24日には賛成が17で反対の11を上回り、特に浜通り地域の自治体では「反対」がゼロで、「賛成」「どちらとも言えない」ばかりになっている事実が示されている。地元高校生などが科学的事実を学び伝えようとする様子もある程だ（＊30）。

ところが、原子力市民委員会はこうした当事者を無視する。ＡＬＰＳ処理水については地元高校生からの発信を「高校生を利用したＰＲ」と侮辱するのだ。高校生もれっきとした当事者であり人格がある。「風評加害」に着目し言及した発表をしている高校生もいるにもかかわらずだ（＊31）。

同委員会は、この期に及んでも「処理汚染水」などと記すことで「汚染」を強調する。地元漁業者が一番懸念していたのが風評や偏見・差別であることを、いまだ理解できないのだろうか。

その一方で、「健康影響に不安を持つ被災者」「処理水放出に反対する少数派」に対しては対照的に「絶対的な弱者」であるかのように掲げ、その発言や政治的主張を正当化しようとする。極めて恣意的であり、公正な態度とは言えない。

原発事故から13年が経ち、当初危惧された問題に対して科学的な安全性を示す知見や結論は、いくらでも出ている。一部の帰還困難区域を除いて、福島に暮らすほとんどの人々は、平穏な日常を取り戻している。「不安を持つ被災者」に対して、そうした現実を見せようとしないのは何故か。本音では問題解決など望んでおらず、当事者を不安から解放したくはないのだろうか。科学的事実に背を向け、当事者の声を踏み躙ってまで不利益を与え、不安に閉じ込め続けようとするのならば、一体、それは誰のための活動なのか。

「声を聞くべき弱者」と「対応されるべき被害」の選別

これと類似した構図は、除染土壌（処理土）の再生利用に伴う議論にも見られる。すでに書いたように、私は信州大学の茅野恒秀准教授に対し、《「合意形成できないのに進めようとするのは欺《ぎ》瞞《まん》」という論理を使う一方で、処理土には何ら健康リスクが無く安全であることへの積極的な言及が無い。むしろ反対運動の集会で演説するなど、合意形成を積極的に妨害しているようにさえ見受けられる》と、利益相反の可能性を指摘したうえで批判した。茅野准教授も他ならぬ「原子力市民委員会」のメンバーの一人である。

一体何の権利をもって当事者や被害を勝手に「仕分け」「選別」し、「声を聞くべき弱者」「対応されるべき被害」を勝手に決めようとするのか。自分たちの意に沿わない事実、流言蜚語に苦しみ「風評加害だ」と訴える当事者からの告発に耳を傾けるどころか、必死で否定・無力化しようとするのか。

これでは、一見して「やさしさ」「弱者への寄り添い」を装った言説や主張の実態が当事者の政治利用、オリエンタリズム的な意識に根差した「被害者性」「当事者性」の搾取とその正当化でしかなく、問題解決どころか温存・長期化させようとしている、「原発事故の加害責任を国民に転嫁」との主張も、実態は人々の不安や利益相反を利用しながら利得を得てきた自分達の加害性を隠蔽し、責任追及を逃れようとしているなどと疑われかねない。それは彼らとしても望むところではあるまい。

原子力市民委員会は疑念を晴らすため、今すぐＵＮＳＣＥＡＲやＩＡＥＡなどの国際的にも標準とされる科学的見解や事実を受け容れ、不安に囲い込まれた当事者を一刻も早く解放するべきだ。

原子力市民委員会の関係者には、ＡＬＰＳ処理水の海洋放出を散々問題にしてきた者も少なくない。ところが海洋放出が本格化してから半年が経った今、「汚染」など起こらなかったことは明らかだ。放出前からデマだと散々指摘されてきた「トリチウムの生物濃縮」も、当然ながら起こっていない。懸念されていた風評被害も起こらなかった。

少なくともこの件で、同委員会は「弱者」「被害者」側ではない。検証され責任を追及される側である。不正確な「予言」に加担したことを素直に認めるべきだ（＊32）。

真に市民の利益を願うなら、できない理由などない。当事者から向けられた「風評加害」の告発を無力化させるより先に、果たすべき責任があるはずだ。

災禍の中で宗教が果たすべき役割とは

《避難者ばかりでなく福島県内に留まり復興に尽力してきた人も、本来、立場はまったく同じ被災者です。そこに上下など無く「強者」もいません。誰しもに救いは必要なはずでした。

しかし実際には、「フクシマには住んではいけない」などの、彼らの「物語」に合致する声を挙げる被災者ばかりが「被害者」「弱者」「救済されるべき善人」、それらに合致しない当事者は「いない者扱い」、ときにはまるで「加害者」「救いようのない悪人」であるかのような、一方的な仕分けがされてしまったと言えます。

現に震災後に福島に暮らす人達に向けられたデマや暴言、誹謗中傷は目に余るものでした。安全性に何の問題もない農作物を作ったり、食べたり、それを公表しただけで、避難した人たちと同じ被災者でありながら「人殺し」などと呼ばれ攻撃されたケースは珍しくなかったのです。なぜこのような「仕分け」が横行してしまったのか。（中略）

いくら科学的な「安全」が示されても、それを「安心」に繋げ災害を終わらせるための存在が不足していたのです。原発事故に限らず、我々人間は昔からさまざまな不幸や災厄と常に対峙させられてきました。（中略）人の力が及ばない無数の死や不幸に当事者が完全に納得し、悲しみを忘れることなどないのでしょう。しかし、それでも前に進み未来へと生きていくために、災厄を弔い「終わらせる」のは誰か。その役割を担ってきた存在は何か――。（中略）今も尚、あの災害の復興から取り残されたままにされている人の心を慰め、祈り、「災禍を終わらせる」こと。宗教が果たすべき役割は、「理科から社会科へとバトンが手渡された」今こそ、強く求められていると言えるでしょう。》

これは筆者が2019年に、《『人殺し』と呼ばれて――福島に暮らす原発事故被災者は、なぜ『悪人』にされたのか》とのタイトルで、ある伝統宗派の情報誌に寄稿した原稿の一部だ。

私自身には、残念ながら宗教への強い信仰心というものがない。しかし、それは「宗教に価値を認めない」こととは異なる。

私は、それぞれの宗教とそれらの文化、信仰心に強い敬意を払っている。宗教には多くの人々を救う力があると強く信じているからだ。歴史を見ても、洋の東西問わず社会が災禍に陥るたび、耐え難い理不尽や不幸の中にある人々に救いを与え、心を鎮めてきたのは紛れもなく宗教だった。だからこそ、私は東電原発事故においても、途方もない社会不安と人心を鎮めるため、宗教が果たす役割と力を大いに期待した。そうした中、宗教と無縁な身であるにもかかわらず、原稿を掲載して頂ける機会が得られたことは、思いもかけない僥倖《ぎょうこう》であった。

私は助けを求めるような、祈るにも似た気持ちで筆を執《と》った。すると原稿が掲載された後、インターネット上で私が書いた原稿に対する抗議を発見した（＊33）。

《掲載された文章が、大変問題のあるものであることに対し、下の意見をファックスで送付しました。掲載文も、紹介したいものではありませんが、下にアップしています。

一読信頼に足るものではないことが分かると思いますが、その意図していることの罪悪性を、編集者が見抜くことができず、掲載してしまった責任を明らかにしなければいけないと思います。

「被曝そのものによる健康被害は無かった」という断言は、今ここ自分のことでしかあり得ません。それを拡大して福島全体、過去未来にわたることのように位置付け、「被曝による健康被害がなかったことが許せない人々」という漠然とした存在をあげ、「反原発運動」というものからの攻撃を多々あげておられますが、それはどのような関係ややり取りの中で起きたことなのでしょう。文章の題までになった「人殺し」と呼ばれてとは、誰がどのように誰から言われたことなのでしょうか。もしそのようなことがあったとして、上記のような類の「断言」に端を発する部分があるかもしれないという考察があるべきだと思います。（中略）

まず被ばくに関して科学的に安全と言い切るところに、科学性は乏しいと言えます。放射線影響研究所の50年以上にわたる被爆者の最新の寿命調査（LSS第14報）で、放射線被ばくの安全に関してはしきい値がないという結論が出されています。つまり被ばくに関しては、ここまでは安全という数値は見出せないということが多くの被爆者の人生によって、科学的に証されたということです。であるからこそ核兵器は廃絶されるべきであり、宗門でも子どもたちの保養や核兵器廃絶の署名活動に取り組んでいるわけです。福島で「被曝そのものによる健康被害は無かった」という断言は、被爆者を冒とくし、宗門の歩みと矛盾する主張です。この文章を掲載した意図をお聞かせ願いたいです。

「災害を終わらせるのは誰か」という小見出しでは、原子力緊急事態宣言の発令されたままである福島第一原発の収束を意味しているのかと思いきや、理科から社会科へ、社会科は宗教の出番だというような展開になり、不穏なものを感じます。福島原発のメルトダウンした核燃料は放射線が高すぎて人間が近寄れないため、水をかけて再臨界しないように冷やし続けているだけで、それも被ばくしながらいのちを削り作業をしている人々がいるから維持できているのです。元京都大学原子炉実験所助教である小出裕章氏は、収束方法は世界中のだれも知らないという衝撃的な証言をされています。そういったことを無視して、「災禍を終わらせる」とは、少し不遜が過ぎるのではと思います。

最後には原子力災害をさまざまな不幸や災厄・災禍と言い変え、いつの時代も誰にもあるものとつなげ、それを終わらせることが宗教の役割として、違ったものを結び付けて役割を果たすことを促していきます。その展開は、国策のお先棒を担いだ戦争中やハンセン病療養所で行った慰問布教を彷彿とさせるものです。それは多くの人々を誘導し、いのちを奪ってしまった罪悪と位置付けられる行為でした。私たちは宗門をあげてそれをとらえ返し、慚愧《ざんき》してきたはずです。原発を進めることは戦争や隔離政策と同じく国策です。国策はいつも人々を踏みつけて責任を取らず、放置してきました。その流れの中で緊急時の対応として福島には通常の20倍もの放射線「忍従値」があてはめられ、避難が解除され、補償が打ち切られ、人々は事故原発のすぐ近くまでも「帰ってもよい」とされてしまったのです。日本には今もなお「原子力緊急事態宣言」が発令されています。東京電力は、メルトダウンした核燃料からは常に放射性物質が空気中に放出されていると報告し、冷却による汚染水が敷地内のタンクに溜まり続け、海に流す計画が何度も浮上しています。除染による大量の放射能汚染土の行き場がなく、再資源化措置として全国の公共事業に使う計画が立ち、これまで危険物として扱われたレベルの汚染物を焼却減容処理するために、周辺は再汚染されている状況です。

そういったことや、原発がまだ収束のめどもついていないことはほとんど報道されず、復興ばかりが伝えられています。まさにその真っ只中にいる福島の私の友人は、苦悩の涙を流しつつ、これほど人を踏みつける「復興」政策に裁判の原告として福島の法廷で憤《いきどお》りを陳述しました。その他さまざまな立場で選択を迫られる被災者の方々の葛藤はどれほどでしょう。原発に近い浜通りのいわきや相馬地方、中通りや会津地方でも、たとえ普通に暮らしているように見えても、収束しない事故原発に対し常に不安を抱え、昨年は復興庁のモニタリングポスト撤去の動きに対して、各地のお母さんたちが一斉に声をあげて、各地の地方議会が反対しストップさせました。その他多数の市民による放射性物質の測定、水害後の再汚染調査や、申し入れ、裁判が続いています。

林氏は福島はおおむね日常を取り戻しつつあると書いていますが、上記のようなことはあまり問題ではないと考えられているのでしょうか。世界最大レベルの原発事故を起こし、事故が収束していないにもかかわらず、その規模はそれほど大きなものではなかった、被害は少なかったとしたい大きな力があることを不問にし、それに対し声をあげる市民の存在をスルーするのであれば、その立ち位置はどこなのかと疑問に思います。

事故後、福島の方々を中心に全国からも告訴・告発人となってその罪を問うた東京電力刑事訴訟では、防ぎうる対策をせずに事故を起こした東京電力最高責任者の大きな責任を明らかにしました。しかし司法はそれを無罪とし、この国では原発事故や放射能汚染に関して責任をとる主体がいまだ存在しないこととなりました。このような状況では汚染は広がり続けるしかありません。事故原発の収束もままならず、被害は拡大し私たちの未来を襲う可能性が高まるばかりです。

国や大企業が責任に答える義務はないとする国に私たちは生きており、同時にその主権者としてありながら、私たちはその責任を捕えてはいません。大きな災厄というべきはこのことではないでしょうか。宗教の役割を言うとすれば、その自分自身の罪深さを知り、その責任に応える主体を獲得し、ともに生きる道を探し出す働きをすることこそが急務です。》

非科学的な「汚染」の喧伝に反論する

詳しい科学的知見は本書では何度も説明しているので、以下に最低限の反論を加えておく。

《「被曝による健康被害がなかったことが許せない人々」という漠然とした存在をあげ》

⇒

あなた自身も他ならぬ、その一人だ。

《被ばくに関して科学的に安全と言い切るところに、科学性は乏しいと言えます。》

⇒

国連科学委員会などは住民の実際の被曝量なども踏まえたうえで、公衆の被曝影響に対して《心理的・精神的な影響が最も重要だと考えられる。甲状腺がん、白血病ならびに乳がん発生率が、自然発生率と識別可能なレベルで今後増加することは予想されない。また、がん以外の健康影響（妊娠中の被ばくによる流産、周産期死亡率、先天的な影響、又は認知障害）についても、今後検出可能なレベルで増加することは予想されない。》との結論を出している。

《放射線被ばくの安全に関してはしきい値がない》

⇒

「リスクが低すぎて他のリスク要因に埋もれてしまい、有意に確認できない」ことを意味する。一方で、まさにこのような不安や恐怖を煽動することによるメンタルヘルスへの衝撃こそ、低線量被曝以上に有意な健康リスクを与えることがわかっている。

《であるからこそ核兵器は廃絶されるべきであり、宗門でも子どもたちの保養や核兵器廃絶の署名活動に取り組んでいるわけです。》

⇒

まったく別物である原子力発電と核兵器を雑に混同させた、本筋と全く無関係な政治的イデオロギーの主張でしかない。

《福島で「被曝そのものによる健康被害は無かった」という断言は、被爆者を冒とく》

⇒

単なる統計と科学的事実から示した現実である。このような物言いこそ、関係者がたゆまぬ努力で積み上げたエビデンスと現実への冒瀆であろう。

《元京都大学原子炉実験所助教である小出裕章氏は》

⇒

処理水を「汚染水」呼ばわりする講演会を行うような人物を、国際的に確立されたエビデンスを差し置いて信用する根拠は何か（前掲＊26参照）。

《国策のお先棒を担いだ戦争中やハンセン病療養所で行った慰問布教を彷彿とさせるものです。それは多くの人々を誘導し、いのちを奪ってしまった罪悪と位置付けられる行為でした。》

⇒

かつてのハンセン病差別のように、今まさに起こっている福島差別が後世にどう評価されるか、ご自身が現在どのような立ち位置にあるか、どうか冷静に考え直して頂きたい。

《福島には通常の20倍もの放射線「忍従値」があてはめられ、避難が解除され、補償が打ち切られ、人々は事故原発のすぐ近くまでも「帰ってもよい」とされてしまったのです。》

⇒

年間1ミリシーベルトは健康影響を及ぼす境界線ではない。また、避難そのものが及ぼすリスクを無視している。チョルノービリの経験からは20ミリシーベルト以下の地域では帰還したほうがむしろ健康影響へのリスクが低いことがわかっている。

《これまで危険物として扱われたレベルの汚染物を焼却減容処理するために、周辺は再汚染されている状況》

⇒

「再汚染」と言うが、そのような事実も根拠もない。

《福島の私の友人は、苦悩の涙を流しつつ、これほど人を踏みつける「復興」政策に裁判の原告として福島の法廷で憤りを陳述しました。》

⇒

エビデンスなき感情論である。また、私も福島に生まれ、育ち、暮らしている人間である。なぜ私のことは悪人として踏みにじるのか。部外者がなぜ勝手に善悪の「仕分け」をするのか。まさに私が原稿で訴えた行為そのものである。

《復興庁のモニタリングポスト撤去の動きに対して》

⇒

異常がない状況が続いており、今後も空間線量が急上昇する要因は考え難い。むしろ、地元には早急な撤去を望む声さえある（＊34）。

《声をあげる市民の存在をスルーするのであれば、その立ち位置はどこなのかと疑問に思います。》

⇒あなたが、まさに今、福島に生まれ育ち声をあげる市民である私の存在をスルーしている。遠く県外から現地の声を踏み躙るあなたの立ち位置こそ、どこなのか。

《このような状況では汚染は広がり続けるしかありません。事故原発の収束もままならず、被害は拡大し私たちの未来を襲う可能性が高まるばかりです。》

⇒根拠なき思い込みでしかない。我々の故郷を、子どもたちの未来を、身勝手な思い込みで呪わないで頂きたい。

《宗教の役割を言うとすれば、その自分自身の罪深さを知り、その責任に応える主体を獲得し、ともに生きる道を探し出す働きをすることこそが急務》

⇒この方に私の「祈り」はまったく届かなかった。それどころか、まさに私が原稿で訴えた通りの反応によって、またしても罪深き「悪人」にされてしまった。結局、私のような「悪人」には救いなどない。

無論、抗議は寄せられた声の一部に過ぎないのだろう。同じ宗門に好意的に捉える方も少なくなかったと信じたい。一方で、震災直後には「葬列デモ」などというものもあった。ＡＬＰＳ処理水問題では、仏教、カトリック、プロテスタントなどの信仰や宗派を問わず、少なくない伝統宗教関係者が非科学的かつ差別的な「汚染」の喧伝に関わってきた現実を嫌と言うほど見せられている（＊35）。

社会が災厄に見舞われ、人心が乱れた際、宗教が果たすべき役割とは何か。東電原発事故で、それはいつ果たされるのだろうか。

あなたの思う福島は、どんな福島ですか？

《あなたの思う福島はどんな福島ですか？

福島県という名前を変えないと、復興は難しいのではないかと言う人がいます。

海外のかたのなかには、日本人はみんな、防護服を着ていると思っている人もいるそうです。


あなたの思う福島はどんな福島ですか？


福島にも、様々な人が暮らしています。

括ることはできません。

うれしいこと。くるしいこと。

進むこと、まだまだ足りないこと。光の部分、影の部分。
避難区域以外のほとんどの地域は、日常を歩んでいます。

お時間があれば今度ぜひいらしてくださいね。
ふらっと、福島に。
いろいろな声によって誇張された福島はそこにはありません。
おいしいものが、きれいな景色が、知ってほしいことが、たくさんあります。
おもしろい人が、たくさんいます。
未来に向かう、こどもたちがいます。

あなたの思う福島は、どんな福島ですか？
あなたと話したい。
五年と、一日目の今日の朝。

福島の未来は、日本の未来。
昨日までの、あたたかなみなさんからの応援に感謝します。
原発の廃炉は、長い作業が続きます。

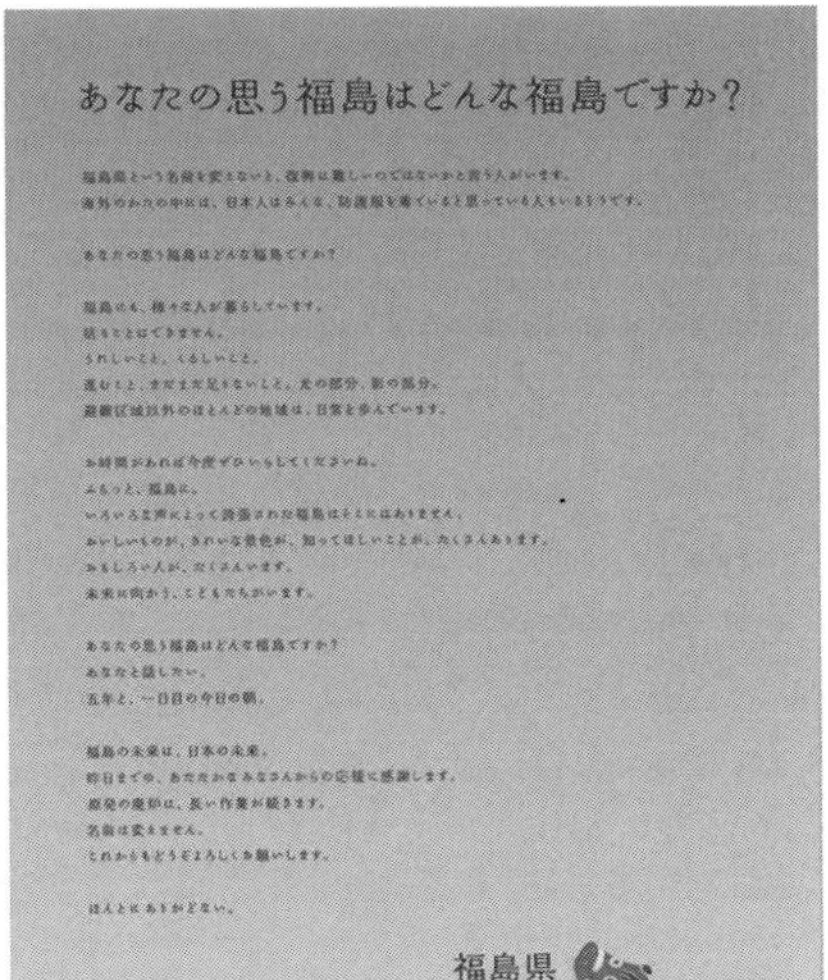

名前は変えません。
これからもどうぞよろしくお願いします。
ほんとにありがどない。（※本当にありがとうございます）

福島県》

これは東電原発事故から5年が過ぎた2016年3月11日の翌日、3月12日の朝刊に出された福島県からの広告だ。

あれからさらに8年が過ぎた2024年3月の今、再びこのメッセージを掲げたい。

福島と英国との関係

何年か前、SNSで反原発を訴えていた英国在住の方とたまたま会話した際に、私が福島に暮らしていることを相手に伝えたところ、最初は悪い冗談だと思い込んだらしい。何度も繰り返し伝えると、「本当にあなたは福島に住んでいるのか!?」と酷く驚かれたことがある。海外では、福島は「人が住めない土地」と見做されている場合も少なくなかったのだろう。私は、英国が原発事故後に福島の力となってくれた数々の恩に対する感謝と共に英国への敬意を表した。するると、相手はとても真摯に話を聞いてくれるようになった。福島についても当初の思い込みを捨て、敬意を払い、幾分かの理解を深めてくれたようだった。

英国大使館は東電原発事故の直後、ドイツ、スイス、フィンランド、オーストリアなど様々な国の在日本大使館が東京から脱出する中で、科学的なエビデンスに基づく態度を一貫させて逃げなかった。英国以外にもイタリア、カナダ、スペイン大使館が同様の対応をした（＊36）。

また、英国王室のウィリアム王子（現・皇太子）は、原発事故後に初めて福島県に宿泊した海外要人となった。安倍晋三総理（当時）と共に福島の温泉旅館で福島県産尽くしの夕食を楽しみ、福島県内の子どもたちと交流した。王子が立ち寄った福島県本宮市の公園は現在、「プリンス・ウィリアムズ・パーク」として市民から親しまれている。

さらにその後、2017年には、ボリス・ジョンソン外相（のちの首相）は、福島の桃ジュースを喜んで飲んで見せている（＊37）。

ボリス・ジョンソンは首相となってからも、2022年のサミットに福島県の菓子店が作った「紅茶かりんとう」を手土産に持ち込み（＊38）、

2023年に河野太郎議員と再会した際にも、またしても福島の桃ジュースを共に楽しんでいる（＊39）。

東電原発事故後、海外からは福島への心ない侮辱や中傷、差別が頻発していたにもかかわらず、

英国は、少なくとも政府と王室に限っては、福島に対して特筆すべき紳士的で素晴らしい対応を繰り返した。私はそれらに深く感謝している。

2020年にボリス・ジョンソン首相（当時）がCovid-19（新型コロナウイルス感染症）に罹患して容体が危ぶまれていた際、河野防衛大臣（当時）から英国大使館に福島の桃ジュースが渡されたことがあった。ボリスが無事に快癒した今だから明かすが、この件は実は私が発案し、細野豪志衆議院議員が実現に向けて動いてくださった案件だった。困難な状況にあったボリス首相に対し、福島からせめてもの見舞いと感謝を、どうしても伝えたかった（＊40）。

福島は魅力に溢れた土地である

話を戻そう。これまで東電原発事故における「情報災害」の具体例を多用したことで、本書を読み進めた方にとって「福島は沢山の人が日常を暮らしている土地」というのは、幾分か伝わったと思う。その一方で、これだけの無数の「情報災害」を受け続けてきた福島は、特に日本国外の方にとっては同情されるべきネガティブな、「不幸な」土地であるかのように思えたかも知れない。

しかし、ここではそのイメージを強く否定しておこう。何故なら福島は、（原発事故前から口下手でアピールが極端に下手であることに定評はあるものの）実は知られざる魅力に溢れた土地だからだ。

日本はその多彩な地形と気候風土、さらに歴史的な経緯から、地域ごとにそれぞれ独自の文化が花開き根付いている。海外からの友人を地方に案内すると、土地ごとに異なる様々な食べ物や工芸品などの名品、言葉の違いにしばしば驚かれることも多い。

福島もまた、そのように特筆すべき地域の一つでもある。現にイギリスの日刊紙「The Guardian（ガーディアン）」がかつて「２０２０年に訪れるべき20の場所」を発表した際、日本からは唯一「福島県」が選ばれている（＊41）。

（ヨーロッパ部門）スロベニア、イエーテボリ、ヴァル・ディ・ヴァラ、フリムス・ラークス・ファレラ、ロッテルダム、メノルカ島、コペンハーゲン、ウィーン、ルーマニア、フィンランド、ポルトガル

（イギリス部門）ソルフォード、ケアンゴームズ、デイバー、ワイト島

（その他地域）福島、モンタナ、バンクーバー、スリランカ、パタゴニア

評価のポイントとして、「復興五輪として東京オリンピックの聖火リレーがスタートする場所、福島の自然や食の魅力、会津のサムライ文化、土湯《つちゆ》温泉、磐梯山《ばんだいさん》の壮大な景色など」が挙げられた。残念ながらCovid-19の流行に伴って、２０２０年は世界的にほとんどの旅行は実現せず、東京オリンピックも翌年に延期されてしまった。

しかし、それは決して福島が色褪せたことを意味しない。それどころか、ガーディアン紙が書き

切れなかった福島の魅力はまだまだ沢山ある。以下に簡単ではあるが、福島の魅力について少し解説しておこう。

【福島の自然】

福島は北海道、岩手に次いで日本で三番目に大きい県であり、豊かな海も、英国コッツウォルズ地方を思わせる穏やかな自然と山々、森と美しい湖もある。名山の一つとして知られる美しい会津磐梯山があり、奥会津にそびえる険しい山々の間を走る只見《ただみ》線の絶景には、台湾を中心とした海外からの観光客が殺到している。冬には良質な雪を楽しめるゲレンデの数々があり、スキーの世界的な大会の会場となったこともある（＊42）。

日本の原風景のような里山もあり、一方で多くの人々で賑わう都市もある。歴史的な城と城下町、神社仏閣もある。豊かな温泉資源も旅を楽しませてくれる。

春には日本三大桜として知られる三春滝桜が咲き、著名な写真家をして「福島に桃源郷あり」と言わしめた福島市の花見山では、視界一杯に咲き誇る見事な花々を愛《め》でることができる。

【福島の文化】

福島は県内それぞれによって気候や風土も大きく異なり、その文化も多彩である。武家の文化が色濃く残る会津は、ガーディアン紙も薦めたサムライ文化を堪能できるうえ、そのサムライ文化の末期である江戸幕末、戊辰《ぼしん》戦争と重要な関わりを持つ地でもある。幕末は日本史ファンからの人気も高く、その時代に活躍した新選組などの史跡や資料にも数多く触れることができる。さらに、会津塗や本郷焼、会津木綿、からむし織、赤べコや起き上がり小法師《こぼし》などの伝統工芸品も魅力的だ。

また、こうした工芸品は会津に限らず福島県内各地で発達している。特色あるそれらは会津のものともまた異なる。それぞれが唯一無二の文化と言えるものだ。

さらに浜通りの相馬地方では、ある時期（2024年は5月末）には国の重要無形民俗文化財である「相馬野馬追《のまおい》」を楽しむこともできる。約400騎にも及ぶ勇壮な騎馬武者たちが駆ける伝統行事は、東電原発事故の影響を強く受け、一時期は存続さえ危ぶまれた。しかし、彼らは「原発事故」という戦《いくさ》に果敢に挑み、決して敗れはしなかった。その誇り高き姿を、ぜひ一度現地に足を運んで見て頂きたい（＊43）。

【福島の食】

福島には喜多方《きたかた》ラーメンやソースカツ丼、ホッキメシ、なみえ焼きそば、円盤餃子などをはじめ、名物と言えるローカルフードが沢山ある。土産物にも特色があり、福島でしか手に入らない珠玉の和洋菓子が並ぶ。

豊かで多彩な自然が織り成す福島の農畜産物も軒並み上質で、美味しいと評される日本の食品の中でも、特に高品質のものが多い。たとえば2021年、福島の米は最高評価特A獲得産地数で4年連続日本一を達成している（＊44）。

「三春駒《みはるこま》」などの名も残るように、阿武隈《あぶくま》高地は古くから軍用馬の名産地として知られていた。現在は畜産業が盛んで、高品質の和牛や銘柄豚、シャモや羊肉などを産出する。

水産物にも恵まれている。福島県沖の海は暖流の「黒潮」と寒流の「親潮」がぶつかり合う潮目の海で、多彩な魚介類が獲れる世界有数の漁場と言われる。豊富なプランクトンを食べ激しい海流に揉まれ身が引き締まった魚は品質も極めて高く、「常磐もの」という高級ブランドとして知られている。

さらに、中通り地域（福島県の中央部）を中心に国内屈指の果樹栽培地帯も広がる。かつて明治期に世界的な養蚕業を支えた桑畑が今では果樹園となり、桃、林檎、和梨、葡萄、柿などを豊富に産出する。特に高品質で知られる福島の桃は、近年東南アジアなどへの輸出量が急増している。

とりわけ福島で商業開発され、全国生産量の半数近くが福島で生産されている「あかつき」という桃の品種は、ほのかにワインを思わせる口当たりとコクを持つ。この品種の特徴でもある少し硬いままの桃を楽しむ文化も、福島ならではのものだ。ボリス・ジョンソンが楽しんだ桃ジュースも、この福島特産の品種を原料としている。

また、福島で大正時代に発明された「あんぽ柿」（硫黄で燻蒸《くんじょう》し自然乾燥させた干し柿）は、セミドライの食感と深いコクが素晴らしい。ドライフィグ（ドライいちじく）などのように、ワインや日本酒と合わせると絶妙なペアリングを醸し出す。柿という果物に馴染《なじ》みのない欧米の方には特に、この「あんぽ柿」をクリームチーズと合わせたうえで試してみてほしい。きっと新たな発見が味わえるはずだ。

福島の食で特筆されるべきは、福島の酒類である。特に福島の日本酒は明治時代から続く最も伝統的な品種鑑評会における金賞受賞数で、9回連続日本一という前代未聞の大記録を打ち立てている。世界的な鑑評会IWC（インターナショナル・ワイン・チャレンジ）においても、複数の酒蔵が世界一の称号「チャンピオン・サケ」を獲得している。

福島の日本酒の特徴は柔らかな香りを持つこと、さらにペアリングしてあわせた肴《さかな》の風味を「トリミング」するのではなく、強すぎる旨味や本来はネガティブな要素さえも包括し、そのほとんどを「旨味」へと変換させてしまう技術が極めて高いことにある。そのため、個性が強い魚介類などと合わせた際、あるいは肉汁が溢れる料理と合わせた際には、きっと驚きと感動を覚えるに違いない。

私がアンバサダーを務める「fukunomo」という企画では、こうした福島の銘酒と肴のペアリングを毎月届けている。発送先は日本国内に限られるが、機会があればぜひ試して頂きたい（なお、申込時に本書を読んだことを伝えることで、ささやかながら特典も用意している。＊45）。

【福島の未来】

東電原発事故の被害が大きかった浜通り（福島県東部、太平洋側地域）、特に双葉郡を中心とした地域では、除染などは進んでいるものの住民の帰還は未だ限られ、「元の暮らし」とは程遠い。

一方で、一度人口がゼロになった地域を復興させるため、それを逆手に取った幾つもの新たな試みが進められてきた。

現在、新しく建てられた道の駅や、東日本大震災を記録する「東日本大震災・原子力災害伝承館」、帰還者向けに整備された住宅などが賑わいを見せ始めている。さらにこの地域では、将来的にロボットや原発の廃炉、あるいは医療技術などで世界の先端を目指す国際的な研究施設とテストフィールドなどの整備も進められている。福島国際研究教育機構（F-REI ＊46）を中心に、新たな研究都市の建設が進む予定だ。

無論、これが当事者にとって望ましい復興の在り方であるかどうかは議論の余地もあるだろう。しかし、この地には佳《よ》き未来を目指そうとする強いインセンティブが確実にあり、それに惹《ひ》かれた多くの有志が日本全国、時に海外からも集まり始めている。少子高齢化と人口減少で地方のほとんどが右肩下がりの停滞感に沈む中、流れに完全に逆行する新しい風が吹いている。「未来」に向かう力強い息吹《いぶき》を感じることができる。

その気配や空気感は、写真や映像はもちろん、あるいは一目見ただけでは、数回訪れただけではわからないかもしれない。しかし事故後からの13年間に何度も通い、変化をつぶさに見ていれば感じることができる。

一度絶望を知ったからこそ描く希望は、一際明るく輝く。福島の未来は、可能性に満ち溢れている。

脚注

＊1 https://twitter.com/onozaki_1923/status/1694284795583561872
＊2 https://twitter.com/ookawauoten/status/1693811907504046322
＊3 https://www.tokyo-np.co.jp/article/272106
https://news.tv-asahi.co.jp/news_society/articles/000312853.html
https://www.asahi.com/articles/DA3S15683142.html
https://www3.nhk.or.jp/news/html/20230822/k10014170001000.html
https://mainichi.jp/articles/20230819/k00/00m/040/080000c
＊4 https://www3.nhk.or.jp/news/html/20230924/k10014204881000.html
＊5 https://www3.nhk.or.jp/news/html/20230901/k10014181671000.html
＊6 https://twitter.com/MAFF_JAPAN/status/1699713607590953130
＊7 https://jinf.jp/news/archives/41577
＊8 https://twitter.com/hayakawa2600/status/1699219888756457975
＊9 https://twitter.com/TomoMachi/status/1699271277314539686
＊10 https://twitter.com/TomoMachi/status/1698817172766920834
＊11 https://twitter.com/BCAA20000/status/1699316348671983722
https://twitter.com/macha1130/status/1699300394915295407
＊12 https://note.com/mostsouthguitar/n/n7d05f4be08c9

＊13 https://twitter.com/tsukuru_ouu/status/1700630131851813151
＊14 https://www.sankei.com/article/20230911-N5KVORP4UJM3XKWBM2LK44RZD4/
＊15 https://ieei.or.jp/2022/01/special201706046/
＊16 https://www.sankei.com/article/20230912-PXVZZ7VQDJN2TEVQJVWQ3WAR5A/
＊17 https://www.sankei.com/article/20230911-7EUGHAEVVRNXREXBB36ADTSE34/
＊18 https://www.env.go.jp/chemi/rhm/r3kisoshiryo/r3kiso-06-03-06.html
＊19 https://www.ene100.jp/fukushima/370#:~:text=%E3%81%93%E3%81%AE%E3%81%BB%E3%81%8B%E3%81%8B%E3%81%AB%E3%82%82%E3%80%81%E4%BD%93%E5%86%85%85,%E3%81%84%E3%82%8B%E3%81%8B%E3%81%97%E3%81%97%E3%81%BE%E3%81%97%E3%81%99%E3%80%82
＊20 https://www.sankei.com/article/20240127-UESULLZTORLOZONJFZ5KSHBBEM/
＊21 https://www.sankei.com/article/20240127-QRMGU6HFRBMKLBGJXUWPVRXTBY/
＊22 https://www.sankei.com/article/20240128-LC7IWTWDCBJPZIEPKMKUX76HUQ/
＊23 https://www.minyu-net.com/news/sinsai/news/FM20230622-786455.php
＊24 https://www.sankei.com/article/20240129-OPTDRVQX2FK7PBBW7PY544IHBY/
＊25 https://www.ccnejapan.com/?p=14991
＊26 https://wedge.ismedia.jp/articles/-/29303
＊27 https://worldpeace7.jp/?p=1520
＊28 https://seijichishin.com/?p=9068

*29 https://twitter.com/search?q=%E9%A2%A8%E8%A9%95%E5%8A%A0%E5%AE%B3%20Since%3A2011-03-11%20Until%3A2012-12-31&src=typed_query&f=live
*30 https://www.ccnejapan.com/wp-content/20240208_CCNE_36.pdf
*31 https://kankyosaisei.env.go.jp/next/award/2023/pdf/award_work_06.pdf
*32 https://www.sankei.com/article/20240127-CHLBKW35VVKMLNEEIXU2RWQNWI/
*33 http://syaku-yuiren.jugem.jp/?eid=110
*34 https://ytrsdijun.com/archives/29365
*35 https://www.kirishin.com/2023/07/06/61089/
*36 https://www.fsight.jp/articles/-/47793
*37 https://twitter.com/konotarogomame/status/941265502986317824
*38 https://www.fnn.jp/articles/-/340962
*39 https://twitter.com/konotarogomame/status/1614550521083482113
*40 https://www.sankei.com/article/20200521-EABFOKC3JVPIVBCVMLK2IZXG7M/
*41 https://www.reconstruction.go.jp/topics/m20/01/200110_the-guardian_fukushima.pdf
*42 https://bunshun.jp/articles/-/57876
*43 https://soma-nomaoi.jp/
*44 http://jfpca.blog.fc2.com/blog-entry-1986.html
*45 https://www.f-sake.com/category/sake-katari/

https://www.fukushimatrip.com/12843

*46 https://www.f-rei.go.jp/

第6章
はずれた予言がもたらすもの

「宗教の代替」と化した「社会正義運動」

これまで各章で挙げてきた数々の事例からは、日本の「社会正義運動」においても米国と同様の傾向と背景が強く示唆されている。

そもそも社会正義が本来的に掲げる主張や動機の根源とは何か。それは、「社会における何らかの不幸、不正不平等、理不尽・不条理からの救済と安寧を求め訴えるもの」と考えられる。かつて「社会正義運動」が現在ほど盛んではなかった時代、それらの多くが向けられた対象は言うまでもなく「宗教」であった。

前著でも記したように、宗教学者で作家の島田裕巳は、《日本で、そして世界で宗教が捨てられようとしている》と、人々の宗教離れが進んでいることを指摘する。宗教離れはおよそ100年以上前から世界的に続いてきたと言われているが、直近30年間で主要先進国を中心に、さらに急減に進み、日本では神道系が1割、仏教系で2割、新宗教は3~6割も信者が減っているという。

ヨーロッパのキリスト教では、日曜日のミサに集まる信者が高齢化とともに激減し、教会の経営が破綻して、移民向けのイスラム教モスクに売却される事例が相次いでいる。キリスト教の影響が比較的強いアメリカでさえもキリスト教離れが進み、無宗教者の割合が徐々に増えているという。『ガーディアン』紙や『エコノミスト』誌などの海外メディアでも、人々の急激な宗教離れが報じられている（＊1）。

島田は、その背景を《死生観の変化によって人々が死後の救済を信じなくなったため》と結論付ける。裏返せば、人々の生への執着が強くなり、現世での不利益や死への不安がより強くなったことの顕《あらわ》れとも言えよう。

つまり、現代は多くの人がより良い現世を謳歌《おうか》するために「安心」「救済」を求め、それらの需要が飛躍的に高まっている一方、拠《よ》り所をかつてほど「神」には求めなくなっている。結果、心の支えを見失い、彷徨《さまよ》う人々が代替として新たな「救い」を発明し、それらが野放図に多様化・細分化した。必然的に、著しく奇妙でカルト的な「救い」が現れたり、それら「救い」同士が激しく対立する状況も起こりやすくなる。

私はこうした状況を、「マックス・ウェーバーの言う近代社会の『脱魔術化（脱呪術化）』によって、『人知を超えた加護』という拠り所を失くした人々の『不安』が拠り所を求め、「再魔術化」を求めているかのような流れ」と記した。

この前提から考えれば、現代における「社会正義運動」とは、「神が去った」時代に代替として現れた拠り所の一つであり、「神不在の新興宗教」的な側面を持つと言えるのではないか。明確な因果相関関係の証明は困難ながらも、少なくとも宗教離れが進む先進国ほど、反比例的に「社会正義運動」が活発化している傾向は見られる。従来の宗教に代わり、何が人として「正しい」「在るべき」「目指すべき」姿なのか。道徳や価値観、生き方の規範を示し人々を導き、「安心」をもたらす拠り所となっているのではないか。

「社会正義」教と「超個人主義」

米国チャップマン大学都市未来学プレジデンシャル・フェローのジョエル・コトキンは、著書『新しい封建制がやってくる　グローバル中流階級への警告』（中野剛志・解説　寺下滝郎・訳　東洋経済新報社・２０２３年）で、

《伝統宗教が衰退しつつあるなか、環境保護主義は新しい時代の宗教のようなものになりつつある。キリスト教は、神に喜ばれる生き方や身の処し方の指針を示したが、環境保護運動は、人々をより自然と調和した生活に導こうとするものである》

とし、現代の環境保護主義を「グリーン宗教」と断じた。本書を解説する評論家の中野剛志も、《確かに、環境保護主義者が示す地球環境の破滅の未来は、キリスト教における「最後の審判」の予言を彷彿とさせる》と記す。これは前述した反原発運動の「フクシマ」神話にも通じる話だ。

さらにコトキンは、《だからといって、現実の環境危機に立ち向かう必要はないと言いたいのではない》と前置きしつつ、

《貧しさを美徳として称賛したりする人々のなかには偽善的な連中もいる。中世において（中略）多くの司教は、ペトラルカ（※林註：14世紀、フィレンツェのルネサンス期の詩人であり人文学者）が言うように「黄金を積み、紫衣をまとって」贅沢に暮らしていた。同じように、環境保護主義者は、一般市民に質素倹約を押し付けながら、環境保護運動を支持する超富裕層の身勝手な行為に贖宥状《しょくゆうじょう》（免罪符）を与えている。「グリーン・リッチ（環境成金）」と呼ばれる連中は他人には消費を控えるよう呼びかけながら、自分達は炭素クレジットを購入したり、（道徳的正しさをアピールする）美的シグナリングを示したりといったかたちで現代版の贖宥状を買っている。これによって、優雅に地球を救えるというわけである》

と辛辣に批判する。

コトキンは同書で、宗教が衰退した現代社会に「新しい封建制がやってくる」と訴える。「新しい封建制」の支配体制を維持・正当化する「正当性付与者」は、中世でそれを担った聖職者に代わって、大学教授、科学者、公共知識人などの有識者、さらには教師、コンサルタント、弁護士、政府官僚、医療従事者、ジャーナリスト、芸術家、俳優など、物質的生産以外の仕事に従事するインテリであると主張する。

私が前著のタイトルに掲げ解説した『「正しさ」の商人』という概念と、かなり近しい視点と言えるだろう。

もっとも『「正しさ」の商人』の場合、特定の職業や立場といったラベリング以上に、社会で何らかの決裁権や権威権力などの影響力を手にした際、「個人のエゴ」「直感や独善」「依怙贔屓」「イデオロギー」などに拠らず、ファクトやフェアネスなど客観性と公益を尊重できるか否かが分かれ目になる。

そのうえで、彼ら彼女らは「正しさ」「配慮されるべき弱者」「社会が目指すべき理想」などの贖宥状（免罪符）を買う立場というより、自らに都合の良い内容でそれらを創作し、社会に押し売りし、権力や利益を恣《ほしいまま》にする側である。『「正しさ」の商人』と称した所以《ゆえん》だ。

無論、いかなる職業や立場の人間にも例外や豹変《ひょうへん》があるのは前提としたうえで、大部分の良心的な科学者、医療従事者、政府官僚など、「エビデンスや法などのファクトや社会ルールに誠実かつ高い職業倫理を持つ人々」、いわば「『尊厳の文化』の護《まも》り手」は除外される。

大学教授、弁護士、有識者などの場合は、人物個人ごとに極端なグラデーションがある。一方で、伝統宗教の幹部などには現代のインテリ権威権力と席を並べ、中世の聖職者と地続きの扱いを求める人が少なくない傾向を想定している。

話を戻そう。コトキンはさらに、「新しい封建制」の支配階級は現行の支配体制を維持・正当化するため、その多くは貧困の拡大、社会的格差の固定化、階級間の対立といった経済停滞の影響に対処しようとはせず、幅広い人々のための経済成長よりも「持続可能性」を追及すると指摘する。

彼ら彼女らは、中世の聖職者が物質主義に異を唱えたように、《社会的上昇はもはや過去の遺風《いふう》であり、いま私たちがなすべきは、富と機会を拡大する方法の探求ではなく、社会的不満の解消や環境保護》のような表現をするという。あえて具体的には言及しないが、日本でも知っての通り、類似した「皆で貧しくなろう」的な主張を公言するインテリはこれまで無数に見られてきた。

コトキンの主張は、トマ・ピケティが「バラモン左翼」と表現した構図と共通すると考えられる。アメリカでは「リムジン・リベラル」、イギリスで「シャンパン社会主義者」、韓国で「江南左派」、日本では「世田谷自然左翼」「放蕩《ほうとう》左翼」「赤い貴族」など、ほぼ同様の意味を持つ皮肉的呼称が各国でも見られることから、このような現象は先進国を中心に世界的に広がっていると考えられよう。そのうえで、コトキンは「新しい支配階級の宗教」として、先述した「グリーン教」の他に「ソーシャル・ジャスティス（社会正義）教」「トランスヒューマニズム（超人間主義）」が候補であるとも主張している。

予言がはずれるとき

「社会正義運動」に既存宗教の代替的な性質と役割があると解釈することによって、それらの一部に見られる実態――第1章で示したように、目的が当初掲げた課題解決に留まらないこと、運動を終わらせることを拒み持続と発展拡大を志向すること、絶対的な弱者性など不変のシンボルを求めること、自分たちの「教義」と矛盾する事実に対する激しい敵意と抵抗、異論反論などの「異端」

を決して赦《ゆる》さない対応なども理解しやすくなる。

実質的に宗教の代替であるがゆえに、中野が指摘したような宗教を彷彿とさせる「予言」も少なくない。これまで触れてきた東電原発事故後の福島に対して向けられてきた「がんや奇形が多発する」「遺伝に影響する」「人がばたばたと死ぬ」に類した数々のデマと不安の煽動、陰謀論の類などは、まさに典型的と言える。

これらの「予言」は何のためだったのか。

「当事者を心配しての警告」であったなら、「予言者」らは自らの予言がはずれたことを喜び、謝罪や撤回が見られたはずだ。ところが、そうはならなかった。予言がはずれても無視したり、言い訳にもならない言い訳で逃げたり、あるいはなかったことのようにうやむやにしたり、果ては「まだ結論は出ていない」と強弁し、自ら宣言したはずのタイムリミットを1年後、3年後、5年後、10年後、30年後、50年後と、次世代に至るまで一方的に延長して呪い続けたりした。

象徴的な実例として、たとえば中部大学教授（当時）の武田邦彦は２０１２年4月に《あと3年……日本に住めなくなる日　２０１５年3月31日》と記していた。

当然ながら「予言」ははずれた。武田は多くの批判を受け、２０１７年になってようやく《【訂正します】日本に住めなくなる発言の真意》との動画を出した（現在、『この動画に関連付けられていたYouTubeアカウントが停止されたため、この動画は再生できません』と表記される。＊2）。

動画では《実は私、ちょっとうっかりしとりましてね、え～と、まあ忙しいこともあったんですが、あまり昔のやつ取ってなかったんですよ。読者の方からねえ、え～と、あのお～、私の書いたもの送っていただきました。書いたのは2015年3月31日……あ、違う違う、2012年4月27日にですね、書いて、『あと3年　日本に住めなくなる日』という題なんですね》と取り上げたうえで、「私は別に脅かした訳じゃなくて」などとコメントしていたという。

自主避難の決め手になったデマ

作家の広瀬隆は、2015年7月に『東京が壊滅する日　フクシマと日本の運命』（ダイヤモンド社）という本を出版し、のちに立憲民主党が擁立したおしどりマコや、NPO法人「OurPlanet-TV」代表の白石草《はじめ》などと対談していた（＊3）。

広瀬は原発事故後、

『FUKUSHIMA　福島原発メルトダウン』（朝日新書・2011年5月）
『象の背中で焚火をすれば』（NHK出版・2011年6月）
『こういうこと。終わらない福島原発事故』（金曜日・2011年6月）
『原発の闇を暴く』（集英社新書・2011年7月　明石昇二郎と共著）
『新エネルギーが世界を変える　原子力産業の終焉』（NHK出版・2011年8月）
『原発破局を阻止せよ！』（朝日新聞出版・2011年8月）

『福島原発事故の「犯罪」を裁く』（宝島社・２０１１年11月　明石昇二郎、保田行雄と共著）
『第二のフクシマ、日本滅亡』（朝日新書・２０１２年２月）
『原発ゼロ社会へ！　新エネルギー論』（集英社新書・２０１２年11月）
『原発処分先進国ドイツの現実　地底１０００メートルの核ゴミ地獄』（五月書房・２０１４年４月）

など、数々の原発や事故の危険性を訴えるような書籍を出版し続けてきた。

『東京が壊滅する日』では「タイムリミットはあと1年しかない」と訴えていたが、当然ながら東京は壊滅などしなかった。広瀬は自ら「予言」したはずの「タイムリミット」を無視したまま、その後の２０１８年にも『日本列島の全原発が危ない！　広瀬隆　白熱授業』（『ＤＡＹＳ　ＪＡＰＡＮ』同年1月号増刊号）などの本を出している。


彼らの「予言」を、荒唐無稽で取るに足りないデマだったと笑えるだろうか。

文部科学省のサイトには原発事故直後、自主避難者にとって何が避難の決め手になったかを問うたアンケートが今も残されている。そこには「武田邦彦のブログや講演会」「広瀬隆の講演会」「ドイツの報道」「小出裕章の話」「インターネット」「みのもんたの朝ズバ」「トクダネ」「テレビ、新聞などのメディア」などの回答が並ぶ。武田邦彦、広瀬隆、小出裕章らの名前は、特に何度も挙げられていた。

配偶者が子どもを連れて自主避難したことをきっかけに震災離婚した私の友人もまた、避難前には配偶者が毎晩遅くまで武田、広瀬、小出、他に山本太郎（現・れいわ新選組代表）や活動家の三宅洋平、ドイツの報道などが発信する情報をインターネットで熱心に調べていたと証言する。

デマが被害をもたらしたのは避難者だけではない。

《山本太郎とその信者は明確に敵だからなぁ。13年前、うちで作ってたものも東北産というだけでスゲー風評被害ばら撒かれて売れなくて、良いものができたと喜んでた曾祖母はメンタルやられてたの眼の前で見てるし。それから2年、良いものを作っても意味がないのだと言いながら失意の中没したよ。》

《人生を否定し、生きがいを奪ったのは確実に風評被害だよ》

《東電が悪い、政府が悪い、原発が悪いとリプライ送ってくる風評加害者へ。風評で加害した人たちが悪いです。自分たちの流言が人を殺したかもしれないことに向き合わず、他責の言い訳をし続ける加害者が一番邪悪です》（＊4）

との証言もある。

彼らの「予言」は確実に、少なくない被災者の家庭と運命を蝕み、深刻な影響を与えてきたと言えるだろう（＊5）。

「人権賞」が与えられた理由は正当か

こうした「予言」がはずれたとき、加担した誰がそれを認め、責任を取るのか。

広瀬隆が書籍で宣言した「タイムリミット」が無事に期限切れとなった2016年7月16日、私はこの本の出版記念対談で広瀬の相手を務めたOurPlanet-TV代表で一橋大学大学院社会学研究科地球社会研究専攻客員准教授（当時）の白石草に対し、「東京が壊滅したかしないか」をツイッター（現・X）から問いただした。《イエスかノーか、二択のみです。東京は壊滅したのかどうか。イエスかノーか。それ以外の言葉は求めてません》と迫った。これに白石が、

《あのー。「東京が壊滅する日」は本のタイトル。WEB特集は、様々な人が取材依頼を受けて答えているものですので、ダイヤモンドの編集者に話してもらえません？→@diamond_books フリーライターさんならお分りですよね？》

と答えたのに対し、私は、

《わかりませんね。イエスかノーか。答えて下さい。東京は「予言」通りに壊滅しなかった。広瀬氏の本や言説はデマだった。貴方はデマを好意的に紹介、拡散するための対談相手として記事を発

表した。デマに加担したことは紛れもない事実です。違いますか？　それらのデマで、こちらがどれだけ傷付き、被害を被ったことか。どう責任をとるのですか？》

《まだ答えられないのですか？　東京は壊滅したのか。イエスかノーか！　答えて下さい》

とさらに迫った。白石は答えず、まるで何事もなかったかのように別の発信を行っていた（＊6）。

なお白石は、それ以前の2015年9月2日に、《福島の甲状腺ガンが韓国での事例と同様に過剰診断であって被曝の影響ではなかった場合、（中略）何かの責任をお取りになりますか？》と問われたことに対し、

《もちろんです。》

《アワプラではこれまで、被曝影響と報じたことはありませんが、過剰診断とは考えにくいと方向で報じているので、違った場合は、鈴木先生の主張を鵜呑みにしてしまった責任をとり、アワプラの活動は辞めるつもりです》

と答えていた（＊7）。

何度も述べたように、国連科学委員会（UNSCEAR）は、すでに何年も前から東電原発事故由来の放射線被曝による健康被害やがんの増加を否定している。OurPlanet-TVの「予言」ははずれたと言える。しかし、現在も活動を続けている。

それどころか２０１９年、東京弁護士会はOurPlanet-TVに人権賞と賞金１００万円を与えて表彰した。

《福島県の「県民健康調査」では、事故当時18歳以下だった38万人を対象とした甲状腺検査が実施されており、現在２００人が甲状腺がんと診断されている。想定より多くの患者が見つかっていることをめぐり、県の検討委員会等においても、原発事故との因果関係が活発に議論されているが、時間の経過とともに、テレビ、新聞等のマスメディアは、この内容や問題点を十分に取り上げなくなりつつある。

こうした中、OurPlanet-TVは独立メディアとして、同調査の結果や内容を正確に取材・分析し、報道を重ねてきた。その報道の蓄積は、多くの被害者のこれからの健康管理や補償のあり方、さらには将来のエネルギー政策をも含めた原発にまつわる諸問題に対して、合理的かつ民主的な解決を積み上げていくための不可欠な要素である》（＊8）

と理由付けている（※筆者註：科学的知見からすでに因果関係が否定されている以上、当然のことである。患者が多数発見されているのは被曝の影響で「多発生」したわけではなく、皆検査によって元々存在していた無症状かつ生涯健康寿命に影響を与えない可能性が高い軽微な異変を掘り起こして、「多発見」してしまっているためだ。検査強化による過剰診断が起こった可能性は、国連科学委員会からも指摘されている。過剰診断によって本来不要な手術が行われたり、当事者のＱＯ

L低下やメンタルヘルスに深刻なダメージを与えるなどの深刻な人権侵害も指摘されている（＊9）。

この表彰をめぐり、東京弁護士会には多くの批判が向かった。この時のことを、評論家の山本一郎は《東京弁護士会、人権賞を「福島の放射線デマを流したと指摘される問題ＮＰＯ」に与えて無事物議に》と記している（＊10）。

なお白石草は東電原発事故後、他にも２０１２年には日本女性放送者懇談会の「放送ウーマン賞」、日本ジャーナリスト会議の「ＪＣＪ賞」を受賞。福島第一原子力発電所事故をめぐる東京電力のテレビ会議を題材にしたドキュメンタリー『東電テレビ会議49時間の記録』で、２０１４年に日本科学技術ジャーナリスト会議の「科学ジャーナリスト大賞」を受賞している。

余談として、東京弁護士会はその後の２０２３年には、「一般社団法人Spring」に「２０２３年6月の性犯罪規定見直しの大きな原動力」になったとして、同様の人権賞と賞金を与えて表彰した。ところが、この団体は「群馬県草津町の黒岩信忠町長からレイプされた」と虚偽の告発をしていた元町議の新井祥子を支援していた団体だった。草津町の黒岩町長は新井祥子から性暴力の冤罪をでっち上げられ、無実にもかかわらず、ネットや世論から吊るし上げられた。草津町も「レイプの町」「セカンドレイプの町」などと数々の誹謗中傷を受けた。

数々の大学教授や社民党、共産党らもこの魔女狩りに参加し、海外メディアも町長や町を貶める報道を盛んに行った。ところが黒岩町長が無実であった証拠が明確になると、魔女狩りに加わった勢力は一斉に逃げ出し、誰一人として責任を取らなかった（＊11）。

同団体の受賞に対しても、一部弁護士とＳＮＳからは撤回を求める声が上がった。しかし、東京弁護士会は人権賞を撤回しなかった。人権賞を受賞した団体は、こうした批判が集まり炎上してからようやく、団体のＨＰに「直接表記ではなくＰＤＦファイルという形で」見解を公表した。

《２０２０年12月当時、当団体の初代代表理事が「レイプの町草津」と表現しましたが、これについては初代代表理事自身が表現が行き過ぎていたとしてお詫びするとともに「セカンドレイプの町草津」と訂正しました。しかし、元町議の女性がレイプ被害は虚偽申告であったことを表明するに至った現在では、「セカンドレイプの町草津」との表現についても行き過ぎた表現であり、草津町に住まわれる方だけでなく関係する多くの方を傷つける表現であったことを、当団体として率直に認め、これについて連帯の意思を表明したことについて撤回し、草津町町長黒岩信忠様及び草津町並びに関係者の皆様に対し、重ねてお詫び申し上げます》

と草津冤罪事件に加担したことに謝罪したものの、受賞は固辞しなかった。

果たして無実の相手への「レイプの町」「セカンドレイプの町」呼ばわりが、「行き過ぎた表現だった」で済まされるのだろうか（＊12）。

処理水放出後も続いた「予言」

我々は、ＡＬＰＳ処理水問題でも「予言がはずれるとき」を目の当たりにした。「汚染水が海洋放出される」「井戸に毒を入れたのと同じ」「健康影響が否定できない」「漁業に深刻なダメージを与える」など不吉な「予言」が次々と出されてきたが、これらの「予言」もすべてはずれた。散々懸念されていた風評被害さえ発生しなかった（＊13）。

ところが、放出以後になっても延々と「予言」を繰り返す者は少なからずいた。まったく前提が異なる水俣での水銀中毒公害病を関連付ける言説も数多かった。

毎日新聞は２０２３年8月31日、水俣病被害者団体が有毒なメチル水銀を含む工場排水が海に流され水俣病を発生させた経緯に触れながら、《低濃度とはいえ海洋放出で放射性物質による健康被害を引き起こすことが懸念される》などとして海洋放出の中止を訴えたことを報じた。メディアが事実に反する主張を本当は言いたいが（デマだと批判されるため）言えないときは、しばしば「当事者の声を紹介しただけ」と責任転嫁しながら第三者の声を借りて、何ら注釈もなく垂れ流す。これこそ典型的な「腹話術報道」ではないか（＊14）。

著名人や学者、政治家、一般人からの発信も相次いだ。

《水俣で日本が学んだことは、有害物質は安全な濃さまで薄めると、短期的には影響はないが、魚は食物連鎖などで長い間かけて有害物質を生体濃縮する、さらに人はそれを長い間ずっと食べ続けることで影響が出る、だから排水は早く中止するに越したことはないということ。》（同年8月31日 映画評論家・町山智浩　＊15）

《水俣で言ってごらん。湾とは違うってか。だったら地球規模の海流シミュレーションと魚介分布の動的重ね合わせを精査しな。精査する義務は放出側。実定法は「推定無罪の原則＝疑わしきは罰せず」。環境汚染は「予防原則＝疑わしきは回避」。何も知らないお前がゴミ。》（同年9月1日　社会学者・宮台真司　＊16）

《（水俣での公害病患者の動画を流しながら）汚染水投棄、最大の被害者は日本人》（同年9月1日 経済評論家・宋文洲《そうぶんしゅう》　＊17　※映像の閲覧注意）

《（宋文洲の発信を共有しながら）水俣病の教訓をけして風化させてはなりません。「水俣病は、水俣湾産の魚介類を長期かつ大量に摂取したことによっておこった中毒性中枢神経系疾患」とされています。企業が流し続けた廃水の中に何が入っていたか。そして、それは生き物にどのような影響を与えたか？ 塗炭の苦しみに苛《さいな》まれる方々は、その後、どうなったか。認定も進まず救済もされない時期がどんなに長かったか。》（同年9月2日　立憲民主党・原口一博衆議院議員

＊18）

《これ令和の水俣病ならぬ福島病になりそう。北海道東北関東で原因不明の奇病が多発するでしょうね。放射能まみれの魚食って原因不明の健康被害続出てなるでしょう。水俣病は最初漁師の奇病て言われていたから。市民全体に広がって発覚した。水俣病の悲劇を繰り返してはいけないよ。》（同年8月25日　一般ユーザー　＊19）

《安全性よりも営利至上主義を優先してきた結果が水俣病、イタイイタイ病等の公害病発生や福島第一原発事故の原因となったのでしょう。原発依存体質が変わらない以上、更なる実害を危惧するのは当然でしょう。》（同年9月4日　一般ユーザー　＊20）

《癌になる可能性はあるでしょう。福島と近隣だけじゃないですよ。潮の流れを見てみまさ《ママ》い。汚染は広がります。離れた場所の魚から放射線検出されてドン詰めされるのは時間の問題です。楽しみにしていましょう。》（同年9月7日、一般ユーザー　＊21）

　これらの主張はすべて科学的事実に基づいておらず、福島への偏見・差別をもたらしかねない言説だ。挙句「楽しみにしていましょう」とは何事か。

　彼らから何度も引き合いに出された当の水俣市からは、まさに彼らのような言説を懸念する緊急メッセージが東電原発事故直後の２０１１年4月26日に発信されていた。

《特に懸念しておりますのが、風評被害からの偏見や差別の問題です。水俣病の被害は命や健康を奪われることに止まらず、被害者を含め市民すべてが偏見や差別を受け、物が売れない、人が来ないなどの影響を受けたり、就職を断られる、婚約が解消されるなどの影響を受けたこともあります。言いようのない辛さであります。（中略）放射線は確かに怖いものです。しかし、事実に基づかない偏見差別、非難中傷は、人としてもっと怖く悲しい行動です。（中略）国外からの偏見や差別も一部あるようです。水俣市で起こった悲劇を日本全体が受けかねない状況でもありますので、国外へも正しい情報の提供と国際的な理解を求めていく必要があると思います。水俣病のような悲しい経験を繰り返してはなりません。国内外の人々が互いに協力し、1日も早い復興に努めていきましょう》（＊22）

自己主張のために都合良く水俣の名を使ったうえで、当の水俣からの緊急メッセージを最も踏みにじるかのような言説は、福島と水俣双方をこのうえなく侮辱するものではないか。

先鋭化していく歪んだ正義感

9月8日には、共産党のいわぶち友（岩渕友）参議院議員が《汚染水（ＡＬＰＳ処理水）》と表記したうえで、《海洋放出は今すぐ中止を》と訴えた（＊23）。

共産党のふじしまともこ（藤嶋朋子）埼玉県川口市議は、《大人がどんな嘘をついたって真実は子どもの心身の上で病気となって現れてくる》《汚れや毒を流しても海には希釈力があるかもしれないけれど、生き物は食物連鎖を通して体に毒を濃縮していく》などと発信した（＊24）。

藤嶋議員が共有した動画には、「汚染水（ALPS処理水）海洋放出は中止せよ！」との主張を掲げた共産党の高橋千鶴子衆議院議員の姿も映る。

同じ日、西村康稔経済産業相（当時）は衆院での連合審査会で、「海洋放出が始まった東京電力福島第一原発の処理水を『汚染水』と呼ぶことがフェイクに当たるかどうか」を問われ、「まったくその通りだ」と述べた。

これに対し、社民党副党首の大椿ゆうこ（大椿裕子）は9月10日、《「高濃度の放射性物質を含む汚染水を浄化処理した処理水を巡っては、安全性を懸念する一部の野党議員らが「汚染水」と呼び、海洋放出に反対している。」私や #社民党 のことですね。言論統制やめて！》などと発信している（＊25）。

この日はさらに、日本共産党仙台青葉JCPサポーターズも、「#汚染水の海洋放出に反対します」「#日本共産党」のタグと共に、「STOP Fukushima Water Release Now」と書かれたポスターをXに投稿した。その後の9月16日には子どもと海が写った写真に《初めての海楽しかったねでももう最後なの？ もう海に入っちゃダメなの？ お兄ちゃんお魚さんはいいの？ 僕も悲しいよ。魚も海も地球も皆んな泣いてるんだって　日本共産党》とのメッセージを添えて投稿した（※筆者註：9月16日の投稿。その後に炎上し、現在は内容が差し替えられている　＊26）。

処理水の正式な英語表記は「Treated Water」である。共産党が用いた「Fukushima Water」との表記は、海外からの福島差別に頻繁に用いられてきた。２０２３年12月に函館でイワシが大量死した事案をめぐっても、海外のXには「Fukushima water」と書かれた投稿が相次いで、福島の処理水と関連づけようとする流言蜚語が広まっていた。

ハフポスト日本の相本啓太記者は、《なぜ福島の差別は無視できるのか。メディアが「Fukushima water」と発信、社会学者が訴えたこと》との記事で問題提起をし（＊27）、あえて海外向けに「Fukushima water」表記を繰り返してきた毎日新聞と共同通信に質問書を送っている。共同通信は《主に社内ルールによる見出しの字数制限のためです》と回答したが、「Treated Water」は12文字、「Fukushima water」は14文字である（＊28）。

なお２０２１年には、ＮＨＫも海外向けニュースサイト「ＮＨＫワールドＪＡＰＡＮ」で処理水を「radioactive water」と表記し、強い批判を受けていた（＊29）。

福島県議会の渡辺康平議員も、県議会でこのような福島差別問題をたびたび訴え、県に反論や対応を何度も求め続けてきた。そのたびに福島県は、決して自らは一切対応しようとせず、「さらなる対策を国と東電に求める」と他力本願かつ杓子定規的な答弁を繰り返し続けてきた（＊30）。

しかし、度重なる県側の極端な事なかれ主義的姿勢に対する県民や地元記者からの疑問や批判が増す中で、ようやく福島県知事が重い腰を上げて「Fukushima water」問題に初めて言及し、風評や差別を助長する恐れがあり「誠に遺憾」と答えた（＊31）。

なぜ、「予言者」たちはＡＬＰＳ処理水が放出され、「予言がはずれた」後も変わらなかったのか。罪悪感なく、むしろ正義感から福島差別に加担するのか。

社会心理学者のレオン・フェスティンガーらは、著書『予言がはずれるとき』（水野博介・訳勁草書房・１９９５年）で人類滅亡の予言を信仰の中心におくカルト宗教グループが、その予言がはずれた瞬間から変化していく内情を詳細に記述した。予言がはずれると、信者は信仰を疑ったり捨てたりするのではなく、むしろ信仰にのめり込み、強引な自己正当化を重ねていくことにより、ますますカルト化していく様子が明らかにされている。

私は、これまで挙げた実例をもって、彼ら彼女らを「カルト」だとは言わない。しかし、反政府・反原発イデオロギーに拘泥し、それが絶対的な「社会正義」であるかのように信じるあまり、現実から目を背け、手段を選ばなくなりすぎてはいないか。

現代社会において、宗教の代替的な役割をも担い始めた「社会正義運動」には、従来の宗教と同様に「カルト」に陥る危険性が常に付きまとう。

たとえば、福島への「滅びの予言」は、もはや信仰や教義に限りなく近いものと理解したほうが本質的ではなかったか。福島を「フクシマ」と称した神話化も、さしずめ福島を聖書に記された「ソドムとゴモラ」のように位置付けたかったのではないか。

これらは当事者を救済どころか優生思想的に差別・蔑視したうえで、自分たちが救われるための「物語」や「予言」を成就するため、生贄《いけにえ》として踏み躙《にじ》ったに等しいエゴイズムだ。「社会正義運動」は、自らの歪んだ正義感や自己愛、狂信的な「被害者文化」によって新興カルト宗教化しないよう律しなければなるまい。

ターゲットを変えて繰り返される「予言」

「救い」を内在した「社会正義運動」が、事あるごとに散らかして一切片付けようともしない「予言」の数々。これらが社会にもたらした悪影響は、決して消えてなくなるわけではない。その代償はすべて、被災地をはじめ国民一人ひとりの犠牲や負担などによって贖《あがな》われる。

その一方で「予言者」たちは責任を取らず、何事もなかったかのように次のターゲットへと移行していく。

たとえば、ALPS処理水問題が放出によって終息が見え始めた8月頃から、Xでは秋田県の新品種米「あきたこまちR」に対する言及が急激に増え始めた。これまでALPS処理水を「危険」であるかのように訴えてきた勢力を中心に、今度は放射線を用いた品種改良を問題視する声が挙がり始めた。

その結果、11月にはあきたこまちRに関連した投稿数が10万件を超えた。ただし、11月の投稿の8割近くは、誤った情報を発信した議員らに対する反論や批判だったという（＊32）。

これまでALPS処理水を執拗に「汚染水」と呼び、海洋放出反対を訴えてきた社民党の福島瑞穂党首は、《消費者の権利を守りたい！#放射線育種米 #あきたこまちR #あきたこまち #カドミウム汚染》《放射線育種米あきたこまちR何が問題なのかという集会に参加しました。》などと、あきたこまちRに問題があるかのような発信を繰り返した（＊33）。

立憲民主党が、おしどりマコと共に「党の考えの体現」と豪語して擁立した川田龍平参議院議員も、《「あきたこまちR」は、イオンビームによる放射線育種米であることから、安全性の評価、そして一気に全量転換していくことに拙速すぎないか、消費者に対する説明が果たされているのか不安は払拭できていません。消費者、生産者にとっても大きな課題が山積しています。今後も追及していきます》と記している（＊34）。

無論、あきたこまちRには、何ら安全上の問題はない。むしろ土壌中のカドミウムを含有しにくくなり、従来以上により安全性は高まったとさえ言える。放射線の照射による農作物の品種開発は一般的なもので、自然界でも起きている。

両議員の発信には誤りを指摘するコミュニティノートが付けられたが、現在まで謝罪や訂正は見られていない。川田議員はかつて、「薬害エイズ事件」の被害当事者であったが、現在は国会議員という権力者の立場から、このような言説を振りまいている。「弱者性」は容易に反転する。

さらに「れいわ秋田組」を名乗るアカウントは、《風評被害ではありません。一つの遺伝子を破壊すれば、その影響がどこに出るのかわかりません。本当に人体に影響がないと言えるのでしょうか?毎日食べるお米です。長期的《マ》見《マ》て人体への影響がわからないならば、予防原則に基づいて行動すべきではないでしょうか?》と発信し（＊35）、日本共産党の加賀屋千鶴子秋田県議は《安全と安心は違います!!》と訴え、あきたこまちRへの生産全面切替を批判した（＊36）。

ＡＬＰＳ処理水問題と酷似した構図がそのままスライドし、繰り返されていることがわかるだろう。

秋田県議会議員のうさみやすひと（宇佐見康人）は、これらに対し、《風評加害はやめてください》（＊37）、《社民、れいわ支持層のこまちRへの風評加害が酷いですが、まずこれを読みましょう。どんなに丁寧な説明をしても、理解する気が無ければ時間の無駄です。こまちRがダメなのか、放射線育種がダメなのか、ダメだと思うからダメ（お気持ち）なのかはっきりしてくださいです。》と訴えている（＊38）。

一方で、秋田県の一般米農家には数々の誹謗中傷が向かっていた。中には、

《しね、お願い致します!どうか!死んでください!!お前みたいな他人の体の健康を害するような食べ物を作る農家は死ね!》（＊39）

などのメッセージまでぶつけられていた。東電原発事故で福島の農家が受けた誹謗中傷を彷彿とさせる（＊40）。福島では、こうした心ないメッセージで実際に人が絶望に沈み、死んだ。我々社会は、いつまでこのような不毛な構図を繰り返すのか。

「予言」にどう対峙するか

厄介なのは、これまでも示してきたように、本来であればデマを打ち消す役割を担うべきマスメディアや専門家ら（タモツ・シブタニ『流言と社会』〔東京創元社・１９８５年〕や清水幾太郎『流言蜚語』〔ちくま学芸文庫・２０１１年〕など伝統的な流言の研究において、マスメディアや専門家は基本的に流言を「止める」側として規定されてきた）が見て見ぬふりをしたり、むしろ「予言」に加担してきたケースが少なくないことだ。

ＡＬＰＳ処理水問題では、新聞各紙が誤解を広めてきた。たとえば、２０１８年9月には朝日新聞が《東電、汚染水処理ずさん　基準値超え、指摘受けるまで未公表》《汚染水の8割超が基準値を超えていた》《東京五輪に向け問題を矮《わい》小《しょう》化してきた》などと、暫定処理しか終えていないタンクの水をそのまま海洋放出しようとしていた、しかもそれを隠蔽しようとしていたかのような誤解を広めかねない記事を書いていた（＊41）。

秋田魁新報《さきがけ》は2020年5月17日、《時代を語る・中村征夫(33)汚染水、なぜ海へ流す》との記事で、写真家中村征夫の《「海で希釈されるから大丈夫」なんて言う人がいるようだけど、薄まりゃいいってもんじゃない》などという声を紹介した。挙句、この記事へ向けられた抗議を無視した(＊42)。


このような報道はたびたび繰り返された。政府が2023年8月24日以降に放出することを決定した最終盤でさえ、新聞各紙の社説には呪いに等しい無数の「予言」が並んでいた。

「海洋環境と魚介類の安全性の確認にあらゆる手段をつくすとともに、問題がみつかれば」

「中国は『核汚染水の海洋放出』として反発を強めている」

「汚染水(ALPS処理水)の海洋放出を24日にも開始すると表明しました」

など、汚染リスクをほのめかすものや「汚染」の強調、果ては中国政府側を擁護・代弁するかのような主張まで見られた。


論調の内訳をみると、海洋放出目前の8月23日に処理水に言及し「賛成」を表明したのは、全国で福島民友新聞、日本経済新聞、読売新聞、産経新聞のたった4紙のみ。それに対し「反対」を表明したのは、北海道新聞、中国新聞、信濃毎日新聞、神戸新聞、琉球新報、共同通信、東京新聞、しんぶん赤旗、京都新聞、新潟日報、西日本新聞、高知新聞、朝日新聞、毎日新聞、河北新報、沖縄タイムス、日本農業新聞の17社にものぼった(＊43)。

このとき、中国新聞は《通常運転の原発の排水と、デブリに触れた水では比較になるまい》と書いた。一度デブリに触れようが触れまいが、ALPSで処理され海洋放出される時点で、科学的な性質、安全性に何ら違いはない。それとも中国新聞は、「一度何らかの伝染病に罹った人と罹っていない人では比較になるまい」とでも言うのだろうか。

同紙は7月6日にも、《原発処理水の海洋放出　なし崩しの強行許されぬ》とのタイトルで《体内へ取り込むことによってどんなことが起きるか、長期的な影響を軽んじてはならない。IAEAが原発敷地内に事務所を設け、今後も監視を続けていくと約束したのは、そうした認識からではないか》と書き（＊44）、前年の2022年7月24日には《ALPSでトリチウムは除去できない。政府は「原発の排水にも含まれている物質」と危険性の低さを強調するが、体内に蓄積される内部被曝の影響まで否定できるものではない》などと書いてきた（＊45）。

念のため注釈すると、「中国新聞」とは中華人民共和国の新聞ではない。日本の「中国地方」の新聞である。歴史的には原爆投下による被爆者差別に苦しめられた広島に本社を置いている。その新聞社が、なぜ福島への偏見・差別に繋がりかねない非科学的な不安を煽るのか。ここでも「弱者」の立場が容易に入れ替わる実態が浮き彫りになったと言えるだろう。

さらに、世論はこのとき、むしろ半年以上前から、福島県内も含めて放出賛成が反対を圧倒的に上回っていた。ところが、新聞業界は真逆だった。これほど多くの新聞社がファクトからも民意からも背を向け、独善的な「正しさ」を押し通したのはなぜか。

当事者が最も懸念していた処理水への非科学的な誤解と偏見・差別の解消どころか、それに逆行しかねない「予言」を繰り返してまで護ろうとしたものは、「信仰」に限りなく近しい、狂信的エゴイズムではなかったか。

メディアの暴走を誰が止めるのか

これまでの章で述べたように、今やメディアは少なくない人々から、流言を鎮めるどころか「広める側」と認識されている。アカデミズムもイデオロギーに偏向し、機能不全に陥りかけている。日本学術会議は多くの批判や要望を受けていたにもかかわらず、結局、最後までALPS処理水関連では何一つ発信しなかった。ファクトチェック団体の日本ファクトチェックセンターは、2023年7月になってようやく処理水関連のフェイクニュースを取り扱い、その後もいくつかの記事を書いた（＊46）。

ただし、日本ファクトチェックセンターは設立時にマスメディアを検証対象にしないことを宣言しているため、マスメディアの暴走を止める抑止力にはならない。

また、別のファクトチェック団体「InFact」に至っては、3回目の処理水海洋放出が開始され、もはや誰も話題にさえしなくなった2023年11月2日になってようやく処理水を取り上げたかと思えば、《ファクトチェックの結論　現状の開示で「安全」を確認するのは困難》《一般の読者、視聴者は政府の言っていることを鵜呑《うの》みにさせられている感が強い。それでは「安全」を確認したことにはならない。「安全」か否かの議論をする前に、その前提となるデータを私たちが確認できる情報開示が必要だろう》などと締めている（＊47）。

その一方で、以前、編集長に問題を直接指摘していた《福島第一原発事故で新事実　事故直後の首都圏で高レベルの放射線量が計測されていた》《「米兵のトモダチは高線量で被ばくしていた」フクシマ第一原発事故プロジェクト第2弾》（いずれも2018年10月記事）などは放置されたままだった（＊48）。

法務省の人権擁護局にも相談した。人権擁護局は（特定の民族や外国人に対する）「ヘイトスピーチ許さない」との標語を強く繰り返し掲げている（＊49）。

そこで、東電原発事故に関連した数々の風評加害やデマの具体例を提示したうえで、「ＡＬＰＳ処理水や福島の除染処理土への非科学的な『汚染』呼ばわりが人権侵害やヘイトスピーチに該当するか否か」回答を求めた。すると、《個別具体的な言動が人権侵害やヘイトスピーチに当たるかどうかについては、対象となる言動の文言のみならず、当該言動の背景、前後の文脈、趣旨等の諸事情を総合的に考慮して判断されることとなるため、法務省（法務局）の立場としてお答えすることは、差し控えさせていただきます。いずれにしても、被災者の方々に対する偏見、差別はあってはならないものと認識しており、こうした言動のない社会の実現に向けて、国民の理解を得られるような人権啓発活動等に、しっかりと取り組んでまいります》との返答が得られた。

一方で、法務局の具体的取組みについては、《法務省の人権擁護機関では、令和5年度の啓発活動強調事項として「震災等の災害に起因する偏見や差別をなくそう」を掲げ、法務省ホームページ（＊50）での人権啓発動画の掲載等の各種啓発活動を実施しています。また、福島地方法務局においては、令和3年6月に東日本大震災に起因する偏見や差別の防止に焦点を当てた人権啓発動画を作成し、法務省YouTubeチャンネルで配信しているとともに、当局のホームページのトップ画面においても、人権啓発メッセージを掲載しています》との説明があった。

風評加害者らが自ら法務局ＨＰを検索して訪れ、動画を閲覧し、反省し、風評加害を止めるのだろうか。

２０２４年1月19日、社民党の福島瑞穂党首は中国共産党序列4位の王滬寧《おうこねい》政治局常務委員と北京市内で会談し、この期に及んでＡＬＰＳ処理水の海洋放出反対で一致したことを改めて表明した。「人類共通のものなので海を汚すべきでない」とした王常務委員に対し、福島瑞穂は「処理汚染水が放出されないよう止めていきたい」などと訴えたという。

福島瑞穂の活動に対し、中国の軍事戦略に詳しいジャーナリストの峯村健司は《王氏は相手国の取り込みや分断を図る統一戦線工作のトップ。まさに術中にはまっています》と述べた（＊51）。

なお中国漁船は処理水放出後、中国が日本産水産物を全面禁輸した２０２３年の秋も大挙して太平洋に押し寄せて、秋刀魚を漁獲している。中国と足並みを揃え、日本産海産物の禁輸に踏み切ったロシアの漁船も、福島第一原子力発電所の50㎞圏内で堂々と漁を続けている。もはや道理も何もあったものではない（＊52）。

このような状況で、一体誰が野放図に広まった「予言」と不安煽動を止めるのか。

「情報災害」を減らしていくために

一部の「社会正義運動」とイデオロギーから、その信仰を繋ぎ、共有する手段としてたびたび出現する、事実に基づかない荒唐無稽な「予言」や不安を煽動するほのめかし――すなわち流言蜚語への基本的な対策は、第1章で示した《「被害者文化」の侵食に抗うために：1.「共感」の解放、2.囚われた「人質」の解放、3.「弱者性」「被害者性」の無力化》と、かなりの部分で重複する。

事実に基づかない流言や不安煽動の発信・拡散元、すなわち「風評加害者」らに対し、これに近しい対応を取ることが重要になってくる。それを「誰が行うか」も含め、具体的には以下に3つ提案する。

①政府や行政機関が正確な情報発信に留まらず、積極的に「反論」をしていく

まずは、政府や行政機関が積極的かつ毅然として直接「抗議」「反論」をしていくことが必要だ。これまで、政府や行政は「言論弾圧」のリスクあるいはトラブル、民事介入だとの批判を過度に恐れ、誤情報に対する積極的な反論を行うことは稀だった。

『フェイクを見抜く　科学者とジャーナリストの最強タッグによるファクトチェックの実践講義』（唐木英明&小島正美・共著　ウエッジ・2024年）によれば、2021年11月6日、TBSテレビ「報道特集」がネオニコチノイド系農薬の危険性を訴えた。内容は人の発達障害の増加に影響があるかのようなことをほのめかす、事あるごとに農薬やワクチンに向けられてきた典型的な不安煽動だったという。

唐木と小島は、同書でこれを否定する様々な根拠を挙げて反論した一方、農薬の許認可やリスク評価に携わった農林水産省や厚生労働省、食品安全委員会など「国からの反論がまったくなかった」ことを批判する。そのうえで、《せっかく国に代わって反論しているのに、肝心の国がだんまりでは援護なしと同じだ。（中略）国がもっと表舞台に出て、科学的な論争を通じて、国民に適確な情報を流すべきだろう。そのやりとりを見て、国民が是非を判断すればよい》と訴えた。

その通りだ。国などの行政が矢面に立たず、現場の当事者や個人の善意など属人的な献身と自己犠牲に依存したままでは、自ずと限界が来る。あらゆるデマは「声が大きい者、立場が強い者の言ったもの勝ち」、ナチスの宣伝省大臣ゲッベルスが言った「嘘も百回言えば真実となる」が示したように既成事実化されてしまうだけだ。

まして、今や社会への影響力という点において、現代のマスメディアは事実上、司法、立法、行政に比肩・干渉する巨大な権力者と言える。「何が問題か」「誰が弱者か」を恣意的に誘導するアジェンダセッティング、チェリーピッキングやほのめかしなどの印象操作、あるいは言いがかりに等しい報道や事実の担保なき独善で世論に影響を与え、人々を煽動し、結果的に政策や政権支持率、選挙結果を左右したり、場合によっては選挙で選ばれた政治家に「スキャンダル」をでっち上げて失脚させることもできる。現に、メディアが過去の政権交代を煽ったことを自供したこともある（＊53）。

東電原発事故やＨＰＶワクチンでも実証されたように、「情報災害」によって社会の選択を誤らせ、人々の暮らしや生命・財産を破壊することもある。しかも、結果に何ら責任を取ることはない。このような巨大な権力を相手に個人だけで立ち向かっても、勝敗など最初から見えている。

これほど巨大な影響を社会にもたらすマスメディアの関係者は、しばしば自らを「権力の監視役」のように自認する。まさに「第四の権力」と呼ぶに値する振舞いだ。仮にモンテスキューが現代社会を生きていれば、「三権分立」ではなく「四権分立」と訴えたことだろう。

しかも、「第四の権力」は他の三権と異なり、専門的な知識と責任を担保する資格が不要かつ民主主義的な選挙で選ばれたわけでもない。任期はなく弾劾《だんがい》もできない。他の権力と違い、相応の責任を求められる制度すらない。情報開示の義務もない。

あくまでも主権者は国民である。マスメディアを事実上の特権階級にしたまま、社会の舵取りを委ねてはならない。行政や世論に干渉できる巨大な権力を持ちながら、専門的な知識や責任どころか選挙すら必要とされず、「一方的な監視」が特権的に許される状況がこれ以上放置され続けるのは危険だ。

エビデンスとファクトを基にした「尊厳の文化」を大前提としたうえで、モンテスキューの時代にはなかった新たな巨大権力を社会制度に組み込み、権力同士が相互に牽制《けんせい》し合うよう促していく必要があるだろう。つまり、行政や立法、司法側も第四の権力に対し、「対等な権力」と見做して批判や反論を加え、責任を求めていくべきだ。

すると、「そのようなことをすれば、政府などの権力が暴走しかねない」との主張も間違いなく出てくるであろう。しかし、ここでも考えなければならないのは、ゼロサム思考ではなく「量の概念」だ。

すでに第四の権力が暴走して誰にも止められない、時に民意から正当に選ばれた政治家の生殺与《せいさつよ》奪《だつ》さえ、冤罪でっち上げや印象操作によって、ある程度コントロールできてしまう現状がある。その弊害も、第四の権力自身による「報道しない自由」や共感格差によって、人々に広く周知されていない。目下この状況こそ、民主主義にとって差し迫った大きな危機と言える。

そもそも、仮にマスメディアが事実の報道よりも政治への干渉をしたいなら、被選挙権はある。正当な民主主義手続きで政治家に立候補し、世論からの信任を受けるべきだ。

②一般人もＳＮＳなどを駆使して反論する

もう一つ重要になってくるのは、一般人も「お客様」にならず、主体的に反論をしていくことだ。

ここで最も大事になるのは「ファクトとエビデンス」、すなわち「人の思惑に左右されない客観的事実（再現性がある科学的知見など）」を尊重すること。特にそれらと「主観的判断による正しさ（人間万事塞翁《さいおう》が馬。予測できない未来に対する政策や在り方などの意見＝オピニオン）を混同させないことが必須となる。

そのうえで、「被害者文化」に抗うのと同様に、偏向したアジェンダセッティングから生じた社会問題（とされるもの）に対し、「社会からの関心と共感」という資源の独占をさせず、彼ら彼女らが主張する「弱者」「被害者」「当事者」「論点」とされるものを無条件に受け容れず、あくまでも「尊厳の文化」をもってフェアに対応する。相手が「被害者文化」に蝕《むしば》まれた「加害者」に変容した場合、それをダブスタ（ダブルスタンダード＝二重規範）なく指摘・批判する。

たとえば、弱者に寄り添う「やさしさ」を装いながら、実際には風評を広めたり、当事者の自立を阻んだり、問題の解決を遅らせているような人々に対しては、ファクトとエビデンスを示したうえで、「風評加害者」と指摘することなどは極めて有効だ。

彼ら彼女らが事あるごとに隠れ蓑にしてきた「やさしさ」「弱者性」「被害者性」を無力化させ、問題を温存し続ける「加害者」としての実態を衆目の前に暴き出すだろう。

また最近、Xにおいては、２０２３年7月に実装された「コミュニティノート機能」の有用性が特に注目されている。本書でも何度か取り上げたが、これはユーザーの中から志願してコミュニティノートに登録した不特定多数の参加者によって行われている制度だ。

投稿にコミュニティノートをつけられた側はこれを消すことができず、すべてのユーザーに公開される。この機能により、反論を無視したり、エコーチェンバーに閉じこもったままで不正確な情報のみを一方的に垂れ流すことができなくなった。

コミュニティノートの表示は単純な多数決に拠らない。過去の評価において、評価が相違することのあった協力者の間で「役に立つ」という評価が一致することがノートには求められる。Xルールに違反しているケースを除き、Xの運営側がノートの作成や評価を行ったり、ノートに介入したりすることもない。

透明性を重視するため、すべての協力者は毎日公表され、ランキングアルゴリズムは誰でも調査できるようになっている。これによって、評価や主張のイデオロギー的な偏向をある程度緩和できる。

そのうえで、情報提供者の実名が明らかにされるわけではないため、反論が不当な圧力や誹謗中傷、報復といった実力行使によって封じられることも防止できる。

集合知によって誤った情報の拡散に一定の歯止めがかかるこの制度は、正確な情報を求める人や社会にとっては歓迎すべき状況だが、少なくないジャーナリストや一部の政治家などからは不快感の表明が相次いだ。

具体例の一部を提示しよう。2023年7月17日、沖縄タイムスの阿部岳記者による、以下の投稿があった。

《水俣では、中毒患者を出しながら有毒な工場排水が海に放出され続けた。福島では、約束した「関係者の理解」も得ないまま原発事故の汚染水が海に放出されようとしている。沖縄では、民意を踏み躙って海を埋め、辺野古新基地建設が続いている。全てつながっているし、全ておわっていない》（＊54）

これに対し、次のコミュニティノートがついた。

《原発廃炉処理水に水俣病や沖縄の基地建設がつながっているという個人の感想には、科学的な根拠が提示されておりません。処理水の安全性は国内外の専門家から様々な科学的立証をされており、民意としても海洋放出に賛成の世論調査の結果も出ています。（＊55）》
《また敷地面積を占める処理水の保管タンクは、復興への廃炉作業の妨げになっています。（＊56）》
《むしろ問題は、こちらの投稿のように汚染水と呼ぶ声からは科学的論証がされないことで、社会的な合意形成を得られる説得力がないどころか、問題解決を妨害する意図も含まれ、風評被害に当たるので注意が必要です》

すると阿部記者は、

《私のツイートに付いた「コミュニティーノート《ママ》」。なんか客観を装っているけど、「あなたの感想ですよね」「問題解決の妨害ですよね」「風評被害ですよね」というただの匿名ネトウヨコメントが公的な装いで表示されていて、まさに今のツイッターを煮詰めた感じの素敵な新機能です』（＊57）

と吐き捨てた。神奈川新聞記者の柏尾安希子は、

《コミュニティーノート《ママ》って、見ている限り口汚くないクソリプって感じですね。》（＊58）

と投稿し、これを否定するコミュニティノートがつけられた。

さらに自身の投稿についた《唐突に雲霞の如くつき始めたので、何かあると思っています。コミュニティノート。やたらと政権寄りです。まさかとは思うがこんなのに税金使われていないだろうな》という返信に対し、《そう思いますよね》などと返していた（＊59）。

ジャーナリストの津田大介は、

《なんでモデレーションもろくに機能していない日本のツイッターで、匿名でほぼ自由に書ける形で導入したのか。嫌がらせに使われるに決まってるだろ》（＊60）

と断じた。立憲民主党の蓮舫参議院議員が、

《コミュニティノート、これは実名にすべきでしょう。》（＊61）

と投稿したことに対し、

《匿名化するメリットとしてプライバシーの保護だけでなく下記2点の実現をコミュニティノートはガイドラインに示しています。

偏見の緩和：

ノートの作者ではなくその内容に焦点が合わせられ、特定の作者に対して協力者が抱くおそれのある偏見を抑制できる

分極化の緩和：

コードネームによって、人々が安心して党派の垣根を越えたり、同調圧力や報復を恐れずに自身の陣営を批判したりできることで、分極化が緩和される》（＊62）

とのコミュニティノートがつけられた。

また、これまで「代替医療」と称される、標準的な医療と異なる治療などを提案したり、「ワクチン不要論」などの著書で多くの批判を受けてきた人物が、《ちょっと質問なのですが、ツイッタ

ーもコミュニティノートとかいう通称ゴミノートってやつが入ってきて、ウザくなってます。利用者激減、閲覧も激減にはなりそうですが、ここぞとばかりに工作員とか業界アカウントもわいてくるしw。（中略）一応質問としてはコミュニティノートを表示させない、ブロックする方法をご存知のかたいますか？ということです。》と投稿したことに対し、《コミュニティノートの宣伝としてこれほど優れた文章ないと思う。デマ医療で稼ぐ人にとって、どれほど都合が悪いか、撤退すら視野に入れさせる。凄いぞコミュニティノート！》などの感想が寄せられていた（＊63）。

③社会を希望で照らす

最後に示すのは、「社会を希望で照らす」ことだ。

一見して陳腐な精神論にも見えるかも知れないが、実はこれが最も重要なことであり、行うすべての対応の動機、最終目的として通底させなければならない。

改めて「情報災害」を要約する。

悪意または誤解や独善、政治的あるいは商業的な打算や自己顕示などに基づく軽挙妄動《けいきょもうどう》、あるいは同様の動機から広められた流言蜚語などの誤った情報を主な手段とし、「正確な状況判断とその共有を阻み、対応の優先順位を誤らせ、社会のリソースを空費させ、一刻を争う救助や支援を妨害する」「人々の恐怖や不安を煽動し、社会に怒りと絶望を広める」などを要因に引き起こされる人災全般を指す。

「情報災害」はそのすべてが「人の心」が引き起こす以上、最終的には「人の心」でしか解決できない。

災害時など、生命の瀬戸際にある人間を最後の最後に繋ぎ止めるのは「希望」だ。恐怖や不安が広まる中、寒空の下で救助を待つ中、あるいは人生を捧げてきたすべてを失ってしまったような状況では、被害状況や立場によっての多少の程度はあれど「助からないかもしれない」「見棄てられた」「二度とは元に戻らない」「これ以上生きていても仕方がない」などの絶望が頭を過《よ》ぎる。

デマがもたらす「絶望」は、当事者が崖っぷちの岐路にあるその瞬間に、背中から突き落とすように作用する。たとえば、すでに述べたように、福島では原発事故が発生したが、健康影響を受けるような被曝は住民の誰もしておらず、食品は今や他県産とまったくリスクが変わらない。にもかかわらず、特に事故直後には未来を悲観した自殺者が多発した。

２０１１年7月9日の毎日新聞報道によれば、福島県内では同年3月に原発事故が発生した翌月4月から6月にかけて、自殺者が2割増加したという。その後も自殺は相次いだ。《私はお墓にひなんします　ごめんなさい》と残された遺書は、あまりにも重い（＊64）。

本来は必要のなかった避難によって健康が悪化したり、家庭が崩壊したケースも続発した。長年福島で農家をしていた私の祖父も、「福島の農家はサリンを作ったオウムと同じ」に類した悪質な言説が飛び交っていた時期に、「もう俺の野菜は孫や曾孫には食わせられない」と絶望し、「もう俺は死にたい。早く死にたい。ころしてくれ。もうころしてくれ……」と何度も呟き、失意のまま他界した。

無責任に絶望を広めた賢《さか》しらな人々は、自らの言説が招いた壮絶な光景を知らない。知ろうともしない。せいぜいが、すべてを「元はと言えば事故を起こした国と東電が悪い」などと他者に責任転嫁して終わりだろう。

一度社会に広まった「絶望」を打ち消すためには、強い「希望」を広める必要がある。「必ず助ける」「絶対に復興させる」「元の暮らしを取り戻せるようにする」——そこには、あるいは厳密な意味では根拠なき「願望」「嘘」も含まれるかも知れない。

それでもなお、より酷い絶望をもたらさないよう最大限の配慮をしながら、強く、繰り返し、意識的に希望を打ち出し続ける必要がある。たとえいかなる絶望があろうと、空虚で実現不可能な絵空事と冷笑・嘲笑されようと、無責任だとの誹《そし》りや怒りを向けられようとも、それこそが、非常時であるほど、瀬戸際にある当事者の命を繋ぎとめる一筋の糸となり、運命さえ左右し得る。


何より、先のことなど誰にもわからない以上、前述したように「ファクト」と「オピニオン」を混同してはならない。東電原発事故後、私は相次ぐ余震とそのたびに鳴り響く緊急地震速報の中で、屋内退避をしていた。藁《わら》にもすがる思いで携帯電話を握り情報収集すると、そこには「フクシマを廃県にしろ」「二度と人が住めない」「復興など諦めろ」「逃げない奴は馬鹿」「すべての放射性廃棄物を福島に持っていって最終処分場にしろ」「原発を誘致した福島県民の自業自得」のような、不安と恐怖に沈んだ気持ちをさらにへし折る、絶望へと誘う「オピニオン」が無数に並んでいた。

ところが、実際には彼らの描いた「予言」ははずれ、福島は復興した。福島だけではない。たとえば広島に原爆が投下された1945年、当初は「広島には75年間草木も生えない」と言われていたが、その30年後、1975年の広島で起こっていたのは「プロ野球広島東洋カープ、初のリーグ優勝！」に沸く街の姿であった。

「情報災害」を防ぐために最も大切なことは、「社会を希望で照らす」ことだ。

脚注

＊1 https://gendai.media/articles/-/75370
https://newsphere.jp/national/20180404-2/
＊2 https://togetter.com/li/1077551
＊3 https://diamond.jp/articles/-/82507
https://diamond.jp/articles/-/81865
＊4 https://twitter.com/nowa_hant/status/1746452041428512807
＊5 https://www.mext.go.jp/b_menu/shingi/chousa/kaihatu/016/shiryo/__icsFiles/afieldfile/2011/11/02/1312358_7_1.pdf
https://togetter.com/li/606817
＊6 https://togetter.com/li/1001328

*7 https://togetter.com/li/800130

*8 https://www.toben.or.jp/message/libra/pdf/2020_05/p22-25.pdf

*9 https://synodos.jp/fukushima-report/28592/

*10 https://stoica.jp/yamamoto_blogs/1081

*11 https://www.sankei.com/article/20230417-WFKNBTPHDJGYXEMVUUKL5F34H4/?outputType=theme_monthly-seiron

https://togetter.com/li/1973629

*12 https://www.bengo4.com/c_23/n_16867/

http://spring-voice.org/news/231205/

*13 https://www.meti.go.jp/earthquake/nuclear/hairo_osensui/shirou_alps/monitoring/

*14 https://mainichi.jp/articles/20230831/k00/00m/040/270000c

*15 https://twitter.com/TomoMachi/status/1696919330011992524

*16 https://twitter.com/miyadai/status/1697486382837407787

*17 https://twitter.com/sohbunshu/status/1697350054393283054

*18 https://twitter.com/kharaguchi/status/1697682872138863087

*19 https://twitter.com/fNKusa4JlFAL1Hs/status/1694899960095842309

*20 https://twitter.com/sin_dog_2022/status/1698492128291102800

*21 https://twitter.com/mitsusato_2/status/1699767938914611226

*22 https://www.youtube.com/watch?app=desktop&v=22x39oVJqd8

*23 https://twitter.com/buchitom/status/1700131302937415821

*24 https://twitter.com/fujishimatomoko/status/1700069477915013386

*25 https://twitter.com/ohtsubakiyuko/status/1700585951142261039

*26 https://twitter.com/jcpSENDAIaoba/status/1700117854501408925

https://togetter.com/li/2225856

*27 https://www.huffingtonpost.jp/entry/media-fukushima1_jp_652600a3e4b09f4b8d4236d8

*28 https://twitter.com/kohei_w1985/status/1733692945050837261

*29 https://www.j-cast.com/2021/04/12409300.html?p=all

*30 https://www.huffingtonpost.jp/entry/fukushima-media-6_jp_65825b0fe4b0d9bdbf680962

*31 https://www.huffingtonpost.jp/entry/media-fukushima-8_jp_6588f55e4b014ec45a22557

*32 https://www3.nhk.or.jp/news/html/20231225/k10014292221000.html

*33 https://twitter.com/mizuhofukushima/status/1722423523271159919

https://twitter.com/mizuhofukushima/status/1724364404136001552

*34 https://ameblo.jp/kawada-ryuhei/entry-12828728355.html

https://agora-web.jp/archives/231117022359.html

https://www.sankei.com/article/20231227-ZWZU6TE3WNF3TLYNP5QNF3NMDI/

*35 https://twitter.com/akitareiwa/status/1722839959516958998

＊36 https://twitter.com/akita_jcp/status/1720979138646098071

＊37 https://twitter.com/yasuhi10/status/1722768938210390219

＊38 https://twitter.com/yasuhi10/status/1722963130165117045

＊39 https://twitter.com/minorinfarm/status/1728276057865044270

＊40 https://rief-jp.org/ct10/6437
https://togetter.com/li/225192

＊41 https://gendai.media/articles/-/67575?page=4

＊42 https://viewer.sakigake.jp/news/article/20200517AK0019/?nv=spe

＊43 https://seisenudoku.seesaa.net/article/500475018.html?seesaa_related=category

＊44 https://www.chugoku-np.co.jp/articles/-/328245

＊45 https://www.chugoku-np.co.jp/articles/-/192505

＊46 https://www.factcheckcenter.jp/fact-check/nuclear/fukushima-daiichi-nuclear-plant-treated-water-ocean-release-fact-check-summary/

＊47 https://infact.press/2023/11/post-22274/

＊48 https://infact.press/?s=%E3%83%88%E3%83%A2%E3%83%80%E3%83%81&submit=

＊49 https://twitter.com/MOJ_JINKEN/status/150222809098977287)

＊50 https://www.moj.go.jp/JINKEN/jinken04_00008.html

＊51 https://twitter.com/kenji_minemura/status/1748507310451052627

＊52 https://www.zakzak.co.jp/article/20240120-YB4M7GHTVRK63PED5FFHFVQFOA/
https://www.asagei.com/excerpt/276624
https://s.japanese.joins.com/JArticle/309466?sectcode=A00&servcode=A00
https://www.zakzak.co.jp/article/20240114-WBQKLHGQDNKJBL6JP525PZTKDQ/
https://twitter.com/Sankei_news/status/1747223733394419806
https://twitter.com/USAmbJapan/status/1747097758899843101

＊53 https://agora-web.jp/archives/1140209.html

＊54 https://twitter.com/ABETakashiOki/status/1680938525561323521

＊55 https://www.jiji.com/amp/article?k=2023071300764&g=pol

＊56 https://www.meti.go.jp/earthquake/nuclear/hairo_osensui/shirou_alps/no4/

＊57 https://twitter.com/ABETakashiOki/status/1681641469734711298

＊58 https://twitter.com/KJvdcYYG7rONyUl/status/1681799181168701440?ref_src=twsrc%5Etfw

＊59 https://twitter.com/harryacu0302/status/1681800765604790275?ref_src=twsrc%5Etfw%7Ctwcamp%5Etweetembed%7Ctwterm%5E1681801231084421120%7Ctwgr%5Ed1abd0384dc73ea76ec22e0f08a1bdea3b267272%7Ctwcon%5Es2_&ref_url=https%3A%2F%2Fanonymous-post.mobi%2Farchives%2F32972

＊60 https://twitter.com/smith796000/status/1682168508237631488

＊61 https://twitter.com/renho_sha/status/1682484814719647745

＊62 https://communitynotes.twitter.com/guide/ja/contributing/aliases
＊63 https://twitter.com/pV4ADRJ2CK92118/status/1686223475646881792
https://togetter.com/li/2197885
＊64 https://miseki.exblog.jp/16313760/
https://www.minpo.jp/pub/topics/jishin2011/2014/04/post_9831.html

終章

能登半島地震と情報災害

今、再び繰り返される「情報災害」

2024年1月1日、石川県能登半島で大地震が発生した。相次ぐ地震と津波によって、被災地には人的・物的に大きな被害が発生した。さらに、険しい地形で補給路が限られる能登半島北部への支援救援は困難を極めている。

今、まさに現在進行形で起こっているこの災害でも、「情報災害」に繋がる多くの軽挙妄動や偽情報、言いがかりや印象操作が飛び交っている。

たとえば、珠洲《すず》市内の特定の住所や架空の住所をあたかも実在するかのように記して、その場所とは直接関係ない動画や画像を貼り付け、「#助けて」「#SOS」などと救助を求める偽の投稿が相次いだ。総務省などは偽情報への注意を呼びかけている。

『信じてはいけない　民主主義を壊すフェイクニュースの正体』(朝日新書・2017年)の著者で桜美林大学の平《たいら》和博教授はNHKの取材に対し、《収益化のためにインプレッション(SNS上での表示回数)を稼ぐ行為をしているとみられ、「悲劇の現金化」とも言える。本当に必要な情報が届かず探せない、情報空間が濁《にご》ってしまう状況が現に起きている》と指摘した。

他にも人工地震説を訴えた陰謀論もあった。被災者を装い、電子マネーによる寄付金を呼びかけて注意喚起された投稿もあった(＊1)。

《被災地からの再三再四の悲痛な呼びかけを無視し、レンタカーで渋滞の一因になりながら現地を回った国会議員から上がってきたレポートが、ことごとく政府や県知事、関係者がすでに把握済みの情報ばかりであったという事実は、しっかりと後世にまで語り継いでいくべき。何やってんだよ、本当に》（＊2）

２０２４年1月7日、日本維新の会の音喜多《おときた》駿《しゅん》政務調査会長はＳＮＳ上で、こう怒りを露わにした。れいわ新選組の山本太郎代表が、地元からの要請を無視して能登半島入りするパフォーマンスを行ったからだ。

馳《はせ》浩《ひろし》石川県知事は、こう訴えていた。

《能登へ向かう道路が渋滞し、物資が届かない、患者の輸送回数が減っているなど救援部隊も大変困っています。（中略）能登への不要不急の移動はくれぐれも控えてください。被災者の命に関わります。皆様のご協力を何卒お願いいたします》

自民、公明、立憲民主、日本維新の会、共産、国民民主の6党も、救助活動や支援物資輸送の妨げになるのを避けるため、所属国会議員の被災地視察を当面自粛すると申し合わせていた。

それでも能登半島には、野次馬のごときユーチューバーや自称ジャーナリストらが次々と乗り込んだ。中には「撮れ高あるんですよ、奥能登」などと発信した者までいたという。

真に被災地を助けたいならば、隣県の富山県などにはすでにボランティアの募集を開始していた自治体もあり、そこに参加するなどの方法が有効だった。それらを無視し、当事者から拒否されてもなお、能登半島にあえて押しかけることを、「当事者のため」などと正当化することなど断じてできない。

一見すると「些細なこと」「善意に基づく行動」などと見る人もいるかもしれないが、それはたとえいかなる動機でも、非常時においては間接的に生命を奪いかねない暴挙であることは見逃せない。


現地に入った山本は《外部からの流入が様々な搬入のネックと考えるならば、一刻も早く入り口から制限する以外ない。【半島の根っこ手前に関所（検問）を置き交通をコントロールせよ】》などと主張した。自らが真っ先に要請を無視して押しかけておきながら、何を言っているのか。

《【大幅増員のプッシュ型支援を】【ニーズを聞きとるではなく、支援メニューを示せ】》ともあったが、山本が知らないだけでこれらは対応済みである。《【現場を見ろ。安心させろ】【広域避難を求める】【ノウハウある者の雇用・経済的支援を】》ともあったが、何の新規性も具体性も専門性も感じられないものだった。

山本は自らの怪我をおして、松葉杖で被災地に向かった。怪我人が被災地に乗り込めば当然、現地に迷惑をかける可能性が高い。さらに、山本は被災者用の炊き出しカレーを食べたこと、し尿処理が逼迫《ひっぱく》する状況で、数少ない水洗トイレ近くの駐車場を占拠したことなどが指摘され、批判されていた。

山本の一連のパフォーマンスは、れいわ新選組支持者やそれに近しい勢力内では絶賛された。支持者からは「安倍（晋三）元総理も福島でカレーを食べた」などの反論もあった。前提状況がまったく異なる話だ。

被災地から来ないよう要請されていた災害初期に押しかけた現地で炊き出しのカレーを食べた山本に対し、安倍元総理は震災から2週間以上が経過した2011年3月26日、東北自動車道が一般車両を対象に再開通された日に、「原発事故によって多くの人が近づかなくなって物資も不足していた福島に大量の支援物資と共に赴《おもむ》き、その日の炊き出しで残ったカレーを現地の自民党事務所に戻ったあとに食べた」のである。

原発事故の影響で、この時期は福島の食を忌避する声も多かった。福島に駆けつけて「美味しい」と食べた安倍元総理に対し、山本は当時福島で「放射能汚染」を喧伝《けんでん》した。原発事故から2年経った2013年10月24日、当時参議院議員だった山本は、

《ベクレてる（※筆者註：放射能汚染されている）んやろなぁ、国会議員に出すお弁当は》（＊3）

などと語っていた。

同じ年、首相官邸のフェイスブックには、《福島の桃は本当においしい。大好きです》と笑顔で写る安倍総理の対照的な姿が残されている（＊4）。

能登地震での印象操作を糾す

その他にも、以下のような流言や印象操作が広まった。

・政府の初動対応が遅すぎる
・政府は自衛隊の投入やヘリの使用をケチっている
・政府はハイパーレスキューの出動を止めていた
・中国に忖度《そんたく》して台湾からの支援を断った
・能登半島の志賀原発で深刻な異常が発生している
・首相は被災地に行かないくせに新年会をハシゴして遊び歩いている
・県知事は震災の想定試算を知りながら、これを軽視した
・避難所の自販機が破壊され、飲料と金銭が略奪された
・本当は被災地の道路はガラガラで、交通規制は意味がなかった
・特定非常災害指定や激甚災害指定が遅い
・政府は海外や万博には多額の予算をばら撒くくせに、被災地復興には40億円しか出さない

・2次避難先のホテルや旅館などは自己負担

挙げていけば他にも無数にあるが、このリストからも具体的な内容をいくつか示しておこう。

・能登半島の志賀原発で深刻な異常が発生している

国土交通省航空局は1月2日、捜索や救難活動などを行う有人ヘリの妨げにならないようにするため、能登半島全域でドローンなど無人航空機の飛行を原則禁止にした。これに対し、《志賀原発、輪島朝市、いろいろ知られたら政府転覆となるまずいものがゴロゴロ転がっているからですよ。(中略)特に志賀原発の惨状たるや今や見られたものではないのでしょうね》などの投稿が見られた(＊5)。

鳩山由紀夫元首相は同じ1月2日、《爆発音がして変圧器の配管が破損して3500リットルの油が漏れて火災が起きた》とSNSで発信したがデマだった。長男で国民民主党の鳩山紀一郎は《こちらのポストにつきまして、父には撤回を求めました》と書き込んだが、本人は《怪しさは消えず》などと開き直った。

慶應義塾大学名誉教授の金子勝も《【なぜマスコミは志賀原発の「不都合な真実」を取材報道しないのか】能登半島地震で志賀原発が深刻な事態に陥ったが、経産省、規制委員会、北陸電力はひたすら「安全」を繰り返すだけ。》と投稿した(＊6)。

元衆議院議員の笹山登生《たつお》は、

《能登半島、非常に不謹慎な話になるけど、「放射性物質が漏れているかもしれない」という仮説は、市民サイドとしては、予備として、立てておくに越したことはないと思うけどね。あれほどの地殻変動があったという事実を前提とすれば、あながち、杞憂と済ましてはいられない、説明責任が当事者としてはあるはずだ。たとえ運転休止中といえども。》（＊7）

と発信したのに対し、思想家で神戸女学院大学名誉教授の内田樹《たつる》は、

《これは僕も同じ意見です。初動があれほど遅かったのも、議員の被災地入り自粛を申し合わせたり、ドローンを禁止したりしたのも「志賀原発の被害状況がわからなかったから」ということならすべて腑に落ちます。総理大臣が「私は被災地には行かない」と言明するなんて、おかしいでしょう？　自衛隊の投入をためらったのも、もし隊員を被災地に送って被曝したらたいへんなことになる・・・という配慮の上の判断ということなら十分な合理性があります。原発再稼働と万博実施のためにはどうしても「原発は無事だった」というアナウンスが必要です。でも、無事かどうかが分からない。実はこの仮説と「岸田首相と馳知事が無能なせいで、マニュアル通りの救難活動が実施されなかった」仮説のどちらが蓋然性が高いか、実を言うと悩ましいところなんです。だって、後の仮説の方が説得力があるから・・・》（＊8）

などと投稿していた。これらの流言や陰謀論に対し、元環境相で原発事故の収束及び再発防止担当大臣の細野豪志衆議院議員は、

《能登半島地震の志賀原発への影響を整理しておく。一部に変圧器の油群《ママ》れで火災が生じたとの情報が流れたがこれはフェイク。外部電源5回線のうち3回線は送電継続。非常用ディーゼル発電機5台、大容量電源車1台、高圧電源車6台と多様性・多重性が確保されている。志賀原発の放射性物質の漏洩《ろうえい》を疑っているツイートを見かけましたが、そのような事実はありません。私は自民党の原子力規制の責任者として政府担当者に直接確認しています。デマの拡散は絶対にしないでください』》（＊9）

と否定・反論している。

・中国に忖度して台湾からの支援を断った
・自衛隊の投入やヘリの使用をケチっている

1月4日、産経新聞がこう伝えている。

《ネット上の「救助隊を日本が拒否」言説は「公平性欠く」　台湾の外交部が声明――。台湾の外交部（外務省に相当）は四日夜、声明を発表し、能登半島地震に対する台湾の救助隊派遣について

日本政府が「台湾（の申し出）を拒否した」とするネット上の言説は「公平性を欠く」と指摘した》

険しい地形の能登半島は輸送経路も脆弱《ぜいじゃく》で、外国のチーム派遣を受け容れられる余地はなかった。日本政府は、台湾からの部隊派遣の申し出に感謝を示しつつ断った。

ところが、日本国内の一部では「東日本大震災の際、台湾の捜索救助隊が発災直後に派遣体制を整えたにもかかわらず当時の日本政府（民主党政権）が待ちぼうけを食らわせ、その間に、中国を含む複数の他の国の救助隊を先に受け入れた」と批判し、岸田文雄政権に中国に対する何らかの忖度があるのではないかと疑う意見も多々見られた。これを台湾政府が正式に否定した形だ。

なお、許容量を大きく超えた人員投入の弊害については、自衛隊出身で福島県議会議員の渡辺康平が発信した東日本大震災時の経験が参考になる。

《時の総理大臣だった菅直人氏は被災地視察の結果、自衛隊定員20万人の半分にあたる10万人を派遣しました。自衛隊の運用に総理が口を出した為、（中略）被災地では人員が余り、それぞれの基地や駐屯地は人手不足になった結果、何が起きたか。東日本大震災後に周辺国による情報収集目的などのスクランブル発進は一気に増えましたが、災害派遣のため整備など対応する人員が足りないという切実な声や、陸自では実施するべき訓練ができず、練度を維持することができないという訓

練幹部の悲鳴も聞いています》

初動遅れを既成事実化する面々

・政府は海外や万博には多額の予算をばら撒くくせに、被災地復興には40億円しか出さない

また、岸田総理が被災地に対する物資支援のため表明した予備費47億4000万円の支出に対しては、立憲民主党の蓮舫参議院議員と原口一博元総務相、杉尾秀哉参議院議員らが、《建物倒壊による人的被害をかんがみてもなぜ予備費使用がこの額なのか》《ウクライナに追加支援6500億円、能登半島地震で予備費使用が40億円。いくらなんでもこれはないだろう》《大阪万博の、わずか半年使用されるだけのリング（大屋根）に344億円が投じられるのと比較してもありえない額。被災地への誤ったメッセージでもある》と相次いで批判した。

日刊ゲンダイも《能登半島地震の予備費40億円に〈やすっ！ケタが少なくとも一つ、二つ足りない〉などとSNS批判の嵐》と報じたうえで、《ウクライナにポンと6000億円。能登半島地震に苦しむ自国民にはショボい40億円》《税金を納めていることが馬鹿らしくならんか。我々は誰のために増税されているのか》といった声を紹介し、《岸田政権に対する逆風は依然として続いているようだ》と締めくくった（＊10）。

政治アナリストの大濱崎卓真《おおはまざきたくま》は、これらに対し、《明らかなミスリードもしくは誤解です》と断ずる（＊11）。

大濱崎は平成28年の熊本地震における第一弾の予備費が23億4000万円であったことを例示し、こう説明する。

《第一弾は緊急物資支援目的のために確保されるもので、多くはプッシュ型にかかった費用です。今後かかることが見込まれるプル型支援の費用や復興復旧の費用は、熊本地震の例によれば、第二弾予備費や（時期によっては）補正予算、本予算に反映されます》

岸田総理本人も1月4日のBSフジ「プライムニュース」に出演し、40億円はあくまで、地元の要望を待たずに行う「プッシュ型支援」に活用する額であることを強調した。

現役国会議員、まして民主党時代に政権を担当した蓮舫議員や原口議員が、こうした実情を知らないはずはない。ミスリードで人々を煽動し、政権批判に向かわせる目的は何か。それが、一刻を争う災害対応時にやるべき行為なのか。

・政府の初動対応が遅すぎる

《「初動に人災」「阪神の教訓ゼロ」　能登入りした防災学者の告白》（＊12）

朝日新聞1月14日の報道だ。記事では石川県の災害危機管理アドバイザーも務めてきた室崎益輝《よしてる》神戸大学名誉教授の言葉を借り、《初動対応の遅れがとても気になりました》《国や県のトップが、震災を過小評価した》と訴える。SNSなどでも同様に、「初動が遅い」との批判が相次いだ。その一方で、

1. 〝初動〟とは何か？
2. 初日〝24時間〟〝72時間〟など時間的範囲の事なのか？
3. 何らかのメルクマール（特定非常災害指定、人命救助や物資支援の開始や一定の目途が経つまで）の設定があるのか
4. どの事実を根拠に遅いと評価したのか
5. どこから早い or 適切になるのか（＊13）

これに対する実際の動きは、以下の通りだ。

・地震発生（午後4時10分頃）
・首相官邸の危機管理センターに対策室設置（1分後）
・首相が関係省庁に対応指示（5分後）
・自衛隊が初動対応部隊を発足（20分後）
・松村祥史《よしふみ》防災相、林芳正官房長官が官邸に入る（28分後）

・石川県馳知事より自衛隊への災害派遣要請（35分後）
・岸田総理と馳知事が官邸入り（約1時間後）
・特定災害対策本部会議が開催（約4時間後　＊14）

これらがすべて1月1日、元日に行われている。具体的に「何が遅く」「どこが震災を過小評価」で「どうするべきだった」というのか。前掲の朝日新聞記事は、

《自衛隊、警察、消防の邪魔になるからと、民間の支援者やボランティアが駆けつけることを制限しました。でも、初動から公の活動だけではダメで、民の活動も必要でした。医療看護や保健衛生だけでなく、避難所のサポートや住宅再建の相談などに専門のボランティアの力が必要でした。苦しんでいる被災者を目の前にして、「道路が渋滞するから控えて」ではなく、「公の活動を補完するために万難を排して来て下さい」と言うべきでした》

というが、本当に奥能登の道路状況と被災状況を理解しているのか。

余震が続き、沢山の人が行方不明になり、火災が起き、生存率の分水嶺72時間が迫る「その瞬間」に自衛隊、警察、消防などのプロフェッショナルを押しのけてボランティアが駆け付けたところで、道路を渋滞させる以外に何ができたというのか。

まして二次被害に遭ったら誰が助けるのか。ユーチューバーや自称ジャーナリスト、火事場泥棒

らの相次ぐ侵入をいかに防ぐのか。これも先述の「40億円しか出さない」ミスリードと同様に、「政府が失敗した」「政府が助けてくれない」かのような印象操作をしたがっているだけなのではないのか。

地元石川県の公式アカウント「もっといしかわ」は1月15日の時点においても、こう発信している。

《警察、自衛隊、消防などから届く現場の情報もふまえ、今はまだ一気にボランティアが入れる時期ではないと考えています。被災地の皆さんのニーズを調査し、今週中にはボランティアの受け入れ時期を判断したく、事前登録のうえ、いましばらくお待ちください。》（＊15）

1月19日、立憲民主党の泉健太代表は、《今日の立憲民主党災害対策本部で防災学の権威、室崎益輝教授と意見交換。「批判ではなく初動の遅れをどう克服するか」で一致》とSNSで発信（＊16）。同党の杉尾秀哉参議院議員は24日の参議院予算委員会集中審議で朝日新聞が報じた室崎名誉教授の発言を挙げながら、「自衛隊の派遣、今回は明らかに遅いし少ないという風に言わざるを得ません」と断じた。

これに対して松本剛明《たけあき》総務大臣は、

「今お名前があがりました室崎先生からは、新聞紙面紙上で小出しというお話もございましたので、

私共としては専門家のご指摘はお聞きして受け止める姿勢を持たなければいけないと思って、消防庁の方からお話をさせていただいて事実関係をご説明させていただきましたところ、発災当初から十分な規模の部隊が出動していたことは理解した、被災地に現に到着できた部隊数を見て、小出しと発言したが、道路などの事情もある事は承知していなかった、との話をいただいており、当初からの出動についてはご理解をいただいたかと思っております」（動画の1時間2分7秒近辺より＊17）

と返答している。

朝日新聞と立憲民主党が強調し、既成事実化しようとした「初動が遅い」との指摘は、その根拠とした専門家本人の「道路などの事情もある事は承知していなかった」との言葉で否定された。

忘れるな！「デマは人を殺す」

・県知事は震災の想定試算を知りながら、これを軽視した

1月18日、東京新聞編集局は《石川県「能登でM8・1」試算を知りながら防災計画は「M7・0」想定　知事は「震災少ない」と企業誘致に熱》との見出しで記事を書き、SNSで拡散した（＊18）。これに対し、

《記事に問題はありませんが、見出しで誤解を招いていますので補足します。見出しの「知事」とは7期28年を務めた谷本前石川県知事です。現石川県知事の馳浩氏は、就任後防災計画の見直しを決めています。》

《現知事の馳浩氏が就任した2カ月後の22年5月、地域防災計画の地震災害対策編を見直すと決めています》（＊19）

《新地震想定　やっと前進　石川県　97年度以来の見直し決定》（＊20）

とのコミュニティノートが付けられている。

この東京新聞の当該発信に対しては、次のような指摘をする声も見られた。

《メディアの巧妙なミスリードが学べる構文。

①見出しで「前知事」と書かず、現・馳知事の記事と思わせるミスリード

②前知事時代の話なのに、写真はなぜか現知事との2ショット

③企業誘致は北陸新幹線絡みで金沢市の話。それを能登半島の話と混同させる書き方

④現知事の「見直し」の話は最少に》（＊21）

・2次避難先のホテルや旅館などは自己負担

1月12日には芸人のラサール石井が、能登半島地震の被災者向けに岸田総理が発信した《被災地

では寒い北陸の冬と、長引く避難生活により、心身共につらい環境が続いています。またインフラの復旧や住まいの確保にはかなりの時間がかかります。自らの命と健康を守るため、ぜひホテルや旅館などへのより安全な環境へ、積極的な二次避難をお願いします》（＊22）とのメッセージに抗議した。

《被災者にそんな金あるか。だったらあんたが金を出して、旅館やホテルを借り上げ避難民を移動させろ。五輪誘致のアルバム作りみたいに、馳浩石川知事に官房機密費から金出してやらせろ。》

東京スポーツはこの投稿を取り上げ、『ラサール石井　被災者へホテル移動呼びかけた岸田首相に激怒「そんな金あるか」』と報じた（＊23）。

石井の主張も事実に反している。投稿には多くの反論と共に、

《被災者に対してホテルや旅館の宿泊料を徴収するかのような論調ですが、災害の場合は行政側から施設側に費用が負担・補助されるため、無料もしくは極めて廉価で利用できます（＊24）。一次避難所となる体育館などの公共施設は、多くの避難者が集結するため、感染症が流行しやすく高齢者やこどもなどの健康面が脅かされ、災害関連死の増加が懸念されます。仮設住宅などが準備できる前の暫定的な滞在先として、二次避難先として用意するものです。場所によっては生活物資や、医療施設や高齢者施設も用意されます（＊25）。

被災地に留まる事で、新たな二次災害被害の危険性がある事に留意が必要です。》

とのコミュニティノートが付けられた。

さらに、れいわ応援組大分（@bGC3DRwF2B45684）は、コミュニティノートが付いた後にもかかわらず石井の投稿を共有しながら、

《えっ・・二次非難《ママ》のホテルや旅館って・・被災者支払い???国が借り上げしてるのかと思ったよ?本当にケチだよね‥多くの自国民に、税金使いたくないいんだね・・》（＊26）

と誤情報を拡散させた。

生活環境が大きく破壊された被災地にとって、支援情報の伝達は生死を分けることに直結しかねない。また、これまで述べたようにメンタルヘルスの悪化は、災害関連死や健康被害の増加を招く。岸田総理の発信は、2次避難所の確保により、生活環境の改善や、避難生活の負担で命を落とす「災害関連死」を防ぐ狙いがあった。

このような伝達を妨害する誤情報が被災者に届けば、たとえば今回の場合、「お金がないからホテルには泊まれない」と断念して、必要な支援を受け損ねたまま能登の冬空の下で何日も過ごしたり、支援が少ないと信じ「見棄てられた」と過度な悲観と絶望で心が折れてしまうリスクもある。

被災地では衛生状況の悪化や避難所の過密などによって、インフルエンザやCovid-19などの伝染病感染リスクも高まっている。

断言しよう。「デマは人を殺す」。特に非常時にこれを広めることは、犠牲を生むことに直結する。日本では、いかなる政治的な意見があろうと、思想の自由が保障されている。当然、政権打倒を訴えるのも構わない。しかし、災害時に乗じて、しかも安全な外部から、被災者に一方的なリスクと犠牲を強いて行う政治的主張と、「情報災害」を拡大させる「社会正義」に、一体何の価値と正当性があろうか。

福島で引き起こされたことと同じ犠牲を、これ以上繰り返してはならない。

政府と外務省による誤情報への反撃

一方で、この震災で発生した「情報災害」に対し、岸田総理はこれまでの国の姿勢を明らかに変化させ始めた。岸田総理は1月13日、

《二次避難について誤解を招きかねない、事実に基づかない投稿が散見されていますが、二次避難先は行政で手配しており、避難者の方にご負担いただくことはありません。その他の誤情報も散見されます。影響の大きいアカウントだから正しいとは限りません。公共機関等からの情報の確認を

お願いします。悪質な虚偽情報は決して許されません。政府として今後も情報発信に努めますが、国民の皆さんには虚偽情報に惑わされないようお願いいたします。》（＊27）

と改めて発信した。ラサール石井らが広めた誤情報を念頭に置いたうえでの発信と言える。悪質な虚偽情報への毅然とした対応と共に、マスメディアやインフルエンサーではなく「公共機関等からの情報の確認をお願いします」と強調したことも象徴的だ。

石川県の馳知事も岸田総理の反論を共有して、こう繋いだ。

《2次避難所については、岸田総理の投稿にもあるように、避難者の方にご負担いただくことはありません、無料です。安心して利用してください。被災地から、2次避難所であるホテル・旅館へ直接避難する場合の無料マッチングダイヤルを開設しますので、ぜひご活用ください》（＊28）

ほぼ名指しで政府から直接反論された石井は1月14日になってから、

《正月以来政府の地震災害への対応に怒りを感じる連続だったので、二次避難の呟きにも即反応してしまい、ホテルや旅館が有料であるかのような誤情報を流す結果になりました。被災地の皆様にはただならぬご迷惑をお掛けしたことを深くお詫びします。1日も早く平穏な日々が戻りますことを願っております。》

と「謝罪」したが、「自分が誤情報を流したのも政府が悪い」と言わんばかりの他責的内容であった（＊29）。

能登半島地震では、国や県といった行政が直接情報を積極的に発信し、インフルエンサーやメディアが広めた偽情報や印象操作に対し毅然と対峙・反論した。行政の対応は、かつてとは明らかに変わりつつある。

たとえば、最近のＡＬＰＳ処理水問題でも、終盤には外務省が「積極的な抗議と反論」を実践した。すでに記したように、外務省は正確な情報や放出に理解や協力をしてくれた友好国の様子を大量に発信すると同時に、ネット上や中国などからの偽情報には間髪をいれず、明確なエビデンスとファクトを一つひとつ具体的に示して反論した。岸田総理も外務省と足並みを揃え、対面、オンライン、外交の舞台、あらゆる場面で矢継ぎ早に、一歩も退かず毅然と対応した（＊30）。

結果、外務省は人々から多くの称賛と信頼、注目を集めた。批判や反論を受けた側は「デマだ」とされて炎上し、さらに多くの注目を集めた。それらを見た人や従来の情報発信だけでは届かなかった層には、正確な情報がより幅広く届き、デマを広めてきた側にとっては「見せしめ」のような抑止力にもなった。結果、処理水を「汚染水」とする中国、ロシア、北朝鮮のプロパガンダが国際的な悪影響をもたらす野望を挫《くじ》いた。日本国内では最大の懸念であった風評被害も起こらなかった。

外務省の異例とも言える数々の動きに対し、これまで駐メキシコ大使、駐ブラジル大使などを歴任した元外交官の山田彰は9月2日、こう語っている。

《処理水放出が現実のスケジュールになったころ、外務省の何人かの後輩に、『「正しさ」の商人』を薦めておいた。そのうちの一人で、案件の直接の担当者は著者の林智裕氏と直接連絡を取り合うようになったと聞いて、嬉しく思った。（中略）風評加害者には、科学的根拠を突き付けて厳しく反論していくこと、本来はそれは行政の役割だったはずだが、これまではその対応が十分ではなかった、という反省がある。しかし、今はしっかり反論し、正しい情報を発信する攻めの広報が行われている。

風評加害者の信用は落ち、国内世論は明らかに変わりつつある。中国の嫌がらせを見て、処理水を汚染水呼ばわりする輩も同じ穴の狢《むじな》と理解するようになった面もあろう。常磐の水産物を食べて応援したいという日本人がサイレントかもしれないが圧倒的なマジョリティだ》（＊31）

その言葉通り、私は以前から外務省のある方と連絡を取り合っていた。２０２３年春には福島で直接会談して、処理水放出後の風評の見通しと防止、及び「風評加害」対策についての戦略を改めて共有した。私からも稚拙ながら幾つかの提案はしたが、外務省の方々は想像を遥かに超え、まさに獅子奮迅の活躍をしてくださった。

前著で記した「情報災害」「風評加害」に対峙するための知見と提案が少しでも役に立ったとすれば、著者として幸甚の限りである。

めでたかったはずの元日を暗転させた能登半島地震の甚大な被害によって、被災地には深い絶望が広がっている。寒い日本海側の冬空の下、未だ状況の全容すら見えない中で、明日をも知れぬ日々に凍える被災者の心境はいかばかりか。

そうした中で、前出の立憲民主党・米山隆一衆議院議員は1月8日、

《非常に言いづらい事ですが、今回の復興では、人口が減り、地震前から維持が困難になっていた集落では、復興ではなく移住を選択する事をきちんと組織的に行うべきだと思います。地震は、今後も起ります。現在の日本の人口動態で、その全てを旧に復する事は出来ません。現実を見据えた対応をと思います》

《買い物をするにも、病院に行くにも、介護を受けるにも、ある程度人口が集積している所の方がはるかに楽です。そして地域の水路管理や除草・除雪所か、自宅すら、広い家と庭は、高齢になったら管理できずに持て余し、管理者がいる集合住宅の方がずっと楽になります。我々はその現実を直視すべきです》

《豪雪の中山間地の(可成り)余裕のあるご家庭では、高齢の老夫婦が家をたたみ、除雪のいらない街場のマンションに引っ越したりしていいます。人の少ない集落での暮らしは実は高齢者には厳し

く、一度街場に住むともう戻れないと言います。そこに暮らす人の事を思えばこそ、移住は選択肢だと思います》
《今回の様な大規模災害時の復旧においては強制は必要なく、行政が、住民が安心して街場へ移住出来るきちんとした青写真・補助を提示するだけで、相当程度実現できます。結果、本人達の生活は楽になり、行政コストも減ります。「実は誰にとってもプラスな選択肢」を直視すべき時ではないかと思います》

と発信し、大きな議論を呼んだ（＊32）。故・田中角栄元総理がかつて、

《このトンネルについて、60戸の集落に12億円かけるのはおかしいとの批判があるが、そんなことはないっ。親、子、孫が故郷を捨てず、住むことができるようにするのが政治の基本なんだ。だから私はこのトンネルを造ったんだ。トンネルがなかったら、子どもが病気になっても満足に病院にかかれない。冬場に病人が出たら、戸板一枚で雪道を運んで行かなきゃならん。同じ日本人で、同じ保険料を払っているのに、こんな不平等があるかっ。》（＊33）

と語っていたという。田中元総理と米山議員、同じ新潟県選出の政治家同士として、あまりにも対照的な発言だ。

米山議員の発信に呼応して、ＳＮＳでも、次のような意見が相次いだ。

《正論。こんな最果ての僻地《へきち》の限界集落を「復興」なんて非現実的なんだよな。医療現場で散々叩かれてる、認知症の超高齢者への高額な延命と何が違うのか。もう日本にはそんなリターンの乏しい事業に膨大なコストかける余裕ないんだから、公金投入は地方都市までに制限して、僻地からの移住を推進すべき》（＊34）

《能登町＋珠洲町＋輪島町合わせて震災前人口4・8万程度。家屋の9割以上が全壊状態。この規模の住民数を近隣の都市が吸収するのは難しくないわけで、残念ながら被災地には「復興しない」という選択が必要になります。》（※著者註：実際には珠洲、輪島は「町」ではなく、それぞれ珠洲市、輪島市。＊35）

無論、これらの主張は「能登を捨てよ」という意味ではなく、《奥能登の沿岸や山間に無数に散在する小集落から、輪島や珠洲の市街地へ集約する》ということを指しているのだろう。

確かに、少子高齢化がますます進む社会において、有限のリソースをどのように分配していくかは、大いに議論の余地があるだろう。被災地が「元通りの復興」を成し遂げることは現実には厳しいのかも知れない。《「合理的」「現実的」な解決方法を探るべきというのは「正論」》という側面は大いにあるに違いない。

一方で、1月12日の毎日新聞は、《「復興しなくて廃村になるんじゃないかってみんなおびえてる。

生まれてずっと住んでいる人ばかり。餓死してでも大沢（※輪島市大沢町）に残りたいって言ってる人がたくさんいるよ。私も出たくない」と目を赤く腫らしながら言った》という、避難所からの声を伝えた（＊36）。

故・田中角栄元首相は、

《政治家は発言に、言っていいこと、悪いこと、言っていい人、悪い人、言っていい時、悪い時に普段から気を配らなければならない》（＊37）

とも語っていたという。

1月14日、岸田総理は被災地を訪問した。この時の様子を、馳浩石川県知事は、

《岸田総理に現地視察に入っていただきました。ヘリから被災状況を視察するとともに、輪島市・珠洲市の避難所を訪問され、あらためて深い傷跡に、総理も大変心を痛めておられました。避難所では、被災者のご意見に丁寧に耳を傾けて、

「必ず戻れるようにする」

「知事や市町の首長の皆さん、政府全体、協力して取り組む」

「今はここで何とか命を守ってください」

こういった力強いお言葉を、被災者の皆さんにかけていただきました。》（＊38）

と発信した。馳知事の投稿には、正座して被災者に向き合う岸田総理の姿が写されている。
岸田総理も自身のXアカウントで、
《被災者の皆さん。大変な状況が続いていますが、皆さんの思い、しっかりと受け止め、政府も自治体も、民間企業やボランティアの皆さんなど協力してくださっている関係者が一丸で頑張りますので、どうぞ心を強く持ってください。皆さんの未来に向け、希望を持てるよう、全力を尽くします。》（＊39）
と発信した。

脚注

＊1 https://news.ntv.co.jp/category/society/5bba32008d98452d885d76f06a0d2a7e
＊2 https://twitter.com/otokita/status/1743997384223559977
＊3 https://www.j-cast.com/2013/10/25187245.html
＊4 https://www.facebook.com/sourikantei/photos/a.314382198661546/387702274662871/?type=3&paipv=0&eav=AfatW2V4raHEwVHdgvU58pEYuhQS0Jcz_X6kvrXn8-RC8T83T1sR5q2JBw36XYzLHZo

&_rdr
* 5 https://twitter.com/YYIIHCCO/status/1744285528764424434
* 6 https://twitter.com/masaru_kaneko/status/1747043796381253874
* 7 https://twitter.com/keyaki1117/status/1746064888659669187
* 8 https://twitter.com/levinassien/status/1746087879565332661
* 9 https://twitter.com/hosono_54/status/1746468472471900636
* 10 https://www.nikkan-gendai.com/articles/view/life/334278
* 11 https://twitter.com/oohamazaki/status/1742847348580196688
* 12 https://www.asahi.com/articles/ASS1G2P91S1CUTFL01Y.html
* 13 https://twitter.com/Nathankirinoha/status/1746831652310122759
* 14 https://www.nikkei.com/article/DGXZQOUA030EJ0T00C24A1000000/
* 15 https://twitter.com/motto_ishikawa/status/1746866067228840368
* 16 https://twitter.com/izmkenta/status/1748249975598026871
* 17 https://www.youtube.com/watch?v=PsCEb-4Tv9s
* 18 https://tokyo-np.co.jp/article/303471
* 19 https://twitter.com/tokyonewsroom/status/1747816965622915232
* 20 https://chunichi.co.jp/article/475994
* 21 https://twitter.com/cynanyc/status/1748133415713681491

*22 https://twitter.com/kishida230/status/1745426498226704396

*23 https://togetter.com/li/2294343

https://www.tokyo-sports.co.jp/articles/-/288750

*24 https://www.city.hida.gifu.jp/site/bousai/hisaishien-hotel.html

https://kyodonewsprwire.jp/release/202401095078

*25 https://www.sankei.com/article/20240112-S5TSYNVCINIDTLIMEXC2W25X5U/

*26 https://twitter.com/bGC3DRwF2B45684/status/1745841087187652664

https://twitter.com/LOVEJITENSHA/status/1746194545317199945

*27 https://twitter.com/kishida230/status/1746135565496664116

*28 https://twitter.com/hase3655/status/1746150855038894462

*29 https://twitter.com/bwkZhVxTlWNLSxd/status/1746406177116967191

https://www.nikkansports.com/entertainment/news/202401140000954.html

*30 https://www.sankei.com/article/20230901-EI57R2BVOZPYBKBDTJUATHEKHA/

https://sp.m.jiji.com/article/show/3040996?free=1

*31 https://twitter.com/akirayamada/status/1697656585160626582

*32 https://togetter.com/li/2292083

*33 https://gendai.media/articles/-/50055?page=3

*34 https://twitter.com/DrHonoh/status/1744221941127647314

＊35 https://twitter.com/CasseCool/status/1744230601128132733

＊36 https://mainichi.jp/articles/20240112/k00/00m/040/311000c

＊37 https://twitter.com/Mak0Nakamura/status/1744516706251522550

＊38 https://twitter.com/hase3655/status/1746486267272114535

＊39 https://twitter.com/kishida230/status/1746535404600496191

おわりに

現代社会では、「やさしさ」が強く求められている。「やさしさ」こそが「正しさ」であるかのように扱われ、「やさしくない」≒「正しくない」物事や対象は徹底的に排除される。そのため多くの人々は「間違えること」を極度に恐れ、もはや社会的に「やさしくない」「正しくない」（とされる）物事や、自らがその立場とレッテルを貼られることに容易には耐えられない。

そうした中で本書は、社会の潮流から「やさしさ」「正しさ」の対象外とされ顧みられなかった立場から、「やさしくない」しかし実際に起こっていた数々の現実を記した。他の差別問題なら巨大スキャンダルとして騒がれるであろう明確な暴言やデマさえ、「何事もなかった」かのように免罪され、報道もされない。当事者は見棄てられ、口を塞《ふさ》がれ、泣き寝入りを強いられ続けたことばかりだ。

他の書籍や資料から、こうした実態に関してまとまった具体的な記録を探すことは困難であるに違いない。あえて記録しなければ、我々の存在と共にそのまま散逸するだけであっただろう。

ただし、本書の目的は復讐や露悪趣味、特定の人物や団体への攻撃や誹謗中傷、政治的イデオロギー、あるいは同情を求めて「被害者になること」などではない。目指したのは、あくまでも「ファクト」と「エビデンス」、すなわち事実を事実として示し、社会における「情報災害」の減災と防災に繋げるという公益ただ一つである。我々のような犠牲を我々の世代で終わらせ、次世代に繰り返さないためだ。

仮に本書が「特定の党派性や団体に対する批判ばかりが目立つ」ように見えたとしても、それは断じて「特定の党派性ばかりを追及したから」ではない。ファクトとエビデンスを示し数々の「風評加害」「情報災害」の実例を追及すると、「関与した人物や団体の絶対数と割合が圧倒的に特定の党派性に偏っていた」という結果論でしかない。この事実は、書中で示した「ＡＬＰＳ処理水を汚染水と呼び続けていた勢力の統計」からも明らかにされていたはずだ。

本書は、社会の至るところに蔓延《はびこ》る安易な「やさしさ」の危うさも示した。「やさしさ」は、しばしば物語（ナラティブ）を紡ぐ。理不尽な抑圧と悲劇、善と悪の戦い、弱者の涙、現状を打破する一発逆転の夢――。むしろ、それらの「物語」なしに「やさしさ」は成立しないとさえ言える。

ところが「やさしさ」はいつも気まぐれで、時に近視眼的だ。あるべき善悪の基準、新しい規範、先進的価値観などを「やさしく」示す一方で、それらの客観的な事実、正当性と公平さ、結末のハッピーエンドを必ずしも約束しない。

たとえ素人の思い付きと変わらぬ浅慮で場当たり的な机上論であったり、コストや弊害を一切無視したり、別の弱者に一方的な負担と犠牲を強いる依怙贔屓やエゴイズムであったり、あるいは根拠なき思い込みや限りなくデマに近い言いがかりや陰謀論——つまり書中で示した「反動のレトリック」そのものであったとしても、事情に疎《うと》い他者からは「一理ある別の選択肢」「今まで見落とされていた新たな視点やリスクが熟考されている」「弱者やマイノリティへの熱心な寄り添い」「アップデートされた価値観」などと受けとめられ、「やさしく」評価や称賛され、善意によって広められたり、誰かを批判する論拠とされることも珍しくない。ときに内縁的な権威・権力から「表彰」され権威付けされることまである。

それらの「やさしい」物語は、まるで流言や感染症のように人々の判断や行動、ときに倫理観や価値観にまで浸透・干渉し、「情報災害」を引き起こすことがある。

たとえば、東電原発事故では「安心」「寄り添い」「念のため」を大義名分としたゼロリスク志向的な基準や、避難こそが間違いない「やさしさ」であり「正しさ」であるかのように喧伝された。その一方で、それらによる現実的なリスクは過小評価され、復興への負荷やコスト、震災関連死を増やす一因となった。

現場の努力を踏み躙ったALPS処理水への差別的な「汚染水」呼ばわりにも、当事者を生贄《いけにえ》に一定の人々を満足させる「やさしい」物語と公正さに欠ける恣意的な「配慮」が背景にあった。

ワクチンへの恐怖や不安の煽動、甘い言葉で患者をニセ医療行為に誘導する詐術、一部の「社会正義運動」がもたらした暴力や冤罪でっち上げを用いた「魔女狩り」などもまた、（少なくとも末端では）悪意どころか極めて強い善意と「やさしい」物語によってもたらされている。

ワシントン＆ジェファーソン大学英語学科特別研究員のジョナサン・ゴットシャルは著書『ストーリーが世界を滅ぼす　物語があなたの脳を操作する』（月谷真紀・訳　東洋経済新報社・2022年）の中で、「物語」を《他人の心に影響を与える唯一にして最強の方法》と規定したうえで、《ストーリーテラーが世界を支配する》とまで断じている。

確かに、今や「やさしさ」で脚色した「正しい」物語を戦略的に駆使すれば、政治闘争を有利にしたり、「内部から問題解決の足を引っ張り妨害する」「気付かれないように外堀を埋める」ことで、何らかの政策、あるいは社会や国家、組織を無益に停滞させるための最適解にも成り得る。そのため、強い党派性や目的を持った人物や勢力が、「情報工作活動」として確信的に用いるケースさえある。

キャッチー、あるいはセンセーショナルな言葉の多用や情動的な演説など、劇場型スタイルを用いて聴衆の関心を強く引き付け、「やさしく」単純明快な「正義（Justice）」を強烈に示す。そのオピニオンが唯一の「正しさ（Correctness）」であり「ファクト」であるかのように信じさせる。そのうえで、目障りな「悪」「敵」「抵抗勢力」をわかりやすく「悪魔化」させてしまう。競合する邪魔な「確からしさ」を人々の判断材料から排除する。

恣意的な結論へと誘導する選択肢だけを人々の視界に残し、「これ以外に正しい道はない」「自分で判断して決めた」かのような錯覚を持たせてしまう。

「巨悪に対し、舌鋒《ぜっぽう》鋭い批判を展開する正義の抵抗」「旧態依然とした構造を打破する改革」「見落とされてきた深刻な危険に対する警鐘」であるかのように演出された「物語」や非日常、それらを正当化する派手なパフォーマンスは、一見して地味で退屈に見える堅実な選択肢よりも、遥かに人々を興奮させる。それはさながら、「サーカス」のように。

「嘘と空手形は低コスト、検証や実現は高コスト」という現実も追い打ちをかける。結果、特にエコーチェンバー化が著しい集団内では、それらの「物語」と「正しさ（Correctness）を僭称《せんしょう》する正義（Justice）」の共有と既成事実化、狂信的支持がエスカレートしていく。

しかし、これまで数々の歴史上の出来事が示してきたように、人々がこうした「やさしい」「正義（Justice）」の物語に酔って判断力を失い、社会がエコーチェンバー内の独善によって進むべき道を誤れば、多くの不幸が待つだけだ。

我々現代人は日常的に、大量の「正しさ（Correctness）」を僭称するプロパガンダと「免罪符」を「『正しさ』の商人」たちから押し売りされている。

その一方で、本書に記した様々な事例でも明確に示されてしまったように、おそらく我々は自分達が期待しているほど常に理性的であるとは言い難い。いかなる人であろうと、しばしば「間違える」ことがある。

経済学者の山口真一国際大学グローバル研究センター准教授の研究では、《フェイクニュースを見聞きした人の77・5％（4人に3人以上）はそれを嘘だと気づいていなかった。しかもそれは年齢に関係なく、若い人も年齢の高い人も騙されていた。》ことが示されている（＊1）。

また、マイアミ大学のジョゼフ・E・ユージンスキ教授も著書『陰謀論入門　誰が、なぜ信じるのか』（北村京子・訳　作品社・2022年）の中で、「陰謀論を信じるのは極端な人や精神的に病んでいる人」「リベラルよりも保守派の方が陰謀論を信じやすい」などの、特に誤解が多い俗説を明確に否定している。

人には感情があれば、バイアスや利害関係もある。年齢や環境、経験によって価値観も大きく変わる。人生の中で「正しさ」を見誤ることは誰にでもあり、決して特別なことではない。それは特定の党派性や地位、年齢などに依るものではない。むしろ人並み以上の知識や地位があり、「自分が正しいと自信がある」人ほど間違えやすい傾向さえある。これは、第1章で取り上げた書籍『FACTFULNESS』が投げかけた質問の正答率とも一致する。

だからこそ、我々は次々と現れる「正しさ（Correctness）」を自称する物事の正体を、注意深く意識・観察しなければならない。

それらは客観的事実なのか。出どころはどこで、誰がどこまで責任を担保しているのか。その「正しさ」の陰で起きる代償と弊害は何か。自分はいつ、どこからの情報によって、それを「正しい」と確信するに至ったのか。

社会には、「これが自分だ」「正義だ」と疑いなく信じていたはずのアイデンティティや志向、価値観、あるいは「怒り」「憎しみ」「敵意」「敵味方」といった他者への評価や感情までもが、実は閉鎖的なエコーチェンバー内での共感や同調圧力、期待に応える振る舞いを重ねるうちに他者から植え付けられた「借り物」であり、虚構であったりすることがありふれている。「自分はエコーチェンバーの中にいるのではないか」を、常に自問するべきだ。

そのうえで、必要に応じて間違いをいつでも「軌道修正」できる余地も残しておかなければならない。

これまで示してきたように、「疑いようのない正しさ（Correctness）」だったはずのものが妥当性や正当性を担保せず、何者かが売りつけた主観や独善でしかない「正義（Justice）」にいつの間にか乗っ取られ、変容してしまう例は珍しくない。

当初は「自由や権利の拡大」を訴えていたはずの「社会正義運動」が、他者の表現や存在への攻撃ばかりを繰り返したり、反原発の論拠とするために原発事故被害による不幸の拡大を願ったりなどの本末転倒に陥る（＊2）。

能登半島地震でも、被災地で自分たちの身勝手なヒロイズムを成就させようとする「物語」に対し否定・反論してきた被災者に向かって、《じゃあ、ずっと瓦礫《がれき》の下でお過ごし下さい》などと吐き捨てる者がいた（＊3）。

そうした倒錯を止めるためには、個人や組織が自ら誤りを認め、軌道を修正する勇気が求められる。社会側にも、人の過ちと謝罪を許容できる社会の寛容と冗長性、すなわち「『誤ったら』あるいは『謝ったら』殺す」被害者文化からの脱却、そしてファクトやエビデンスとオピニオンを混同させず、多様な意見を認める土壌が必要になる。

人は誰しも、時に間違えたり失敗することがある。さらに、何事も「塞翁が馬」である。人の思惑が及ばない「ファクト」「エビデンス」と違い、オピニオンは何が正解かをあらかじめ完璧に予測することはできない。それら本来の「当たり前」を、社会が改めて認め直すところから始めるべきだ。

たとえば、2024年1月1日に発生した能登半島地震で大きな被害を受けた石川県能登町には、「イカキング」と名付けられた巨大なスルメイカのモニュメントが作られていた。国がCovid-19の感染症対策として配布した地方創生臨時交付金から2500万円もの公金が、この制作に支出されたことに対し、当初は「税金の無駄遣い」などの激しい批判と嘲笑を受け、海外メディアでも報じられた（＊4）。

ところが、散々「公金の無駄遣い」であるかのように報じられたイカキングは、その後、建設費の22倍にも及ぶ6億円以上の極めて高い経済効果を地元に生み出した（＊5）。

それればかりか、震災時に地震と津波で周囲が大きな被害を受けた中、無事であったイカキングの姿が「復興と希望の象徴」になった。イカキングの公式アカウントは《津波が迎えに来ましたが、海には帰らず、いつもの場所に居ます。奥能登が好きだから。これからも奥能登を元気にするぞ》

うか（＊6）。

と発信している。かつて「無駄」と断じた論者たちの一体誰が、このような未来を予想できただろうか（＊6）。

マスメディアも「社会正義」も、「絶対に間違えない」ことなど不可能だろう。

しかし、たとえば日本の製造業には製造物責任法（PL法）があり、自動車業界にはリコール制度もある。社会は率先して軌道修正や改善、リコールに乗り出して責任を取ろうとする姿勢にこそ大きなインセンティブを与え、逆にミスや不都合な事実の隠蔽、事故を起こして「ひき逃げ」するかのような卑劣な行為には、より大きなペナルティが加わるようにしていく必要があるのではないか。

現状のまま「正直者が馬鹿を見る」「やった者、言いっ放しで逃げた者勝ち」のままで良いはずがない。

人や組織は、たとえ自らが当初に規定した「正しさ」や意見、こうありたいという願いや存在理由が変わっても、またそれらが失敗しても生きていける。権威や権力を誇示して「名誉」「被害者性」を勝ち取らずとも、たとえ失敗を認め謝罪しても、決して奪われることのない、失われない「尊厳」が誰にもある。

そのような理想を実現する道のりはきっと、途方もなく「やさしくない」だろう。それでもなお、多様性と赦しを内在した「優しい」社会の実現を、私は心から願う。

脚注

＊1 https://news.yahoo.co.jp/byline/yamaguchishinichi/20220130-00279741)

＊2 https://www.sanspo.com/article/20230729-E4PQRRF75VA75C26G6QT3ONTOY/#:~:text=%E6%9D
%91%E6%9C%AC%E3%81%AF%E5%9C%B0%E5%85%83%E3%80%81%E7%A6%8F%E4%BA%95,%
E3%81%99%E3%82%8B%E3%81%AE%E3%81%AF%E5%9C%B0%E5%85%83%E3%81%A0%E3%81%
91%E3%80%82

＊3 https://ameblo.jp/yamatogusa/entry-12836833844.html
https://togetter.com/li/2295999

＊4 https://president.jp/articles/-/46204?page=1

＊5 https://www.yomiuri.co.jp/national/20220829-OYT1T50168/

＊6 https://www.sankei.com/article/20240122-SJ4NRXPT4ZBJJL2JAEFF4LFY3A/

謝辞

多くの方々からの、通常には考え難い程のお力添えで実現した「ほぼ奇跡」と言える前著の上梓《じょうし》から約2年。こうして再び書かせて頂けたのは身に余る僥倖《ぎょうこう》であった。果たしてどうやって感謝を伝えれば良いのか。あまりにも多くの方々の顔が浮かび、全てのご芳名を記したいがとても書き切れず、心苦しさが先立ってしまう。

まずは前著でお名前を挙げた全ての方々に重ねて深く御礼申し上げる。そのうえで、特に本書執筆にあたってお力添えを頂いた方——不本意ながら全ての方のお名前は挙げられないものの、この場を借りて御礼申し上げたい。

まず第一に、前著『「正しさ」の商人』を購入し、周囲へ勧めてくださったすべての方へ。本書は、その一人ひとりのお力添えによって完成したことを何度でも強調したい。

前著は販売において、実はかなり「異例な本」であった。様々な理由から「本の存在そのものが不都合な人」も少なくなかっただろうが、それ以上にただでさえ出版不況の中、「地方在住の無名の新人による単著」という明らかに無謀な状況もあいまって、出版後に入荷してくれた書店は大都市などでもごく限られた店舗のみに限られ、福島県内では皆無に等しかった。

本の発売日の翌日、私が書店へのご挨拶に回ったその日、丸一日かけて回った全ての店舗で入荷はゼロだった。その後、地元の岩瀬書店、西沢書店、福島市内のくまざわ書店、いわきのヤマニ書房などは積極的に入荷してくださったものの、全国的には今でもほとんど置かれていない。たとえ新聞に取り上げられても、幾つもの書評が出ても、書店に直接ご挨拶に伺ってその場では発注しますと約束してくださっても、ほとんどの店舗では一冊も入荷してもらえない。「なかったこと」のように扱われる。そんな本だった。

その一方で、多くの方が全国各地で書店に粘り強く問い合わせや取寄せ注文をしてくださった。図書館にリクエストしたり、中には自費で購入して献本していただいた方までいた。ネットでは事前の予想以上に高い口コミ評価と、多くの方の拡散によって販売数がじわじわと伸び続け、相変わらずほとんどの書店店頭には一冊たりとも並ばないまま、重版出来は4刷を数えた（※２０２４年3月11日時点）。紙の書籍と併せて買ってくださる方も少なくなかった電子書籍版は、瞬間的には「Amazon Kindle」の全書籍中で販売数総合4位にまで上昇した。

さらに、安倍晋三元総理の暗殺事件、国葬や五輪への反対運動、旧統一教会問題、ＡＬＰＳ処理水の海洋放出、能登半島地震など、世の中が「情報災害」に見舞われるたび、前著を参考文献にしたり、推薦してくださる方も無数にいた。

これほど極端に実店舗とネット書店とで扱いと評価、売れ行きが乖離《かいり》した本は、あまりにも「異例」であったと聞く。

版を重ねるにしたがって反響も次第に増えていった。これまで表立って声を上げられなかった、特に顧客を直接相手にする食品・農畜産物の加工や販売に携わる方々、宿泊業、公務員、さらに医療や科学に関わる職業人を中心としたサイレントマジョリティから（多くが「立場上、公言はできないが」と口を揃えるものの）、「良くぞ書いてくれた」との声が次々に届くようになった。

ときに、それまで面識がなかった福島県内や近県の方から筆者のもとに、ご自身の身内や近しい人に起こった「情報災害」の凄惨な実体験も寄せられた。私が前著や本書に書き記した記録でさえ、氷山のわずかな一角に過ぎないことを改めて実感した。それほどまでに、多くの「忘れ去られた」被害と当事者の声なき声があった。

この場に一人ひとりの名前は書けずとも、今、私の脳裏にはオンライン、オフライン、匿名実名にかかわらず、あまりにも沢山の方の姿が思い浮かんでいる。応援し、買い支え、広めてくださった方々の声と力がなければ、前著は誰にも届かず、知られることもないまま世の中から早々と消えていた。当然ながら、本書が出ることも有り得なかった。この本がお手元に届いたのは、ひとえにこれまで支えてくださった全ての方々のお陰である。

それにしても、「そのような」異例の本の企画を強引に通した、出版元である徳間書店の加々見正史氏もまた、異例の人である。しかも、近年は日本の出版業界にも「社会正義運動」からの「キャンセル」の動きが盛んになっている。本書のようなテーマを持つ書籍の中には、出版後に炎上騒動、そればかりか「出版中止」にまで追い込まれたケースさえあった（＊1）。それが「オリジナル」ではなく、たとえ海外で出版されている本の翻訳であってもだ（本書で参考文献として取り上げた『「社会正義」はいつも正しい』も、翻訳者による解説が炎上し、出版社が謝罪、公開停止に追い込まれている（＊2）。

前著『「正しさ」の商人』も含め、私に本を書かせること自体が極めてハレーションのある企画には違いなかった。それが実現した背景には、氏の存在と尽力が不可欠だった。

さらに雑誌『正論』の安藤慶太氏、そして編集長の田北真樹子氏、発行人の有元隆志氏。本書は同誌への幾度にもわたる掲載を通じて練り上げた論考がベースになっている。同誌からの執筆依頼がなければ、前著から2年という短期間での出版は困難であった。また、同じ産経新聞社の阿比留《あびる》瑠比《るい》氏が前著や『正論』掲載記事を産経新聞及びその他でたびたび取り上げ言及してくださったことも、本書出版の企画実現への強い後押しとなった。

また、オンライン媒体で拙稿をたびたび掲載してくださった『現代ビジネス』編集部の日野正浩氏、『Ｗｅｄｇｅ』編集部の吉田哲氏、『ダイヤモンドオンライン』の鈴木洋子氏、『第三文明』の法寺岡伸吾氏、国際環境経済研究所の小谷勝彦氏、青木郁氏、『ＳＡＫＩＳＩＲＵ』の新田哲史氏などにも改めて御礼申し上げる。

写真家の幡野広志氏、脚本家の一色伸幸氏、作家の柳野かなた氏、福島県立医大の中山千尋先生、著述家の加藤文宏氏、中央大学法科大学院の大杉謙一教授、豪州クイーンズランド大学の野北和宏教授、医師の菊池太陽氏、ジャーナリストの小島正美氏、経済評論家の上念司氏、私と同じ県立福島高校出身で横浜国立大学の板垣勝彦教授など、前著の出版から一際、力強い応援をくださった方々もいた。

各記事の取材においては今回も外務省、環境省、復興庁、経済産業省、農林水産省などの各省庁、専門機関、在各国日本大使館などに多大な協力を頂いた。特に書中でも触れたように、元外交官の山田彰氏が前著を広めてくださったことは非常に大きな援護となった。

科学的知識や調査データ、あるいは最新の課題把握や様々なキーマンたちとのご縁を繋いで頂いた早野龍五氏、菊池誠大阪大学教授、開沼博東京大学大学院准教授などの専門家、元環境大臣の細野豪志衆議院議員、さらに前著に続き、調査データをご教授くださった馬場哲也氏はじめとした三菱総研などの専門機関、報道関係では福島民報社の柳沼光氏、福島民友新聞社の佐藤掌氏、産経新聞社の奥原慎平氏、読売新聞社の服部牧夫氏、ハフポスト日本の相本啓太氏らには特にお世話になってきた。著書『この国を蝕む「神話」解体』で本書第1章の論考に欠かせない問題提起をし、さらに前著出版記念時の対談イベントでも大変お世話になったジャーナリストの佐々木俊尚氏にも心からの敬意と感謝を改めて表したい。

また、弁護士の吉峯耕平氏にはご多忙にもかかわらず、書中に記したおしどりマコから著者に向けられた「名誉毀損」との主張に対し、改めてその論点を専門家の視点から一般の方にもわかりやすぐご解説頂いた。

医療関係者からの多大なご協力とアドバイスも欠かせなかった。前著に続き記したＨＰＶワクチンにかかわる問題は、「情報災害」がもたらす深刻な被害が示された極めて重要な事例である。私はこの問題の犠牲者を一人でも少なくしたいと強く願い、情報周知のため少しでも力になりたかった。思わぬところで願いが叶い、前著の当該箇所が、某大学の入試問題にも採用して頂けた。それを知った時は感涙するほどに嬉しかった。受験問題や過去問を通し、ＨＰＶワクチンの周知が最も求められる世代に情報が広まったとすれば、この上ない僥倖である。

前著のＨＰＶワクチンに関する記述内容をご指導頂いた産婦人科専門医であるリリーベルクリニック（旧・松岸レディスクリニック）の太田寛氏に改めて深く御礼申し上げると共に、平素よりお世話になっている産科医の室月淳氏、かるがもクリニックの宮原篤氏、どうかん山こどもクリニックの森戸やすみ氏、そして本書コラムのイギリスにおける展示翻訳と写真提供にご協力頂いた医師の石橋哲哉氏、科学コミュニケーターの詫摩《たくま》雅子氏にも感謝申し上げたい。なお、本書で取り上げたＨＰＶやワクチンに関わる詳しい情報は、本書の重要な参考文献の一つでもある太田氏の『ドクターが教える！　親子で考える「子宮頸がん」と「女性のカラダ」』（日東書院本社・２０２０年）、そして森戸やすみ氏と宮原篤氏の共著である『小児科医ママとパパのやさしい予防接種ＢＯＯＫ』（内外出版社・２０１９年）をぜひご参照頂きたい。

福島では渡辺康平福島県議会議員、遠藤雄幸川内村長と同村議会議員の井出茂氏、元福島県立博物館主任学芸員で高校時代の恩師でもある長島雄一氏、松永牛乳株式会社社長の井上禄也氏、西郷村を中心に様々な企画を打ち出す主婦の菊池奈穂氏、書家の増子哲平氏、農家の阿久津修司氏、菅沢製作所の菅澤剛氏、一般社団法人SOMAの高橋大就氏、不動産賃貸業の藤岡岳之氏、レストランシェフの橋本寿一氏、朝日システム株式会社の成茂彩生氏、成茂祐樹氏、株式会社エフライフ(fukunomo)の小笠原隼人氏、小笠原香織氏、滝口杏氏などの地元政財界関係者、漫画『いちえふ　福島第一原子力発電所労働記』(全3巻　講談社・2014～2015年)の竜田一人氏、そして冨永浩敬氏、佐藤慎一氏、望月新介氏、濱松剛氏、菊池宣仁氏、丹治史行氏、伏見崇氏などの存在は、前著に続き誰一人として欠かせなかった。

最後に執筆を支えてくれた家族、最愛の母に感謝を捧げると共に、塗炭の絶望から紡がれた本書の記録と知見が、これからの社会に、未来を生きる次世代に希望をもたらす祝福と成り得ることを、心より願う。

2024年3月　東日本大震災と福島第一原子力発電所の事故から13年を迎えた月に。

林　智裕

脚注

＊1 https://toyokeizai.net/articles/-/721090?display=b

＊2 https://togetter.com/li/1988538

◎参考資料

〈文献〉

『デマの心理學』（G・W・オルポート、L・ポストマン・著　南博・訳　岩波現代叢書・1952年）
『職業としての学問』（マックス・ウェーバー・著　尾高邦雄・訳　岩波文庫・1980円）
『職業としての政治』（マックス・ウェーバー・著　脇圭平・訳　岩波文庫・1980年）
『流言と社会』（タモツ・シブタニ・著　広井脩、橋元良明、後藤将之・訳　東京創元社・1985年）
『オリエンタリズム（上・下）』（E・W・サイード・著　板垣雄三、杉田英明・監修　今沢紀子・訳　平凡社・1993年）
『予言がはずれるとき』（L・フェスティンガー、H・W・リーケン、S・シャクター・著　水野博介・訳　勁草書房・1995年）
『反動のレトリック　逆転・無益・危険性』（アルバート・O・ハーシュマン・著　岩崎稔・訳　法政大学出版局・1997年）
『名誉と暴力　アメリカ南部の文化と心理』（リチャード・E・ニスベット、ドヴ・コーエン・著　石井敬子、結城雅樹・編訳　北大路書房・2009年）
『思想　2011年6月号』（岩波書店・2011年）
『流言蜚語』（清水幾太郎・著　ちくま学芸文庫・2011年）

『苦海浄土』（石牟礼道子・著　河出書房新社・２０１１年）
『風評被害　そのメカニズムを考える』（関谷直也・著　光文社新書・２０１１年）
『フクシマの正義「日本の変わらなさ」との闘い』（開沼博・著　幻冬舎・２０１２年）
『風評破壊天使ラブキュリ』（大和田秀樹・著　秋田書店・２０１２年）
『放射線とナショナリズム』（小菅信子・著　フィギュール彩・２０１４年）
『いちから聞きたい放射線のほんとう』（菊池誠、小峰公子・著　おかざき真里・絵とマンガ　筑摩書房・２０１４年）
『いちえふ　福島第一原子力発電所労働記（全3巻）』（竜田一人・著　講談社・２０１４〜２０１５年）
『はじめての福島学』（開沼博・著　イースト・プレス・２０１５年）
『福島第一原発廃炉図鑑』（開沼博・編　太田出版・２０１６年）
『信じてはいけない　民主主義を壊すフェイクニュースの正体』（平和博・著　朝日新書・２０１７年）
『コミンテルンの謀略と日本の敗戦』（江崎道朗・著　ＰＨＰ新書・２０１７年）
『The rise of victimhood culture: Microaggressions, safe spaces, and the new culture wars』（Campbell, B. and Manning, J. Springer International Publishing 2018）
『流言のメディア史』（佐藤卓己・著　岩波新書・２０１９年）
『FACTFULNESS　10の思い込みを乗り越え、データを基に世界を正しく見る習慣』（ハンス・ロスリング、オーラ・ロスリング、アンナ・ロスリング・ロンランド・著　上杉周作、関美和・訳　日経ＢＰ・２０１９年）
『小児科医ママとパパのやさしい予防接種ＢＯＯＫ』（森戸やすみ、宮原篤・著　内外出版社・２０１９年）

『ドクターが教える！　親子で考える「子宮頸がん」と「女性のカラダ」』（太田寛・著　日東書院本社・2020年）
『「反権力」は正義ですか』（飯田浩司・著　新潮新書・2020年）
『日常生活に埋め込まれたマイクロアグレッション―人種、ジェンダー、性的指向：マイノリティに向けられる無意識の差別』（デラルド・ウィン・スー・著　マイクロアグレッション研究会・訳　明石書店・2020年）
『絶望死のアメリカ　資本主義がめざすべきもの』（アン・ケース、アンガス・ディートン・著　松本裕・訳　みすず書房・2021年）
『東電福島原発事故　自己調査報告―深層証言&福島復興提言：2011+10』（細野豪志・著　開沼博・編　徳間書店・2021年）
『フェイクニュースの生態系』（藤代裕之・編著　青弓社・2021年）
『フェイクニュースを科学する』（笹原和俊・著　化学同人・2021年）
『実力も運のうち　能力主義は正義か？』（マイケル・サンデル・著　鬼澤忍・訳　早川書房・2021年）
『東京電力福島第一原発事故から10年の知見　復興する福島の科学と倫理』（服部美咲・著　丸善出版・2021年）
『災害情報　東日本大震災からの教訓』（関谷直也・著　東京大学出版会・2021年）
『福島の甲状腺検査と過剰診断　子どもたちのために何ができるか』（髙野徹、緑川早苗、大津留晶、菊池誠、児玉一八・著　あけび書房・2021年）
『共感という病』（永井陽右・著　かんき出版・2021年）

『ＬＧＢＴの不都合な真実　活動家の言葉を１００％妄信するマスコミ報道は公共的か』（松浦大悟・著　秀和システム・２０２１年）
『みんなで考えるトリチウム水問題　風評と誤解への解決策』（小島正美・編著　エネルギーフォーラム・２０２１年）
『「正しさ」の商人　情報災害を広める風評加害者は誰か』（林智裕・著　徳間書店・２０２２年）
『大衆の狂気ージェンダー・人種・アイデンティティ』（ダグラス・マレー・著　山田美明・訳　徳間書店・２０２２年）
『リベラル全体主義が日本を破壊する』（高山正之、阿比留瑠比・著　徳間書店・２０２２年）
『ストーリーが世界を滅ぼす　物語があなたの脳を操作する』（ジョナサン・ゴットシャル・著　月谷真紀・訳　東洋経済新報社・２０２２年）
『ただしさに殺されないために　声なき者への社会論』（御田寺圭・著　大和書房・２０２２年）
『陰謀論入門　誰が、なぜ信じるのか?』（ジョゼフ・Ｅ・ユージンスキ・著　北村京子・訳　作品社・２０２２年）
『「社会正義」はいつも正しい　人種、ジェンダー、アイデンティティにまつわる捏造のすべて』（ヘレン・プラックローズ、ジェームズ・リンゼイ・著　山形浩生、森本正史・訳　早川書房・２０２２年）
『傷つきやすいアメリカの大学生たち　大学と若者をダメにする「善意」と「誤った信念」の正体』（グレッグ・ルキアノフ、ジョナサン・ハイト・著　西川由紀子・訳　草思社・２０２２年）
『アメリカを蝕む共産主義の正体』（マーク・Ｒ・レヴィン・著　山田美明・訳　徳間書店・２０２３年）

『この国を蝕む「神話」解体　市民目線・テクノロジー否定・テロリストの物語化・反権力』（佐々木俊尚・著　徳間書店・２０２３年）
『新しい封建制がやってくる　グローバル中流階級への警告』（ジョエル・コトキン・著　中野剛志・解説　寺下滝郎・訳　東洋経済新報社・２０２３年）
『メッキが剥がれたマスメディアの「不都合な真実」』（西岡力、阿比留瑠偉・著　かや書房・２０２３年）
『正論　２０２２年1月号、8月号、9月号、12月号、２０２３年4月号、9月号、２０２４年2月号】（産業経済新聞・２０２２〜２０２４年）
『フェイクを見抜く「危険」情報の読み解き方』（唐木英明、小島正美・著　ウェッジ・２０２４年）

《ＷＥＢ》
『鼻血は被曝影響だったのか――原発事故のデマや誤解を考える』（菊池誠×小峰公子　ＳＹＮＯＤＯＳ・２０１６年）https://synodos.jp/opinion/science/16028/
『東京五輪を迎えるにあたり、福島県の復興状況や放射線の健康影響に対する認識をあらためて確かにすることが必要　２０１７年実施第1回〜２０１９年実施第2回調査』（義澤宣明、白井浩介、村上佳菜、馬場哲也　ＭＲＩ三菱総合研究所・２０１７〜２０１９年）https://www.mri.co.jp/knowledge/column/20171114.html
https://www.mri.co.jp/knowledge/column/20191128.html
『震災から10年、福島県の復興や放射線の健康影響に対する認識をより確かにするために重要なこと　２０２０年実施第3回調査』（義澤宣明、白井浩介、村上佳菜　ＭＲＩ三菱総合研究所・２０２０年）https://www.mri.

co.jp/knowledge/column/20201222.html
『「復興五輪」、福島県の復興や放射線の健康影響への認識を確かにするために重要なこと　２０２１年実施第４回調査』（義澤宣明、白井浩介、伊藤優美　ＭＲＩ三菱総合研究所・２０２２年）https://www.mri.co.jp/knowledge/column/20220118.html
『国際環境経済研究所』https://ieei.or.jp/
『晴川雨読』https://seisenudoku.seesaa.net/
『事実を整える』https://www.jijitsu.net/
『データをいろいろ見てみる』https://note.com/shioshio38/all　https://shioshio3.hatenablog.com/

装幀／スズキ・クモ（ムシカゴ・グラフィクス）
取材協力／正論、現代ビジネス、Wedge Online、fukunomo
写真／共同通信イメージズ（P.20）

林智裕（はやし・ともひろ）

1979年生まれ。福島県出身・在住の著述家・ジャーナリスト。
著書に『「正しさ」の商人　情報災害を広める風評加害者は誰か』（徳間書店・2022年）。『東電福島原発事故　自己調査報告　深層証言＆福島復興提言：2011＋10』（細野豪志・著／開沼博・編 徳間書店・2021年）取材・構成担当、『福島第一原発廃炉図鑑』（開沼博・編、太田出版・2016年）にてコラムを執筆。
『正論』『現代ビジネス』『Wedge ONLINE』などの他、福島の銘酒と肴のペアリングを毎月お届けする『fukunomo（フクノモ）』の紹介記事連載も手掛ける。

「やさしさ」の免罪符
暴走する被害者意識と「社会正義」

第1刷　2024年3月31日

著　者　林 智裕
発行者　小宮英行
発行所　株式会社徳間書店
〒141-8202 東京都品川区上大崎3-1-1 目黒セントラルスクエア
電話　（編集）03-5403-4350／（販売）049-293-5521
振替　00140-0-44392

印刷・製本　三晃印刷株式会社

ISBN978-4-19-865775-8